親鸞往生論争と教学の現況

草間法照

法藏館

はしがき

令和五年（二〇二三）は「親鸞聖人立教開宗八百年」とされ、浄土真宗系諸派では慶讃法要が予定されている。親鸞は元仁元年（一二二四）に『顕浄土真実教行証文類』（『教行信証』）を執筆したが、その重要性に鑑みて浄土真宗系諸派ではこの年をもって立教開宗とするのである。

親鸞が真宗門徒にとってかけがえのない存在であることは言を俟たないが、それ以外の人たちにおいても親鸞ほど著名で親近感をもたれてきた仏教者はいまい。それを反映して親鸞に関する研究書や専門書は世におびただしい。

しかし、それにもかかわらず親鸞の思想や行実には今もって不明のことが少なくない。例えば「往生」についてである。往生は浄土教において最重要なことがらの一つであり、それは親鸞も、さらには親鸞を仰ぐ真宗門徒にとっても同様であるが、親鸞が往生をどのように考えていたかということは今日でも定説を見ない。それどころか近年、親鸞の往生論をめぐって学者の間に論争が起こっている。親鸞没後七百五十年を経ていることを思うとき、これは信じ難いことである。

しかし、そうした現況とは別に私自身は私なりにこれを決着しなければならない。まもなく「後期高齢者」の仲間入りをする私には「百年河清を俟つ」という余裕はない。そこでまずは論争の跡を辿ってみようと思う。もとより学問的素養に乏しい私には至難のことではある。ただ、今、私の手元には小谷信千代（以下、諸氏敬称略）の一連の著作がある。小谷の著述は文献学を踏まえた論理的なもので、私にとっては真宗学者のそれよりも近づきやすい。そこで小谷の著作を羅針盤としつつ往生の森に分け入ってみようと思い立って執筆したのが、本書の第一部「親鸞往生論争の現況」である。

私は一介の真宗寺院住職に過ぎず、親鸞について専門的に研究した者ではない。そこで執筆にあたっては諸先生方の業績を遠慮なく参照させていただいた。誤解や礼を失することもあろうかと危惧するが、その際にはご寛恕を請いたい。よって本書は学術論文などではない。私自身の「覚書」もしくは「手控え」程度のものである。

第二部は「近代における親鸞教学のありようを問う」と部題をつけて六つのテーマを取り上げる。断想であり相互の関連性は薄い。ただ、第一部を「思想篇」と呼び得るとすれば、第二部には「歴史篇」とでも称し得るものも含んでいる。日常で門徒と接する者からすると近年の親鸞教学と親鸞像には多少の違和感があり、そこで歴史学の成果を援用して親鸞の実像の一端に迫ろうと試みた。第二部においても諸先生方の研究を貪欲に利用させていただいた。

思うに、近年の真宗大谷派における親鸞教学と親鸞像は、主体的あるいは実践的立場にやや偏しているのではなかろうか。主体的・実践的ということはむろん意義のあることであるが、時に恣意的に陥る危険性もある。親鸞は中世社会に生きたのだから、当然そうした時空の制約を受けたはずである。

現代人が現代の感覚と価値観だけでアプローチしては、学問としては成り立たない。それを防ぐのは客観的・実証的な立場であり、それは文献学に立脚した仏教学と歴史学の方法論である。本書では、身の程も顧みずそれを心掛けたつもりである。

なお、本書が成るにあたっては恩師藤田宏達先生より種々にご教示ご指導を賜り、さらに出版に向けても格段のご高配を賜った。心から感謝の意を表したい。また法藏館編集長の戸城三千代様、並びに編集を担当してくださった満田みすず様にも厚く御礼申し上げる。

二〇二三年四月二十日

草間　法照

親鸞往生論争と教学の現況 ＊ 目次

第二部　近代における親鸞教学のありようを問う

6、真宗と利他――『歎異抄』第四条を手掛かりとして――…………277

親鸞往生論争と教学の現況

本書は、原則として旧字体・旧仮名遣いを新字体・現代仮名遣いに改めたが、一部の固有名詞等は旧字を使用した。筆者による補註は、［　］で括って示した。

なお、引用文中に一部差別的な表現が含まれるが、その時代の状況・認識を理解するためにそのまま掲載した。

第一部　親鸞往生論争の現況

第一章　往生論争の経緯

本願寺派による岩波書店への申し入れ

近年起こっている親鸞の往生論をめぐる論争の遠因は平成二年（一九九〇）七月に遡る。前年の十二月に岩波書店から出版された『岩波仏教辞典』の記述に不適当な箇所が二つあるとして浄土真宗本願寺派（西本願寺）が七月十九日付で同社に訂正を申し入れたのに端を発し、瞬く間に論争に発展したのがそれである。

論争の経緯は仏教学の泰斗であった中村元によって詳細に紹介されている（「極楽浄土にいつ生れるのか?――『岩波仏教辞典』に対する西本願寺派からの訂正申し入れをめぐっての論争――」、『東方』第6号、一八八――二二一頁）。以下はそれにもとづく。

本願寺派の申し入れの文書は別紙も添付されたものであったが、本文の前半部はこうであった。

『岩波仏教辞典』の記述について（ご依頼）

貴社が昨年の12月に刊行された『岩波 仏教辞典』の項目のうち「親鸞」「教行信証」の2項目の記述に疑義をもつものであります。親鸞聖人は、仏教史の上で重要な人物ですが、弊派にとっても宗祖であり、そのご著作の『教行信証』は基本聖典ともいうべきものです。このため先の2項目に不適当かつ誤った記述のありますことは、教学研鑽はもとより、伝道活動に支障をきたし、看過いたすことはできません。

つきましては、本書を再版されるに当たって、2項目の記述についてご検討頂き、訂正・削除の措置をお取り頂きたく、申し入れいたします。

なお、この申し入れに対する貴社のご見解とご方針について、文書でご回報賜れば幸甚に存じます。

詳細につきましては、下記の通りです。

記

1. 問題の記述箇所

「親鸞」の項目（474頁）＝他力信心による現世での往生を説き、

「教行信証」の項目（173頁）＝この世での往生成仏を説いた。

2. 訂正・削除についての要請

「親鸞」の項においては、現世においては往生が定まるのであって、決して現世において浄土に往生するのではないということを明確にして下さい。

「教行信証」の項においては、「この世での往生成仏」という記述を削除して下さい。

申し入れでは続いて疑義の理由が三点述べられ、最後に「※なお、親鸞聖人撰述の聖教についての詳しい検討は、別紙「親鸞聖人における往生・成仏の意義」をご参照下さい。以上」と認められていた。

世間の反応

この一件は「毎日新聞」をはじめとする複数の新聞、さらには「中外日報」といった仏教系新聞によって報道され、それを受けて岩波書店編集部にいくつもの架電があった。その内容には二つの特徴があったと中村はいう。一つは本願寺派からの申し入れに屈してはならぬ、辞典の記事を書き改めてはならぬというもの。二つはそのほとんどが真宗大谷派に属する人々からのものであったということである。こう聞けば大方は何やらきな臭いものを感じよう。

それはともかく、中村はこの一件に対する反応のいくつかを紹介している。例えば自身真宗高田派のある学者に非公式に意見を求めたところ回答を得たという。「〔前略（草間による省略）。以下同様〕私共で仔細に検討させて頂きましたが、確かに同辞典の真宗関係の項目には不備な点が少なくないようでございます。その点では本派からの先の申し入れも妥当なものと言えます。但し、あまりに高圧的で護法意識の強過ぎる点は困ったものであります。詳しい説明は改めて致しますが、問題の箇所の記述は次のように改めれば、穏当かつ適正で本派の方も納得されるかと思います。「親鸞」の項　他力信心による現世での往生を説き→他力による現世での往生決定を説き「教行信証」の項　この世での往生成仏を説いた→この世での往生決定を説いた　以上取り急ぎお知らせ申し上げます。〔後略〕」

中村はまた大阪の「朝日新聞」に掲載された某弁護士の投書も取り上げている。弁護士は曽我量深の「信心を獲て、新しい生活をする、その生活を往生というのである。何も死んでからというのではありません」という言葉を引用して本願寺派の主張を退けている。ちなみに、この投書に対しては本願寺派からの応答があり、親鸞の言葉を解釈するに際して曽我の言葉をもって臨むのは相応しくないと反論している。

中村は他にも「仏教タイムズ」に掲載された本願寺派への批判的記事、さらには「中外日報」に掲載された某本願寺派衆徒による批判も紹介している。

中村の報告論文は平成二年（一九九〇）大晦日の発表であるが、「この報告が印刷所に廻ったあとからもいろいろな反響があったので、最終校正に間に合ったものをここに付加しておきたい」として追記している。大谷派難波別院の機関紙に掲載された延塚知道大谷大学助教授の論文、大谷派に所属する某氏の中村宛ての書簡、浄土真宗親鸞会の情報部長から岩波書店に宛てた書簡、「中外日報」の「広島、本願寺派」の欄に掲載された記事、本願寺派の某住職から岩波書店に宛てた書簡、さらには『月刊住職』の論稿などである。大半は本願寺派に批判的な内容であった。

岩波書店の対応

こうした経緯の中、岩波書店からの回答がなされた。

〔前略〕お申し入れにつきまして、慎重に検討いたしました。検討に当っては、貴派よりお送りいただきました資料を拝読し、なお関連する研究書を参照し、専門家のご意見をうかがい、編者とも相談いたしました。〔中略〕ご指摘のありました先の2項目中の記述について「不適当かつ誤った記述」とする貴派のご意見には、小社としていちがいに首肯しがたいものがありますが、貴派のご教学を尊重しつつ検討を重ね、辞書の記述としては不適切であったとして次のような結論を持ちました。「親鸞」の項目中、ご指摘のありました箇所は、貴派のご意向を生かしつつ、専門家のご意見などを併せ記述したいと存じます。「教行信証」の項目では、「親鸞」の項目を参照すべく明示し、読者の理解の便をはかりたいと存じます。これらの改訂は、次回の増刷のさい行います。〔後略〕

これを受けて岩波書店では平成十四年（二〇〇二）十月の第二版において、当該の二項目を改訂した。ここでは「親鸞」の項目について記す。「〔前略〕浄土真宗諸派の間では親鸞解釈に関して相違があり、たとえば往生・成仏思想について、浄土真宗本願寺派や高田派の教義では、命終って浄土に往生し、ただちに成仏すると説くが、真宗大谷派では、信心決定後の生活が往生であり、その帰着点が成仏であると説く」（五八四—五八五頁）。

両論併記の当たり障りのない記述に落ち着いたといえようか。憶測を逞しゅうすれば、岩波書店の関係者の脳裏には昭和四十三年（一九六八）の出来事がよぎったのではあるまいか。出来事とは、倉石忠雄農林大臣が国会答弁において「親鸞のような他力本願では国は守れぬ」と発言したのを受けて本願寺派が抗議したことである。ちなみに、本願寺派は平成十四年五月、某光学機器メーカーが新製品の宣伝広告で「他力本願から抜けだそう」と表現した際にもメーカー側に抗議文を提出した。このときはそれからわずか数日後に「真宗教団連合」の名をもっての抗議もなされた。真宗教団連合とは浄土真宗系の十派より成るが、無論本願寺派はその筆頭格である。よって本願寺派にはこうした抗議好きの体質があると見る向きもある。

前述のごとく中村によれば岩波書店に寄せられた電話には本願寺派からの申し入れに屈してはならぬ、『辞典』の記事を書き改めてはならぬという、主として大谷派に属する人々からのものが多かったというが、これは端なくも本願寺派と大谷派の教学の相違を示しているともいえよう。

本願寺が東西に分派したことはよく知られている。今その歴史的経緯には触れないが、東西本願寺にはいろいろな違いがある。焼香の作法の違い、声明の違い、本山御影堂の畳の敷き方の違い等々。これらは些末なことである。しかし宗学にも違いがあるように思う。その最たるものの一つは親鸞の往生論に関する解釈であろう。それを一言でいえば、本願寺派では来世往生、大谷派では現世往生ということである。この違いが生まれたのは大谷派に清沢満之が出たことであろう。そして清沢の門下から曽我量深が出たことであり、さらには大谷派の真宗学者と布教師がほぼ例外なく曽我の教学を信奉したからだと思われる。

話を戻そう。本願寺派の異議申し入れに対する岩波書店の対応をもって騒動は一件落着した。しかし、親鸞の往生論そのものが決着したわけではなかった。

論争の再燃

この事件はやがて関心を集めなくなり論争も遠のいていった。そんな中、これが再び注目を集めるようになったのは平成二十七年（二〇一五）、大谷派に籍を置く小谷信千代が一冊の書を刊行したことによる。書名は『真宗の往生論』。これは副題を「親鸞は「現世往生」を説いたか」としていることからも、また付された帯に「近代教学への挑戦！　親鸞独自の往生論を、近代仏教学の実証的な手法を用いて考察し、「現世往生説」を主張する曽我量深以来の近代教学の矛盾点を鋭く指摘した、意欲的論考」とあることからもうかがえるように、極めてセンセーショナルなものであった。ただ、しかし、小谷はすでに平成二十四年（二〇一二）開催の第二十回真宗教学学会でも同様の見解を講演し、その講演録は翌年に『真宗教学研究』第三四号に掲載された。『真宗の往生論』はそれをさらに深く考察して成ったものである。

小谷は平成二十八年（二〇一六）、今度は『誤解された親鸞の往生論』というこれまた刺激的なタイトルの書を刊行した。これは『真宗の往生論』が研究書的で一般の読者にはとっつきにくい印象があることを慮り、現世往生説がなぜ間違いであるかに焦点を絞って書かれたものである。小谷の精力的な執筆はさらに続き、翌年には『親鸞の還相回向論』を出している。本書は前半部の第一章を「親鸞の往生論」と名づけ、新資料をもとに改めて自説を考察したものである。

小谷が親鸞の往生論に関心をもつに至った契機を見ると、それは前述の『岩波仏教辞典』の記述をめぐる論争、また「親鸞聖人が現世往生のような愚かなことを説かれるはずがない」とした自らの師、桜部建の言葉によるものだったという。

さらには安居等を通じて大谷派の住職の中には現世往生の立場に立ちながら葬儀を執行しているという割り切れなさや後ろめたさを感じている者、あるいは「臨終往生」（小谷は「命終往生」「死後往生」「来世往生」「未来往生」の語も用いる）に反発する者たちが少なからずいることを知った体験にあったという。こうして小谷は本格的に親鸞の往生論を尋ねることになる。

第二章　真宗大谷派の往生理解

ある住職の疑念

小谷も体験したごとく大谷派の現世往生論に対する戸惑い、あるいは疑念の声は一般の僧侶からも出ている。一例を挙げてみよう。

平成三十年（二〇一八）の一月に私の所属する大谷派三条教区のある住職が亡くなった。病気が見つかってわずか三カ月後のことであった。その葬儀は一週間後に執行され私も親交があったため参勤した。

その折りのことである。勤行が終了し着替えをしていたところ住職の義母が私を別室に招いた。何事かといぶかっているとA四判の封筒を差し出し、「これは住職が入院中に書いた辞世の文章です。住職はあなた様をお慕い申しておりましたので、読んでいただければ幸いです」といった。帰ってすぐに開封した。中には辞世の句と八頁に及ぶ住職の信心が綴られていた。

その文章の冒頭は衝撃的なものであった。「お西の教化が、理屈なしにありがたい。お東の教化は理屈が過ぎて安心が見出せない」。この住職は新潟市のあるお寺の生まれであったが、縁あって今のお寺に入った人であった。実家はお西、つまり本願寺派のお寺であったから俗にいう「三つ子の魂百まで」で、お西の宗風と教えの中で育てられたことがうかがえよう。

またこんな言葉もあった。「大谷派の近代教学の大成者は曽我量深であるといわれ、その教学を絶対的なるものとして信奉し継承している大谷派の学者は、「往生は現生にあり」と云い、伝統教学の「来世往生」は現代人には受け入れがたいものとして批判しているが、果たしてそうだろうか」。

往生が実現するのはいつかということについて、本願寺派では伝統教学にもとづいて死んで未来のことだとしているが、大谷派では近代教学にもとづいて生きている間のことだとしている。しかし、そうだろうかという疑念であった。

ある住職の告白

こちらはかなり前のことであるが、大谷派で発行している「同朋新聞」に、ある住職が浄土をテーマにした文章を書いていた。

その住職もやはり養子として入寺した人のようであるが、義母の臨終のとき枕辺でこういったという。「死は阿弥陀様の国であるところのお浄土へ帰ることだと思います。どうぞ先に行って待っていて下さい。私たちも必ず参りますから」。

住職は自身の発したものとはいえこの言葉に助けられた思いがすると同時に、親鸞のいう浄土について尋ね直す必要を感じているというのであった。つまり、自分はこれまで浄土を死後のことと考えることをせずこの世での生き方を浄土に求めていたが、義母の死によって浄土をこの世のこととして考えるだけではおさまり切れないものを感じるようになったというのである。こちらも浄土、さらには往生を現世に取り切ろうとする大谷派の教学への疑念が生じたという告白であろう。

現世往生説は近代教学の所産

大谷派の僧侶にかなりの程度で見受けられる現世往生説は、彼らが宗門の大谷大学で学んだことによる影響と見られるが、その大谷大学を中心とした真宗学がいわゆる「近代教学」と称されるものである。この近代教学については「同朋会運動」との絡みで説明することが好都合と思われるので少し触れておく。

同朋会運動は大谷派が最重要施策と位置づけているもので昭和三十七年（一九六二）に始まったが、運動を支える教学は明治期の清沢満之に始まるとされる。清沢は幕末に尾張藩士の子として生まれ、やがて大谷派僧侶となり大谷派の教団改革に取り組んだが頓挫し、その後は一転、自己の宗教的信念の確立を目指した。また私塾「浩々堂」を開いて門下生とともに親鸞の教えを世に示した人物である。大谷派においてはすこぶる評価されている。

清沢の教学は弟子の曽我量深を介して大谷大学を中心とした真宗学へと継承されたが、これが近代教学と称されるものである。近代教学の始まりは個の確立の主張だという見解もあるが、現世主義あるいは実験主義ということもできるのではないかと思う。これは教えをこの世で自らの体験としてうなずくということである。清沢は「私の信ずる如来は、来世を待たず、現世に於て既に大なる幸福を私に与へたまふ。［中略］此は私が毎日毎夜に実験しつゝある所の幸福である。来世の幸福のことは、私は、まだ実験しないことであるから、此処に陳ることは出来ぬ」（「我信念」、『清沢満之全集』第六巻、一六二—一六三頁）と述べた。

近代教学の特色が現世主義あるいは実験主義というところにあるとすると、それが行きつく先に現世往生の考え方が出てくるのはわからぬことではない。伝統教学、わけても来世往生説は時代遅れだ、消極的だ、無意味だといった真宗に澱のようにまつわりついた負い目の中で、親鸞の教えを近代化しなければならないと格闘した末に現れたのが近代教学だったともいえようし、同朋会運動は伝統的な教学と習俗に対するアンチテーゼとして出発したものでもあったから、勢い「生」の宗教運動であったともいえよう。往生を現世における体験としようとしたのはその最たるものであろう。

それはともかく、近代教学は曽我において大成したとされ、その教学を絶対的なものとして信奉し継承している学者は大谷派に多いが、小谷はこの現状こそが真宗十派の中でひとり大谷派においてのみ現世往生説が強い影響力を及ぼしてきた原因だという。そうした原因について言及したもののあることを寡聞にして知らないが、小谷はさらに曽我が絶対視された背景にまで踏み込んでいう。

「そしてその背景には、宗派の行政に携わった人々が、大谷派が終戦後に抱え込んだ思想的・経済的な諸問題や、さらには長年にわたる大谷家との係争など、実にさまざまな問題に対処しつつ、その一方で同朋会運動という思想活動を推進していくために、教化面での強力な指導者を必要としたことが考えられます。いわば宗派は一体となって強力な教化者を求めたのです」（『誤解された親鸞の往生論』六八―六九頁）。

ところが、皮肉なことに大谷派は最晩年の曽我によって大きな苦境に立たされることになる。それについては後述する。

往生に関する大谷派の宗義

大谷派の近代教学では往生は現世で得られるとするが、それは今や宗義となっているといってよい。前述の『岩波仏教辞典』の改訂が示す通りである。さらにいえば、大谷派には教師養成を目的に編纂された『浄土の真宗――真宗概要――』なる教科書があるが、そこに「真実報土の往生」の見出しのもと、こんな記述がある。

「ここには、真実報土の往生を、現生に正定聚の身となった人が必ず真実報土にいたる人生を生きていくあゆみと領解している。さらにいえば、往生とは、真実の行信をえた人が、如来の真実に生かされた人生を生きていく、そのあゆみにほかならないのである。それを、如来の無碍光に照らされて生きる人生ととらえるならば、まさに往生というべきであり、無上大涅槃にいたる「無碍の一道」というべきであろう」（二七一頁）。

「ここには」とは、その前段に掲げられた二つの引文を受けてのことである。二つとは「真実信心の行人は、摂取不捨のゆえに、正定聚のくらいに住す。このゆえに、臨終まつことなし、来迎たのむことなし。信心のさだまるとき、往生またさだまるなり」という『末灯鈔』からの引文、及び「大経往生というは、〔中略〕現生に正定聚のくらいに住して、かならず真実報土にいたる」という『浄土三経往生文類』からの引文である。

この二文を引用する意図は明瞭である。『浄土三経往生文類』に述べられる「双樹林下往生」を来迎による死後往生と見て退け、「難思議往生」すなわち「大経往生」を現世往生と見て対比させたいがためである。

なお、小谷はこの二つの言葉を根拠にして、親鸞は臨終往生を否定して現世往生を説いたと主張することは誤りであると論じている。それについては後述する。

ちなみに、本願寺派には「浄土真宗の教章」（私の歩む道）なるものがある。これは折々に改訂されているようであるが、現行のそれは平成二十年（二〇〇八）に第二十四代門主の即如が制定したものである。宗名・宗祖・宗派・本山・本尊・聖典・教義・生活・宗門の九つの項目より成る。そのうちの「教義」についてはこうある。「阿弥陀如来の本願力によって信心をめぐまれ、念仏を申す人生を歩み、この世の縁が尽きるとき浄土に生まれて仏となり、迷いの世に還って人々を教化する」。よってこれが本願寺派の宗義ということになろう。親鸞の往生論をめぐって大谷派と本願寺派に論争が起きたのもむべなるかなである。

第三章　「即得往生」の解釈

現世往生説の典拠

ここで小谷の往生理解へ移ろう。『真宗の往生論』における小谷の論証は極めて学問的であるから、まずは『誤解された親鸞の往生論』にもとづいて全体を俯瞰しよう。一般の読者のためにという小谷の気配りを無にすることはない。

親鸞が現世往生を説いたと主張するにあたってしばしばその典拠とされるのは、『一念多念文意』における「即得往生」の説明箇所である。こうある。「「即得往生」というは、「即」は、すなわちという、ときをへず、日をもへだてぬなり。また即は、つくという。そのくらいにさだまりつくということばなり。「得」は、うべきことをえたりという。真実信心をうれば、すなわち、無碍光仏の御こころのうちに摂取して、すてたまわざるなり。「摂」は、おさめたまう、「取」は、むかえとると、もうすなり。おさめとりたまうとき、すなわち、とき・日をもへだてず、正定聚のくらいにつきさだまるを、往生をうとはのたまえるなり」（『真宗聖典』五三五頁）。

この「即得往生」という語はもとは『無量寿経』の第十八願成就文中に、「諸有衆生、聞其名号、信心歓喜、乃至一念。至心回向。願生彼国、即得往生、住不退転。唯除五逆　誹謗正法」（同右、四四頁）として出ていたものである。

「即得往生」なる語は浄土経典（ここでいう浄土経典には『観無量寿経』は含まない）の場合、『無量寿経』の異訳の一つである法賢訳『大乗無量寿荘厳経』にも二度現れ、また鳩摩羅什訳『阿弥陀経』にも一度現れるが、いずれの場合も「即得往生」は臨終のこととされている。しかるに『無量寿経』の場合だけそれが曖昧なのである。

そこで小谷は「それゆえ親鸞は、この異例な「即得往生」の語が、浄土経典に説かれる臨終往生や命終往生とは異なる往生を説くものと誤解されないようにするために、前記の『一念多念文意』の文章を述べられたものと考えられます」（『誤解された親鸞の往生論』一八―一九頁）という。そしてここでの親鸞の真意は、「即得往生」という語は正定聚に定まることを意味しているに過ぎないのであって、現世往生派のいうような正定聚に定まることがそのまま往生を得るということではないとする。この解釈はかつて桜部が提唱していたものとされるが、今般改めて『一念多念文意』の文章を再検討してみて目から鱗の思いがしたと小谷はいう。

正定聚とは字義通りには「正しくさとりを得ることが決定したともがら」の意としてすでに原始経典において説かれていたものであり、『無量寿経』ではそれは死後に浄土に往生して得られるものとされていたが、親鸞は現世において得られる位、往生が保証される位と解釈した。そのことは正定聚に「わうじやう（往生）すべきみ（身）とさだまるなり」と左訓による注記を施していることによって疑う余地はないと小谷はいう。

普賢大円の主張

ところで、桜部が右の説を提唱したのは平成十二年（二〇〇〇）前後のことのようであるが、それよりも三十年近く前に同様の見解を示していたのは本願寺派に属する普賢大円である。

普賢は昭和四十七年（一九七二）に「最近の往生思想をめぐりて」（『親鸞大系』思想篇第一〇巻、七六―一一三頁）なる論文を発表した。これはその前年に「中外日報」紙上に「真宗学管見」と題して三回にわたって掲載された上田義文の論文を受けてのものという。上田もまた本願寺派の学者であった。ちなみに、上田は昭和四十三年（一九六八）に「親鸞の「往生」の思想」を発表し、親鸞のいう往生には死後に実現する来世往生と信心獲得時に実現する現生往生の二義があるが、後者こそが核心だと主張した。上田の説は学者の間に論争を引き起こしたが、中には福原亮厳のごとく「私は従来通りの正しい理解に博士が立ちかえられるよう望むものである」（「上田博士の往生義は成立するか」、『親鸞大系』思想篇第一〇巻、七頁）といったやや僭越な助言を交えたものもあった。

それはともかく、普賢は本論文の第二章において往生について論じているが、本章の結びには「ここ両三年、伝道院において有志が相集まり、［中略］往生浄土の意義について、各自思うところを発表したが、［中略］発表した愚見を中心に同志諸兄の御意見を参照しつつ、取纏めたのが本論である」

（「最近の往生思想をめぐりて」九八頁）とあるから、本章は直接上田論文に対するものではなさそうである。しかし現世往生説への批判であることに変わりはない。その内容を撮要しよう。

普賢は「一　はじめに」において、「わが浄土真宗においては、難思議往生（十八願の機の往生）難思往生（二十願の機の往生）双樹林下往生（十九願の機の往生）の三往生説あり、〔中略〕何れも往生は捨此往彼の往生説であって、此土において往生を語ることはない」（同右、八五頁）とする。これは総論といってよい。そのうえで、「しかるに」と言葉を継ぎ、浄土教義に現実性をより強く持たそうとする人々は此土において往生を語ろうと企画していてある程度は共感できるが、そうかといって往生思想を此土にまで及ぼそうとすることには賛同できないとする。

ついで、「二　此土往生の文証と理証」の見出しのもと、此土において往生という語を用いようとする人々が文証とするものとして、『一念多念文意』から前掲の一文、及び「「即」は、すなわちという。ときをへず、日をへだてず、正定聚のくらいにさだまるを即生というなり。「生」は、うまるという。これを「念即生」ともうすなり。また「即」は、つくという。つくというは、くらいにかならずのぼるべきみというなり」（『真宗聖典』五四四頁）の一文を引く。さらに『唯信鈔文意』から一文（同右、五四九―五五〇頁）を示し、また覚如の『最要鈔』と存覚の『浄土真要鈔』にも同類の文があると指摘する。

ついで「三　『証文』『文意』の真意」の考察へと移り、先の現世往生論者の解釈は誤りだとする。彼らは「正定聚のくらいに、つき定まるを往生を得という」から正定聚に住することを往生と称し得るとするが、しかしこれは、「即得往生によって、正定聚を解釈したのではなく、正定聚によって即得往生の解釈をしたのである。若し即得往生によって、正定聚を解釈したのなら、正定聚に住することは往生を得ることだとして、正定聚を往生と名づけることも出来るが、今はその反対である。正定聚によって即得往生の解釈をしているのである。しかるに正定聚とは、正しく往生浄土に決定する聚類ということであるから、即得往生は往生に決定するということにならねばならぬ。従って、〔中略〕証拠とはならぬのである」（「最近の往生思想をめぐりて」八九頁）と述べる。

さらに『教行信証』「行巻」の一文（『真宗聖典』一七八頁）を示していう。「本願成就文に即得往生とあるのは、報土の真因が決定する時剋の極促をあらわすのであって、信一念に現生に往生を得ることを説いたのではない」（「最近の往生思想をめぐりて」八九頁）。他に覚如の『本願鈔』の「しかれば本願生起本末をきくところにて、ときをへたてす、日をへたてすして、たちところに往生さたまるなり」、存覚の『浄土真要鈔』の「〔前略〕されは一念帰命の解了たつとき往生やかてさたまるとなり。うるといふはさたまるこゝろなり」、及び「これを即得往生住不退転ととくなり。すなはち往生をうといへるは、やがて往生をうといふなり」を取り上げ、現世往生説を退けている。

親鸞における「得」の用法

親鸞が『一念多念文意』において行った「即得往生」の解釈には注意が必要のようであるが、小谷は令和二年（二〇二〇）に刊行した『曇鸞浄土論註の研究――親鸞「凡夫が仏となる」思想の原点

――』において、「「得」は、うべきことをえたりという」における「得」の語にも注目している。

小谷は「得」の概念はアビダルマでは法前得と規定され、得の方が所得の法より前の場合をいうとし、それを現下の問題である往生にあてはめていえば、正定聚の位に定まることは所得の法である往生よりも前のことであるが、臨終時で得べき往生を住正定聚の時点で得た（得ることが確約された）ものと見なして、親鸞は経には「往生をう」とあるのだと解したとする（四二四頁）。

小谷と同様のことは夙に鳳嶺（一七四八―一八一六、皆往院）が指摘しており、普賢大円が前掲論文で紹介している（「最近の往生思想をめぐりて」九〇―九一頁）。鳳嶺は大谷派に属する学僧で深励（一七四九―一八一七、香月院）とまったくの同世代である。ともに慧琳（一七一五―一七八九、理綱院）に学んだが、深励の学風に対して独自の学説を立てたとされる（『真宗新辞典』四四六頁）。

普賢によれば、鳳嶺は『愚禿鈔顕心記』において、即得往生とは往生を得べき身に定まることだと主張し、こう述べているという。「いまだ現法を得ずと雖もあらかじめ、その名を得るを法前得と名づくる。いまだ往生を得ずといえども、往生を得べき身に定まらしむるを、即得往生というのである。それ故にあらかじめ得ることを、得と名づけて妨げない。また穢身を捨て法性常楽を証するを難思議往生と名づける。これは往生即成仏の義を明すものである。それ故に即得往生の義を説いても、それは往生が捨此往彼、蓮華化生であることを何等妨違しない。然るに僻覚の徒が摂取光中に入ることを、即得往生と名づくるのは、これは妄解も甚だしい。秘事はこの妄解より、生ずることが多い」。

小谷はまた、親鸞においては現益は「獲」、当益は「得」という使い分けが見られるとする内藤知康の指摘、さらには『一念多念文意』について、「得はうべきことに定りたことぢゃとい云ふ御指南なり」とする深励の指摘を紹介して自説を補完している。ちなみに、親鸞には『正像末和讃』に「獲の字は、因位のときうるを獲という。得の字は、果位のときにいたりてうることを得というなり」(『真宗聖典』五一〇頁)とする一文がある。

河田光夫の見解

親鸞と被差別民との関係研究に優れた業績を残した河田光夫に「親鸞文学の誕生」という論文がある。これは河田が昭和四十一年(一九六六)一月、大阪市立大学大学院に提出した修士論文として執筆したものであるが未発表だったという。しかし、河田の死後にまとめられた『河田光夫著作集』の第三巻(『親鸞の思想形成』)に収められた。この論文は親鸞の和文作品について論じたものであるが、中心となっているのは『一念多念文意』であり、その中に第十八願成就文に出る「即得往生住不退転」についての考察がある。河田のいわんとするところを私なりにうかがってみよう。

河田は「即得往生住不退転」は経文に忠実に読むならば、「即ち往生を得て」、その後に浄土において「不退転に住す」ということであるという。河田はその根拠として『無量寿経』の「上輩往生段」の一文を挙げているから、この場合の「往生」は当然のこと死後往生である。

続いていう。「ところが親鸞は、真実信心をアミダ仏から与えられるとすぐさま正定衆〔草間註、「聚」の誤植か?〕(不退転と同じ)の位に定まるのだとし、驚くべき事には、「往生をう」が「(この世で)

正定衆に住す」という意味だと言い切っているのである」（同右、二八三―二八四頁）。このように聞くと、河田は親鸞を現世往生論者と見なそうとしていると早合点されるかもしれない。しかしそうではない。河田も、親鸞は往生を得るとは現世において正定聚に定まり住することだといっているのではなく、「即得往生」という経文は正定聚に定まり住するということに過ぎないといっているのだと見ている。

それはひとまず置くが、前述のごとく親鸞は第十八願成就文中の「即得往生」について『一念多念文意』で註釈を施している。煩を厭わず今一度掲げよう。「「即得往生」というは、「即」は、すなわちという、ときをへず、日をもへだてぬなり。また即は、つくという。そのくらいにさだまりつくということばなり。「得」は、うべきことをえたりという。真実信心をうれば、すなわち、無碍光仏の御こころのうちに摂取して、すてたまわざるなり。「摂」は、おさめたまう、「取」は、むかえとると、もうすなり。おさめとりたまうとき、すなわち、とき・日をもへだてず、正定聚のくらいにつきさだまるを、往生をうとはのたまえるなり」（『真宗聖典』五三五頁）。

また親鸞は『唯信鈔文意』においても「即得往生」について註釈している。「即得往生は信心をうればすなわち往生すといふ、住不退転は正定聚のくらゐにさだまるとのたまふ御のりなり、これを即得往生とはまうすなり」（『定本親鸞聖人全集』第三巻、和文篇、一九三頁）。ちなみに、これは建長八年（一二五六）三月二十四日の奥書をもつ光徳寺蔵室町末期写本にもとづく文言である。

河田はこれとともに翌康元二年（一二五七）正月二十七日の奥書をもつ専修寺蔵真筆本の文言も掲

げる。「即得往生は、信心をうればすなわち往生すといふ、すなわち往生すといふは不退転に住するをいふ、不退轉に住すといふはすなわち正定聚のくらゐにさだまるとのたまふ御のりなり、これを即得往生とはまふすなり」（同右、一六一頁）。

現行の『一念多念文意』は康元二年（一二五七）二月十七日の奥書をもつ東本願寺蔵の真筆本にもとづくものであるが、これは専修寺蔵真筆本の『唯信鈔文意』の二十一日後に成ったものということになる。そこで河田は、そのとき親鸞は『唯信鈔文意』諸本を書いた時にはまだ気づかなかった「即」の字に二つの意味をもたせるという新しい解釈方法を発見したのではないかと推測する（『親鸞の思想形成』二八五頁）。

この推測は興味深いが、しかし『一念多念文意』は建長七年（一二五五）四月〜同八年（一二五六）五月までの間に撰述されたと見られており（『浄土真宗聖典』解説・校異、一九—二〇頁）、初稿本が不明である以上、初めて気づいたという河田の推測は根拠薄弱であろう。

それはともかく、二つの意味とは、①は「「即」は、すなわちという、ときをへず、日をもへだてぬなり」であり、②は「即は、つくという。そのくらいにさだまりつくということばなり」である。こう定義し、二つの意味の両方を使って「すなわち、とき・日をもへだてず、正定聚のくらいにつきさだまるを、往生をうとはのたまえるなり」としたのだと河田は推測するのである。この点は諒とできる。

かくして河田はいう。やや長きにわたるが引用する。「正定衆［草間註、「聚」の誤植か？］をこの世で得る位とし、後には、この世で仏と等しくなるとまで言った親鸞でも、「往生」だけは、最後まで、死後の事としていた。その事は、たとえば「正定衆」の左訓に「ワウジャウスベキミトサダマルナリ」と書いている事でも明らかである。そこで、「ただちに往生する」ではおかしいから「即得往生」とは「ただちに往生すべき位（正定衆）になる」の意だ、と、解釈上の筋を通そうとしていたのであろうが、さらに「即」には②の意味がある事をも並行して使うという解釈の仕方を発見したので、もはや下の「住不退転」を持ちだして、堂々めぐり式に言い変えて行くという繁〔草間註、「煩」の誤植か?〕わしさを省いたのであろう。「即」が「位につく」だから、その点でも「即得往生」は「往生を得る位につく」の意だ、というわけである。一つの漢字が持っている二つの意を両方とも使って「解釈」した実にみごとな正当化であると言えよう」（同右、二八六頁）。

第四章　現世往生論者への小谷信千代の批判

熾烈な批判——対本多弘之——

小谷の『誤解された親鸞の往生論』は『真宗の往生論』のダイジェスト版とも称しうるもので読みやすく、私のような者でもここまでは理解できた。そこで意を強くして『真宗の往生論』に進むことにしよう。とはいうものの、小谷の論証は文献学的アプローチによって微に入り細をうがつほどのものであるから、私には正面切ってコメントすることは難しい。そこでここでは小谷の現世往生論者に対する批判のさまを直叙することにしたい。

『真宗の往生論』には「近代教学の終焉」と名づけられた、まるで近代教学に止めを刺すがごとき論述箇所があるが、その前半で小谷は近代教学が二益法門を否定することの誤りを論ずる。二益とは現益と当益、すなわち現世において得られる利益と来世において得られる利益のことで、具体的には住正定聚と往生・滅度のことである。

例えば蓮如は『御文』一・四にいう。「平生業成というは、いまのことわりをききひらきて、往生治定とおもいさだむるくらいを、「一念発起住正定聚」とも「平生業成」とも「即得往生住不退転」ともいうなり。〔中略〕一念発起のかたは正定聚なり。これは穢土の益なり。つぎに、滅度は浄土にてうべき益にてあるなりとこころうべきなり。されば、二益なりとおもうべきものなり」(『真宗聖典』七六三―七六四頁)。

しかし、近代教学は娑婆世界で心が浄土にある生活が往生浄土であり、それゆえ娑婆での利益がすなわち浄土での利益でもあるというように理解する。これは現当一益的理解であり、すでに深励によって批判されているものだと小谷は難ずる。

批判の矛先は主として本多弘之に向けられる。本多は大谷派に籍を置く真宗学者であり、また「親鸞仏教センター所長」として広く現代社会に親鸞の仏教を発信している。小谷は、本多は往生を因果同時の事象と解して現当一益を主張していると見、これを論破するにあたって仏教一般の修道論に注目する。住正定聚・不退転という因の獲得と涅槃・成仏という果の証得とが仏教の修道論の中でどのように位置づけられてきたかの考察が必須だと考えたがゆえである。小谷はこの論述箇所の実に七割のスペースをそれに割いている。その叙述はかなり煩瑣な印象を受ける。これはしかし小谷のせいではない。取り上げられている説一切有部アビダルマの性格に負うところが大である。

それはともかく、考察を通して小谷は本多の往生論の成立し難いことを主張するが、その口調は極めて辛辣である。小谷は本多の「一般仏教の感覚で『教行信証』を解釈してしまったら、親鸞聖人が『教行信証』を作った意図がほとんど消えてしまうわけです」という言葉を受け、親鸞が浄土往生の問題を考えたとき、その手中にあったのはまずは一般仏教であり、その一般仏教では解決し得ない問題が浄土教において解決されることを法然上人より教えられたのだと見る。そのうえで親鸞の格闘した一般仏教の通念を知らずして『教行信証』の意図の理解はできないとし、「われわれには氏が「一般仏教の感覚」をあまりにももっておられないことの方がよほど「親鸞聖人が『教行信証』を作った意図がほとんど消えてしまう」結果をもたらしているようにしか見えない」（『真宗の往生論』二七二頁）としている。

あるいはまた本多の論述について、「こうなるとわれわれは、氏の論理的思考能力に疑いを抱かざるを得ない。のみならず氏の日本語の能力すら疑わしく思われる」（同右、二七三頁）という痛烈な言葉もある。

熾烈な批判——対池田勇諦——

池田勇諦も大谷派に属する真宗学者で同朋大学名誉教授でもある。池田は法話を能くし、聞法会や研修会の講師をすることも多い。その池田がある研修会で行った講義の中で次のような発言をしたという。

「近代仏教学の専門の先生方は、親鸞聖人は現世往生を説いたかどうか、来世往生はどうだったんだとかいうことはよくおっしゃいます。近代仏教学の方法論、科学的研究という上からはそういう発想というものは出てくるのでしょうが、しかし今、わたしたちは親鸞聖人によって開顕されたところの往生浄土を切り開くわけでしょう。だから眼目は真実の信に立つという一点にわたしたちが集中いたします時に、二つに割ってさあ右か左か、白か黒かというそういう分別そのものが間違っている、はっきり言えばそう言わねばならぬと私は思うんですね」（同右、三三八頁）。

小谷は「これは近代仏教学を専門とするわたしたちには聞き捨てにすることのできない発言である」と憤り、「親鸞の言葉の意味を、右か左か、こういう趣旨であろうかああいう趣旨であろうと、文献学や歴史学等の方法を用いて正しく分別すること、それは近代仏教学のみならず宗学を学ぶ者すべてに求められることである」（同右、三三八頁）と述べる。

また池田は往生を来世や現世に限定することは無意味だとしながらも、「自らは無自覚の内に現世往生を主張するという自己矛盾を犯しておられる」（同右、三三〇頁）と批判する。小谷によれば池田のかかる往生理解には、親鸞の往生を不体失往生と誤解した曽我の影響が強いとされる。そこで次に不体失往生について見てみよう。

不体失往生

小谷は『真宗の往生論』の中に「近代教学の蹉跌」と名づけた論述箇所を設け、曽我の二つの所説を過失だと批判する。過失の一つは親鸞の説く往生を『口伝鈔』の記述（『真宗聖典』六六五―六六六頁）によって不体失往生と解したことである。

『口伝鈔』は元弘元年（一三三一）の十一月下旬、親鸞の報恩講に際して覚如が如信より授けられた真宗の教えを語り、そのついでをみて自ら口述して門弟の乗専に筆録させたものである（石田瑞麿『歎異抄・執持鈔』二五三―二五四頁）。

それによると、あるとき、善信（親鸞）と証空との間に往生をめぐる論争があった。善信は「念仏往生の機は体失せずして往生をとぐ」といい、証空は「体失してこそ往生はとぐれ」と主張した。源空にうかがいを立てると、いずれももっともだという。釈然としない弟子たちが再び尋ねると、源空は証空の場合は諸行往生の機であり、善信の場合は念仏往生の機であるといい、さらに「念仏往生には臨終の善悪を沙汰せず。至心信楽の帰命の一心、他力よりさだまるとき、即得往生住不退転の道理を、善知識におうて、聞持する平生のきざみに治定するあいだ、この穢体亡失せずといえども、業事成弁すれば、体失せずして往生すと、いわるるか。本願の文あきらかなり。かれをみるべし」「諸行往生の機は、臨終を期し、来迎をまちえずしては、胎生辺地までもうまるべからず。このゆえに、この穢体亡失するときならでは、その期するところなきによりて、そのむねをのぶるか。第十九の願にみえたり」といい、二つの解釈の勝劣はいうまでもあるまいと答えたと伝わる。

『口伝鈔』の伝えるところを字面通りに読めば、曽我が了解したように親鸞が主張したとされる不体失往生とは身体を保ったまま、つまりは現世で往生が得られることであり、それが「即得往生」だとなろう。しかし、事はそう単純ではないらしい。

覚如が『口伝鈔』において親鸞は不体失往生を述べたと記した理由について、小谷は藤原幸章が「体失往生が臨終来迎往生を意味するのに対して、特に信一念の現在時に、いわゆる業事成弁して往生決定の身となりえた体験の事実を際立てるために、敢えて「不体失往生」といい表わしたものとみるべきであろう」と述べたことを挙げ、賛意を表している（『真宗の往生論』二四四頁）。

さらに小谷は覚如が『改邪鈔』において、「この娑婆生死の五蘊所成の肉身いまだやぶれずといえども、生死流転の本源をつなぐ自力の迷情、「共発金剛心」の一念にやぶれて、知識伝持の仏語に帰属するをこそ、「自力をすてて他力に帰する」ともなづけ、また「即得往生」とも、ならいはんべれ」（『真宗聖典』六九五頁）と述べていることを挙げ、覚如が習った限りでは、即得往生という経言は自力の迷情が破れて真に仏語に帰することを意味するのであって、文字通り即座に往生を得ることを意味するのではないとしている（『真宗の往生論』二四五頁）。以上を主たる根拠として、小谷は曽我の往生理解を否定する。

熾烈な批判——対曽我量深——

小谷は一連の著作の中でしばしば曽我の所説を批判している。そして『誤解された親鸞の往生論』においては「仏教学の立場から曽我師を批評することは比較的容易です」（七二頁）と、およそ大谷派に籍を置く者とは思えない言葉を発している。大谷派に籍を置く者がまず例外なく曽我を絶対視し拳々服膺している現状に鑑みるとき、これは異例である。

とはいえ、小谷も曽我を評価することにやぶさかではない。ただ、無批判に追随することを問題視し、学問には批評精神や批判眼が不可欠だと戒めるのである。とりわけ、曽我の場合は自らの言葉を十分に吟味せずに用いるということが少なくないばかりか、その不十分な表現がかえって大向こう受けをし、それが一人歩きをした結果、近代教学の泰斗に祭り上げられ絶対化されてしまったのだとしている（同右、七一頁）。

ちなみに、『真宗の往生論』で取り扱われた曽我の過失の第二は、法蔵菩薩を阿頼耶識と見たことだとされる。「法蔵菩薩は阿頼耶識なり」は数ある曽我の言葉の中で最もよく知られたものであろう。しかし、その評価の振幅は大きい。仏教学会からは愚説・珍説と酷評されたこともあったという。あるいはそれは信仰的立場からの解釈だとして論評を控える学者もいる（藤田宏達『原始浄土思想の研究』三五二頁）。そんな中、小谷は当初、自分なりに検討を加えた結果、曽我の阿頼耶識理解には聞くべきものもあると見て賛意と敬意を表すべきだと考えていたという。しかし今はそれを撤回するというのである。

唯識思想に疎い私には小谷の批判を十分に咀嚼することができない。ただ法蔵菩薩阿頼耶識説は、現下の課題である往生とは直結しないものと思われるから今は捨て置く。それにしても、「曽我師が唯識思想を正しく理解しておられたか否かを疑う」（『真宗の往生論』二五六頁）という小谷の断定には正直驚きを禁じ得ない。

第五章　現世往生論者からの小谷への批判

小谷に対する反論書の刊行

小谷の一連の主張に対してはすでに亡くなっている曽我は無論のこと、本多からの回答もなかったようである。小谷はそれを遺憾とし、本多は董理院の役目についているのだから批判に応える責任があると促している（『誤解された親鸞の往生論』一六頁）。池田も董理院の董理の一人であるが、やはり無回答だったようである。

ちなみに、董理院は「真宗大谷派宗憲」第五十五条にもとづいて設置されているもので、こう規定されている。「宗義に関する重要事項を審議し、及び宗務総長の申報により宗義に関する言説についての正否を判ずるため、董理院を置く」。よって当時、董理院においてこの問題が話題となり、また日本印度学仏教学会でも平成二十八年（二〇一六）九月に東京大学で開催された学術学会で、「親鸞における往生の理解――「即得往生」を中心に――」というパネル発表があり、それに関して董理院でも院長の藤田宏達が説明したが、最終的には董理面々のお計らいに委ねるとされたと聞いている。

そうした経緯を受けてのことであろう。平成二十九年（二〇一八）五月、鍵主良敬によって『近代真宗教学往生論の真髄』が刊行された。鍵主は大谷派に籍を置き、大谷大学名誉教授にして董理の一人である。この書の帯には「曽我量深など近代真宗教学者は、果たして親鸞の〝往生論〟を誤解したか？　近年再燃する親鸞の〝往生論〟論争を、はじめて真っ正面から検証する待望の必読書！」とある。もって執筆の意図がわかろうというものである。

のみならず、それからわずか一カ月後、今度は長谷正當によって『親鸞の往生と回向の思想――道としての往生と表現としての回向――』が出された。長谷は京都大学教授から大谷大学教授になり、現在は京都大学名誉教授であるが大谷派の僧籍にある人でもある。こちらの帯も見てみよう。「親鸞思想の根幹である〝往生〟と〝回向〟は、一体どのようなことをいうのであろうか？　曽我量深（近代真宗教学者）の思想をもとに、その核心を解明する待望の必読試論！」。はたせるかな、両著とも小谷への回答、それも反論である。

とはいえ、鍵主は仏教学者であるし長谷は宗教学者である。つまり真宗学者からの反論は皆無ということである。不可解という他ない。

往生論争への参戦

なお、同年九月には本願寺派に籍を置く内藤知康による『親鸞の往生思想』が刊行された。これまた帯が付されており、「「往生」は、現生か死後か⁉　往生思想の本質を考察するとともに、親鸞の著作を汎く綿密に検討して、往生論争に終止符を打つことを目指した研究」とある。書籍に帯が付されるのはそれだけ出版社が力を入れている証であろうが、それはともかく、内藤は本書の第三部を「親鸞の往生思想についての諸説とその検討――特に現生往生説について――」と名づけている。内藤によれば、親鸞のいう往生は命終時の往生であって現生の往生ではないということである。ただ、この書は自身の発表済みの論文より成るものであり、第三部も平成十八年（二〇〇六）発表の論文が直近であるから小谷説への言及はない。あとがきにもない。したがって時系列的には取り上げる必要のないものかもしれないが、このタイミングで出版されたのは往生論争に参戦しようとの意図があってのことに相違ない。

小谷への反論と小谷の再反論

本多・池田、及び曽我の三氏に対する小谷の批判は熾烈といってよいほどのものである。「売り言葉に買い言葉」でもなかろうが、小谷に対する鍵主と長谷の反論もまた同類との印象が強い。

まずは鍵主である。前述のごとく『近代真宗教学往生論の真髄』は小谷への反論の書であるが、その帯に「曽我量深など近代真宗教学者は、果たして親鸞の〝往生論〟を誤解したか？　近年再燃する親鸞の〝往生論〟論争を、はじめて真っ正面から検証する待望の必読書！」とあるように、曽我こそは親鸞の往生論の正統な理解者であり継承者であることを立証しようとした書である。

話は前後するが、小谷は鍵主と長谷の反論に対する再反論を令和二年（二〇二〇）刊行の『曇鸞浄土論註の研究』に載せているが、それによれば両著は「往生思想を親鸞の著書を典拠にして学術的に研究することを目的とする書ではなく、両博士の親鸞の往生論に対する領解が随意に述べられた書である。したがって、両著を学術的な研究書として論評するのは的外れな行為なのかもしれない」（四一五頁）と断っている。すなわち小谷によれば、執筆に際しての鍵主の姿勢は学術的とはいい難いということであろう。

学術的な書にあらざるものを学術的に批評するというのも奇妙であるが、両著に見られる誤解は宗学を学ぶ者の陥り易い陥穽であり、自分の批評が大谷派の教学の現状を見直すことに貢献できればと願うからだと小谷はいう（四一五―四一六頁）。

小谷への批判――鍵主良敬による――

鍵主は『近代真宗教学往生論の真髄』において、小谷が言及する「文献学」と「思想史」ということについて論じている。

まず文献学についてである。鍵主は小谷が「仏典や聖教を読むに際して、現存するテキストを可能な限り活用し、それらをそのテキストの文法に準じて文章どおりに解読して、意味を正確に把握しようとする実証的な近代仏教学という方法」（『誤解された親鸞の往生論』一五頁）の重要性を述べていることを受け、それだけであれば「「コトバ」では簡単に伝えられない「深い」意味の領域は除外されてしまうのではないか」（『近代真宗教学往生論の真髄』三四頁）と批判する。

鍵主はその根拠として複数の著名な学者を取り上げている。丸山圭三郎・福永光司・梶山雄一などである。とりわけ梶山を高く評価し、「これこそ本ものの文献学者だ」と賛辞を呈する。しかし、私には彼らは鍵主自身の主張を補強すべく引き合いに出されているだけのように思える。露骨ないい方をすれば、自己防衛あるいは自身の権威づけに利用されているだけなのである。なるほど彼らの指摘は深い。しかし小谷が問題にしたのは、文献を前にしてまずなすべきは正確に読むということであり、それが基本だということに過ぎなかったのであろう。

実際、この点について小谷は『曇鸞浄土論註の研究』において「鍵主良敬博士の反論に答える」という一章を設け再反論している。それによれば、自分が問題にしているのは梶山に見られるような高いレベルの文献学ではなく、もっと低いレベルの「文章の正確な読みの欠如」だというに過ぎないということである（四三二頁）。

思想史ということについても、往生思想についての鍵主の批判には舟橋一哉や藤田宏達の論文の誤読による誤解が頻出するとし、鍵主には「粗雑な論考が散見される」とするなど手厳しい言葉が連ねられている。そしてこう結ぶ。「筆者が鍵主博士や次に言及する長谷博士に求めているのは、このレベルの、文献を対象とする研究に最低限必要とされる「文章の正確な読み」である。文章を正しく把握する努力をされずに、「コトバ」では簡単に伝えられない「深い」意味の領域に至り得ることを主張されるとすれば、それはもはや真宗を神秘主義として把握しようとされることになる」（同右、四三三―四三四頁)。

小谷への批判――長谷正當による――

長谷の小谷に対する批判は歯に衣を着せぬほど辛辣なものである。鍵主の場合もそうであるが、両者の批判は小谷が彼らの信服する曽我を批判したことによって逆鱗に触れてしまったがゆえでもあろうか。

無論、長谷の批判も親鸞の往生論を尋ねる作業の中でのことであるが、かかる思想的なことをめぐっての論争について学問的に直接コメントすることは私の能くするところではない。そこでここでもまずは論争の熾烈さがうかがえる文言を取り上げ、もってその雰囲気を味わってみたい。

長谷は小谷が曽我の現世往生論を批判したことを受け、疑問点を三つ挙げる。その中でとりわけ注目すべきは、曽我の場合は親鸞の往生思想を自己の身上において追究した教学的思索に裏づけられたものであるが、小谷の場合は文献学的な論証であり、経験による確証を欠いているとしていることである。そしていう。「これらの難点のため、氏の論証は無効となり、氏が苦心して構築された威風堂々として完璧な感のある論証の城壁は、そのままローマのコロシアムの如き遺跡と化するのである」(『親鸞の往生と回向の思想』一七二頁)。驚くべき発言である。

長谷はまた現世往生に対して現生往生ということに注目し、曽我の場合は現生往生論であるが小谷は現世往生論と見当違いをしたのだとし、「氏は、中世の騎士物語を読みすぎたドン・キホーテが風車を悪しき巨人と間違えて突撃したように、曽我の現生往生論を、往生概念を破壊する巨人と錯覚してこれに激突されたのである」（同右、一七五頁）という。

小谷は『真宗の往生論』の中で別時意説について詳述した。親鸞の往生論を語るに際して別時意説にまで踏み込んだもののあることを私は知らない。別時意説については後述するが、長谷は『無量寿経』第十八願成就文に現れて現世往生説の有力な根拠とされる「即得往生」について、小谷は「即得往生という語が奇異で邪魔になり、摂論家の「別時異［草間註、「意」の誤植か?］説」に訴えるというような、もって回った無理な解釈をされなければならなかったのである」（同右、一八三頁）と、にべもない。

さらに、小谷が近代教学の往生理解を親鸞の苦心の読み替えの意図が見ぬけなかった不見識に起因するとしたのを受けて、長谷は小谷の用いた不見識という評言は、「氏が親鸞の注釈にもう一つの解釈があることを見抜くことができなかったことを証示するものとして、ブーメランのごとく、投げた氏自身に跳ね返ってくるといわねばならないのであります」（同右、二四〇頁）と難じている。

以上、親鸞の往生論をめぐる小谷・鍵主・長谷の論争の一端を、それも主張内容というよりは言葉遣いを中心に一瞥した。そのさまは鍔迫り合いのごとくであるが、しかし論争も「争」であれば熾烈になるのもむべなるかなである。その方が論点が明確になってよかろう。

長谷の往生理解

過激な論調はさて置き、ここで少しく踏み込んで長谷の往生理解を私なりに見てみよう。親鸞の往生思想を問うに際して、長谷は曽我の往生理解を通してそれを追究するという方法を取る。それは小谷が曽我をはじめとする近代教学の往生論を批判しているがゆえであるが、しかしそればかりではない。長谷は曽我について、「往生の概念を拡大解釈して道と捉え、信と同時に始まり、現生を通ってその究極において成仏に至る本願の大道を歩むことを往生と捉えました」(同右、二四三頁)と述べ、そこに教学は時代とともに変わらねばならないと主張していた曽我の真骨頂を見ているからである。さらに長谷は現生往生は難思議往生の要を押さえたものであり、曽我が現生往生というのは難思議往生のことに他ならないとしている。

ゆえに、長谷の場合は「親鸞の往生思想」と銘打ってはいるものの実質は「曽我の往生思想」である。しかし曽我の教学的思索を無批判にそのまま親鸞の思想とイコールと見なすことは小谷がしばしば使う「拳々服膺」であり、さらには曽我を無謬と祭り上げるものではあるまいか。

それはともかく、長谷の主張においては「現生」「拡大解釈」「道」「難思議往生」がキーワードと見なしうるから、それらを整理してみよう。

まず「現生」であるが、長谷は曽我の往生論は現生往生論であるが、小谷はそれを現世往生論と見当違いをしたのだと批判する。長谷によれば、現世は三世の一つであるが現生はそうではなく、此土を超越した浄土を感得し、受け取り、生きる場として三世を包み込んでいるとし、現生とは信の成立する場、救いの成り立つ場であり、ここに現世往生と現生往生の決定的な違いがあるという（同右、一八七頁）。

また往生を「拡大解釈」して「道」と捉えることについては、『無量寿経』第十八願成就文中の「即得往生」の語が正定聚をその内実としてもつことを示すとすれば、往生は点ではなく道として捉えうるのであり、その場合、往生は信と同時に始まりその究極において成仏に至る道を歩むこととなる。しからば往生と正定聚は概念としては異なるものの併走し重なり合うものとなるという。長谷は、こうした拡大された道としての往生の概念は曽我が勝手に作り出したものではなく、すでに『無量寿経』の三毒・五悪段にその根拠があるとする（同右、二〇〇―二〇五頁）。

第六章　小谷の再反論

長谷への再反論

長谷の批判に対し小谷は再度応じている。まず「現生」往生説についてであるが、自分は「そのような「親鸞は臨終往生でない往生を認めている」とする考えを「現世往生説」と総称する。それゆえ曽我師をも「現世往生説」を認める人々のなかに入れる」（『曇鸞浄土論註の研究』四三七頁）としている。ちなみに、小谷は「現世往生」という表現を本願寺派の信楽峻麿の用語だと見ている（『真宗の往生論』三三五頁）。

私もこれでよいと思う。曽我も「いのち終る時に往生するならば何の本願であるか。そんな本願は意味がない。〔中略〕往生は未来ではなく、現在である」（『往生と成仏』三〇頁）といっていたが、「未来」と「現在」、これは三世を前提にした言葉に他ならない。

試みに「現世」と「現生」の二語を親鸞の著作の中に検索すると、いずれも頻出するとはいい難いが両者に違いは認められない。一例を挙げれば、「現世利益和讃」と「現生十種益」の用例があるが、両者は相通ずるものであり同義語と見てよい。現世と現生は違うなどと込み入ったことをいい立てると議論が噛み合わなくなる恐れが生じよう。

「道」としての往生の概念を着想せしめた根拠として、長谷は曽我に倣って『無量寿経』の三毒・五悪段の一文を挙げている。その箇所を長谷の読みで示すと、「必ず超絶して去って安養国に生ずれば、横さまに五悪趣を截り、悪趣自然に閉ず、道に昇るに極まりなし。往き易くして人なし。その国逆違せず、自然の牽くところなり」（『親鸞の往生と回向の思想』一七頁）、また「必ず超絶して去って、安養国に往生するを得れば、横さまに五悪趣を截り、悪趣自然に閉ず。道に昇るに究極なし。往き易くして而も人なし。その国逆違せず。自然の牽くところなればなり」（同右、二一一頁）となる。整合性を欠き、しかもどちらもやや不正確な訓読である。

小谷は、なるほどここには曽我のいうように「道としての往生の概念」が示されているかのごとく見えるが、一文の意味は、浄土に往生すれば仏果の道に登るということであって、これを根拠に親鸞が往生を道として捉えているとの解釈は「粗雑な読み」から生じた誤解であるとする（『曇鸞浄土論註の研究』四四三・四五一頁)。

その批判の筆致も凄まじい。長谷は、曽我は往生を道と捉え従来の往生概念を拡大解釈することを提案するが、それは「気まぐれや思いつき」ではないと力説した。しかし小谷は、それは「師の「気まぐれや思いつき」によるものとしか言いようがない」(同右、四四五頁)とし、曽我の発言は教えられるものが多いと評価しつつも、その場の思いつきによるとしか思えないものもまた多いといい、曽我のいうことを鵜呑みにして拳々服膺することは曽我をカリスマ化する危険性を伴うのであり、「長谷博士には、曽我師のお言葉をご自身の力で検討し直して下さることを切に期待する」(同右、四四七頁)とまでいい切っている。さながら「返り討ち」である。

三願転入

前述のごとく長谷は、曽我が現生往生というのは難思議往生のことに他ならないとする。難思議往生は、いわゆる「三願転入」と関連して重視されるものである。三願転入とは『教行信証』「化身土巻」に説かれるもので、親鸞における念仏の信心の深化の跡を示す告白と見なされている。すなわち親鸞は最初は第十九願を生き、ついで第二十願、そして最終的には第十八願に転入したというのである。

三願はいずれも往生の果をもたらすが、第十九願の場合は「双樹林下往生」と呼ばれる。これは諸行と同格の念仏を因として方便化土に生まれることで、釈尊が沙羅双樹の林の下で入滅したことにちなむ。第二十願は難思往生と呼ばれる。これは自力の念仏を因として疑城胎宮に生まれることで、そこでの楽しみが思議し難いほど無量であることにちなむ。第十八願の場合は「難思議往生」と呼ばれる。これは他力の念仏を因として真実報土に生まれることで、凡夫の思慮の及ぶところでないことにちなむ。親鸞はこれを「大経往生」とも呼び、『浄土三経往生文類』で「大経往生というは、如来選択の本願、不可思議の願海、これを他力ともうすなり。これすなわち念仏往生の願因によりて、必至滅度の願果をうるなり。現生に正定聚のくらいに住して、かならず真実報土にいたる。これは阿弥陀如来の往相回向の真因なるがゆえに、無上涅槃のさとりをひらく。これを『大経』の宗致とす。このゆえに大経往生ともうす。また難思議往生ともうすなり」(『真宗聖典』四六八頁)と述べている。

長谷によれば、親鸞は三願転入において、双樹林下往生は臨終往生だとしてこれを離れ、難思議往生は本願の信に立って現世に得られる往生だとし、当時強く人々を支配していた死後往生の観念を超えようとしたとされる(『親鸞の往生と回向の思想』一一―三頁)。

かく考える長谷は、小谷は親鸞の往生論を取り上げるに際してもっぱら「即得往生」に施した注釈を重視していると批判する。なぜならそこにおける親鸞の注釈は二様の解釈が可能で決着できないからであり、また親鸞の往生論の核心は難思議往生においてこそあるが、小谷はなるほど三願転入に触れてはいるけれども、それは転入の時期についての論証が主で内容についてではないという。

ちなみに、後者の批判について小谷は「そうではない」と反論し、「経論のみならず拙著等の現代の研究書に関する長谷博士の読みも極めて杜撰である。[中略] 他者の論文を批判されるには、先ずはその論文を正確に読む努力をされることを期待する」（『曇鸞浄土論註の研究』四六八頁）と述べている。これまた「返り討ち」である。

もとより小谷も難思議往生の意義を高く評価はするが、しかし三願転入の文においては三種の往生の時に関しては何も触れられておらず、ともに通常の往生の概念、つまり臨終往生という往生の概念のもとに一文は記されているとする。そのうえで「親鸞が双樹林下往生や難思往生と区別した難思議往生の特徴は、自力作善や自力の念仏によって臨終に来迎されて往生して、浄土で正定聚不退転につくのではなく、他力の念仏によって現生で正定聚不退転に住して、命終と共に往生するという点にある」（傍線、小谷、四五八頁）と述べる。

未来往生的な門弟たちの受け止め方

親鸞の思想を知るうえで最重要な著作はいうまでもなく『教行信証』である。これは親鸞が五十二歳のときに執筆を始め、帰洛後の宝治元年（一二四七）まで増補を続けて成ったものとされる。それはこの年に門弟の尊蓮がこれを書写させてもらっているからである。親鸞は本書がそろそろ完成したと見て書写を許したのであろうと歴史学者の今井雅晴は推定している（『親鸞と東国』五五頁）。したがって関東在住中には、たとえ草稿ではあっても門弟たちの中で直接『教行信証』を目にしたものはいなかったと見てよいであろう。

では、彼らはどのようにして親鸞の教えを受けたのか。それは面授に違いない。また親鸞が帰洛した後は書状や送付された聖教によったことであろう。聖教とは聖覚が執筆した『唯信鈔』や隆寛の『後世物語聞書』『自力他力事』、また親鸞自身が執筆した『唯信鈔文意』などである。

しからば、そうしたものの中で「往生」の語がどのように現れているかを検討すれば、教化の前線で親鸞が往生ということをどのように説いていたかの手掛かりが得られるのではなかろうか。また門弟の唯円が著した『歎異抄』、順信の『信海聞書』などからは彼らが親鸞の教えをどのように理解していたかがうかがわれよう。さらには妻恵信尼の書状なども手掛かりとなり得ようが、そうしたものを見る限り門弟たちが理解していた往生は未来往生的であった蓋然性が高いといわざるをえない。

ちなみに、『浄土真宗聞書』なるものがある。これは親鸞随一の門弟であった性信の手に成るものと推定されているが、その中に次のような一文がある。「親鸞聖人曰　難思議往生トイフハ大経コ、ロ也、本願往生他力也、真ノ報土生ヤフ也、難思議往生〔草間註、「難思」往生の誤記か？〕トイフハ阿弥陀経ノコ、ロ也、真実門ノ行也、名号ナルカユヘニ真門トマウス也、行ハヨロツノ善ニスクレタリ、カルユヘニ真門トイフ也、機ハ定機ト散機ト也、本願ノ行者ニハアラス、自力ノ機ナルカユヘ也、雙樹林下往生トイフハ無量寿仏観経ノコ、ロニヨリテ往生スル也、コノ観経ニハ諸行ヲモテ往生ヲ願シムル也、機ハ定機散機也、定機ノタメニハ定善十三観也、散機ノタメニハ九品三輩ノ善也、コノ定散ノ行者ノ往生スルヤウヲ雙樹林下往生トハ申也、辺地懈慢ノ往生也」（坂東性純〔ほか〕『親鸞面授の人びと――如信・性信を中心として――』一三一―一三二頁）。

これは親鸞の『浄土三経往生文類』におおむね合致するから、性信をはじめとする横曽根門徒たちは親鸞の往生論をよく理解していたことがわかる。そしてここには三つの往生を他力と自力とによって分類することが示されてはいるものの、現世と来世とをもって分類することは何ら示されてはいない。

親鸞と臨終来迎

親鸞は臨終来迎の往生を否定し、これと決別したとされている。その根拠の一つとされるのは前掲『末灯鈔』の記述である。ここではその前後も見てみよう。「来迎は諸行往生にあり。自力の行者なるがゆえに。臨終ということは、諸行往生のひとにいうべし。いまだ、真実の信心をえざるがゆえなり。また、十悪五逆の罪人の、はじめて善知識におうて、すすめらるるときにいうことばなり。〔中略〕来迎の儀式をまたず」(『真宗聖典』六〇〇頁)。

しかし、小谷は梯実円の説を参照して、親鸞は臨終来迎の往生そのものを否定したのではなく、否定したのはそれが自力作善の念仏の功徳と考えられている点だったとする。のみならず、同じく『末灯鈔』の「信心まことにならせたまいてそうろうひとは、誓願の利益にてそうろううえに、摂取してすてずとそうらえば、来迎臨終を期せさせたまうべからずとこそおぼえそうらえ。いまだ信心さだまらざらんひとは、臨終をも期し来迎をもまたせたまうべし」(同右、六〇八頁)を根拠にして、親鸞は信心のいまだ定まらない人には臨終来迎の往生を求めることを勧めてさえいると踏み込んでいる。

かく小谷が考えるのは、たとえ臨終来迎による往生が第十九願の世界であっても「果遂の誓い」があるからである。果遂の誓いとは表面的には第二十願の難思往生から第十八願の難思議往生への転入を請け負うものであるが、小谷は幡谷明の言葉に導かれ、親鸞は果遂の誓いを三願転入の過程すべてが果たし遂げられることを誓うものだと見るからである。

梯は「しかし我がはからいによってもたらされるものでない来迎、いいかえれば阿弥陀仏の本願の自然の働きとしてもたらされる来迎まで否定されたのではなかった」としているというが、こうした来迎には「まだ早い」などと我を張らず素直に従うべきであろう。

小谷は、「親鸞の言う「難思議往生」は、平生の生活の中で真実の信心を得て往生することが決定されること（平生業成）による往生であって、臨終時の行業によって決定されること（臨終業成）による往生ではないことを述べようとしたもので、「臨終往生」を否定することを意図するものでないことが知られる」（『曇鸞浄土論註の研究』四六〇頁）という。

第七章　別時意説

別時意説

『真宗の往生論』の中で特に目を引くのは別時意説についての論述である。この書は二つに大別されており、前半は「世親の往生論」、後半は「親鸞の往生論」と章題がつけられているが、そのいずれにおいても別時意説が取り上げられている。

別時意説の性格について小谷は、「ある仏陀の言葉が何かを意図して説かれたものである場合、その言葉が、即刻ではなく、やがて別な時にそれが実現されることを意趣して説かれたものである、とする仏語に対する解釈である」（『真宗の往生論』一八頁）と定める。

今、これを浄土思想についていえば、「「別時意」とは、要約すれば、〈誦持名号〉および〈発願〉とは、別の時に得らるべき〈決定菩提〉および〈往生極楽〉という仏果へと進むための因となるというところにこそ真の意味があり、〈誦持名号〉即〈決定菩提〉、および〈発願〉即〈往生極楽〉のように説かれるのは、怠懈な者をして仏道に勤め励ますという特別の意図をもった方便引誘の説法である」（向井亮「世親造『浄土論』の背景――「別時意」説との関連から――」、『日本仏教学会年報』第四二号、一六九―一七〇頁。傍点、向井）ということになる。

現下の問題である発願即往生極楽とは、発願と往生極楽とが同時に起こり得ることを示すもので即得往生に類する教説であるが、向井によれば『阿弥陀経』第十七章の後半がそれにあたるとされる。別時意説は初期瑜伽行派においてすでに定着していたものであり、とりわけ世親が強く主張したものであった。

世親が主張した理由

世親はなぜ別時意説を主張したのか。その理由を小谷は、往生行として最低限課せられている念仏すら省略し簡素化しようとする当時の浄土思想の流れにあったとする（『真宗の往生論』五六頁）。それはこういうことである。

瑜伽行派の修習法における重要な概念に「作意」(manasikāra)がある。これは心を「特定のことがらに向け」はたらかせること、心に注意を喚起すること、思念することを意味する。作意が重要なのはそれが行者に見仏体験をもたらすからである。一方、浄土思想においても念仏が説かれる際、その「念」の語根には主として作意を意味するmanasi-√kṛが用いられた。すなわち念仏とは仏を作意することであった。そのような重要な概念である作意が往生行から省かれるに至ったことは、瑜伽行者の世親には認め難いことであった。

世親が『浄土論』を著した動機もその延長線上に求められるのであり、省略化・簡素化に突き進む当時の往生思想の流れを、誓願をなすこと、善根を修すること、作意をなすこと(念仏をなすこと)、臨終に見仏すること、死後に往生することという要件を備えた本来の姿に戻すためであったとされる(同右、五八頁)。

小谷は『浄土論』造論の趣旨が「彼の安楽世界を観じて、阿弥陀仏に見え、彼の国に生ぜんことを願う」ということであり、また究極の目的が「五念門の行を修めて、自利利他して、速やかに阿耨多羅三藐三菩提を成就することを得る」こととされていること、そしてその五念門の原語がpañca manasikāramukhāniと想定され、「念」が「作意」(manasikāra)と想定し得ることから如上の推測は十分可能だとしている(同右、五九頁)。

浄土思想に対する世親の立ち位置

小谷の精緻な研究により世親が『浄土論』を著した動機が明らかとなったが、私にとって気掛かりなのは世親の浄土思想に対する立ち位置である。世親を真宗七高僧の一人として敬いその名の一字を自身の名に用いた親鸞を仰ぐ者からすれば、少なくとも『浄土論』を著したときの世親は浄土思想に親近感や共感をいだき浄土思想を顕揚する意図があったと考えたいが、その点はいかがなものであろうか。その場合には曇鸞がそうであったように世親にも思想的・信仰的な転向があったことになろうか。

しかし、異なった系統の思想に注釈を行いつつも世親の真面目は瑜伽行者というところにこそあったと考えるべきなのかもしれない。とすれば、『浄土論』は前述のごとく往生を即得往生的に誤解した当時の浄土教徒への警鐘として、別時意説の立場から「お前さんたちの信奉している浄土思想とは本来はこういうものだよ」とやや高みより教えようとしたところに成ったものであり、浄土思想への取り組みは単に学僧としての営みの一つだったのであろうか。例えば中国で浄土教に言及した諸師の多くは浄土教にのみ専念したのではなく、むしろそれぞれの宗派に重きを置いていったが、世親の場合もそうだったのであろうか。

それはともかく、世親が『浄土論』を物したことが縁となって中国に浄土教徒曇鸞が誕生し、さらに日本に親鸞の浄土真宗が生まれたことを思うとき、造論の直接の動機とともにそのときの世親の心の内を尋ねてみたい気もしてくる。

別時意説に対する善導の反論

別時意説は後に中国においても問題となり、別時意説に対する反論が浄土教家によってなされるに至った。その経緯について藤田宏達はいう。「当時の仏教界の主流ともいうべき摂論宗の諸師は、『観経』に説く称名念仏による往生が、遠い将来の別時に得られる方便の教説にすぎないと論難していた。〔中略〕むろん、浄土教の側からは、すでに道綽や迦才がこれに対する釈明を試みているが、善導もこれを重く受けとめて反論を展開している。〔中略〕善導は成仏の別時意説を認めながらも、往生の別時意説については、『阿弥陀仏』〔草間註、阿弥陀「経」の誤植か?〕の所説をあげて語気鋭く批判し、さらに『観経』の十念が願と行とを具足しているという理由から直ちに往生できることを主張している。こうした反論をみると、たしかに教証と理証をもって論弁しているけれども、しかし反対者を十分に屈服せしめるほどの議論を展開しているとも思えない」（『善導』九一頁）。

善導の反論が不十分だったことは小谷も認め、「善導の反論は称名念仏が願行を具足することのみを主張するものであり、《発願―往生極楽》の教説が摂論学派によって批判された「信心が獲得されれば即時に往生が実現されること」（即得往生）については明瞭に反論していない」（『真宗の往生論』二三五頁）という。

「即得往生」の語

そこで親鸞である。小谷は親鸞が吉水時代にすでに『観経疏』「玄義分」を通じて別時意説を知っていたことは確かだとし、「親鸞は善導の趣旨を汲みつつ、善導とは異なる角度から「即得往生」の意味を解明することによって、むしろより直接的に摂論学派の批判に答えた」（同右、二三二頁）とする。小谷の論述にもとづいて親鸞の主張を撮要しよう。

前述したごとく親鸞は『一念多念文意』において『無量寿経』第十八願成就文に現れる「即得往生」の語に注釈を施し、これが要注意語であることを示唆している。小谷は藤田らの研究を参看して、「即得往生」の教説は浄土教本来の命終往生思想とは相容れない般若思想にもとづくもので、その影響を受けて『無量寿経』第十八願成就文にこの教説が登場することになったと推測する（同右、二四一頁）。

時代による学問上の制約があるとはいえ、親鸞もこうした思想史的経緯を把握していたに違いなく、それゆえ「即得往生」は本来命終後の往生を述べる語であり、命終に言及しない成就文においては用いられるべき語ではないと考えたことは確かであろう。しかし親鸞にとって『無量寿経』は真実の教えであり間違いとして認めるわけにはいかない以上、何としても会通せざるを得なかったのである（同右、二三三―二三四頁）。その会通の営みを小谷の論述に従って見てみよう。

別時意説に対する親鸞の反論

小谷は、『無量寿経』第十八願成就文に出る「即得往生」を親鸞は「隠顕釈」で解釈したと見る。隠顕釈とは仏教の伝統的な解釈法で、「隠」は経典の裏に隠された深い意味を、また「顕」は経典の表面に顕わに説かれた教説を指す。隠顕釈によれば真実信心を得て即得されるのは「正定聚のくらいにつきさだまる」ことであって、そのことを経では「往生をうとはのたまえる」のであり、得られるのは往生そのものではないことになる。

小谷がこのように推測するのは、親鸞が「即得往生」を注釈する少し前の文脈において、『往生礼讃』に見られる「恒願一切臨終時　勝縁勝境悉現前」（『真宗聖典』五三四頁）の「臨終時」を表面上の「臨終の時」ではなく、「いのちおわらんときまで」と裏の意味で解釈していることを根拠に、それを受けた第十八願成就文中の「即得往生」も隠の義で解釈していたと考えてのことである。

小谷は別時意説に対する善導の反論は明瞭さを欠くとしたが、親鸞の場合は、成就文が文字通りに即時に往生が得られることを意味するのではないことを明らかにすることによって反論したのであり、それは同時に念仏の行が、命終の時まで願行具足の称名によって正定聚・不退の位に住して平生業成の生活を営み、命終後に浄土往生を遂げることを内容とするものであり、浄土教の正統な往生行であることをも証明したのだと見る（『真宗の往生論』二三五―二三六頁）。

以上、親鸞の別時意説に対する反論を小谷の論述に沿って要約してみたが、ここで親鸞は別時意説のどこに反論したのかということを私なりにうかがってみたい。

親鸞の反論の真意

別時意説とは二つの性格があるようである。一つには怠惰な者をして仏道に勤め励ますという特別の意図をもった方便引誘の説法ということである。ゆえにそれは機根の劣った者たちへの教えであり傍流の教えだという劣視につながる。二つには即刻ではなく別の時にそれが実現されることを意図して説かれたものということである。つまり証果は遠い将来に得られるとするものであり、換言すれば、いつ証果が得られるか覚束ない漠然とした頼りない教えということでこれまた劣視につながる。

一の批判に対しては善導も親鸞も特段の反論はしていない。むしろ捨て置くことによって応えたともいえようか。問題は二の批判に対してである。即得往生を否定すれば別時意説を認めたことになるようにも思えるが、親鸞はそれを肯んじないであろう。親鸞の真意は、往生の証果が得られるのは不確かで覚束ない「別時」ではなく臨終という「確かな時」であるということなのであり、さらには小谷が指摘するように、念仏の行が命終のときまで願行具足の称名によって正定聚・不退の位に住して平生業成の生活を営み、臨終時に浄土往生を遂げる充実した人生を保証するという揺るぎない確信だったのではあるまいか。

第八章　無生の生

無生の生

現世往生を主張する論者は「無生の生」をその根拠とすることも多い。そこで次にそれを見ることにしよう。

「無生の生」はもと曇鸞が『浄土論註』において往生を解釈するに際して用いたものである。曇鸞がかく解釈するに至ったのは龍樹の『十住毘婆沙論』から示唆を得てのことと小谷は見る。曇鸞は浄土への往生をこう呼ぶことによって、「浄土往生」という経言が「無生法忍によって把握される、一切法が不生なるままに生ずる、正覚の境地を意味するものであること」を述べるものだとしたのだという。無生法忍は大乗経論にのみ用いられる術語で、空観の思想をその背景にもつものであるから、「生即無生」の空の道理を証得するときその境地が取りも直さず浄土往生であるということになる。こうした解釈は往生を現世における精神的な事象と見なし得ることから、後世に現世往生が主張される一因ともなったとするのである。

もともと曇鸞は四論宗の人で中観派の空思想を学んだ学僧であったから、往生の「生」を「無生の生」と解釈したとしても無理からぬところであったと好意的に受け取ることもできよう。

曇鸞の解釈は不適切

しかし、『浄土論註』が世親の『浄土論』の注釈書であることに鑑みると龍樹に依ることは適切ではない。なぜなら龍樹は般若経にもとづく空思想に立つのに対し世親は瑜伽唯識思想に立っているからである。

小谷によれば、『浄土論』は「浄土の様相（功徳荘厳）を対象として止観を修習し、それによって浄土に往生して阿弥陀仏にまみえるための自利行を完成するとともに、兼ねて一切衆生を浄土に導くための利他行をも行ずる菩薩行を述べようとする書」(『曇鸞浄土論註の研究』三二頁)とされるが、小谷は加えて、「世親は『浄土論』を著作するに際して、[中略]『無量寿経』の本願文に説かれる内容を五念門・五功徳門の往生行に整理して説明したことが想定される。浄土への往生行が、浄土往生のための往相の行に止まらず、浄土からの還相にまで及んで構想しているところに、瑜伽行派の説く「無住処涅槃」の教説を適用しようとした意図が読み取れる」(同右、三九頁)とも推測する。

また小谷によれば、世親が浄土思想を「別時意説」として劣視しつつも『浄土論』を著したのは、前述のごとく最低限の往生行として課せられている念仏すら省略し簡素化しようとする当時の浄土思想を、誓願をなすこと、善根を修すること、作意をなすこと(念仏をなすこと)、臨終に見仏すること、死後に往生することという要件を備えた本来の姿に戻すためであったとされる。

このように世親は浄土経典に現れる往生行を瑜伽唯識思想の立場から説明しようとしているにもかかわらず、曇鸞は空思想という系統の異なるものをもって注釈したのであり、小谷はそれは「無謀である」「相応しくない」「間違い」(『真宗の往生論』二四三頁)と批判する。また「牽強付会」「無理がある」(同右、一〇七頁)、「辻褄合わせ」「会通」(同右、一〇八頁)等の言葉をもって批判している。こうなると、『真宗の往生論』においてなされている曇鸞の往生理解に対する小谷の評価はかなり手厳しいといわざるを得まい。

ちなみに、小谷は曇鸞には時代的な制約もあって瑜伽師としての世親の思想を十分には理解していなかったとも述べている(『曇鸞浄土論註の研究』四二―五六頁)。

無生の生の真意

ところが、である。『真宗の往生論』が上梓されたのは平成二十七年（二〇一五）であるが、小谷は続く同二十九年（二〇一七）上梓の『親鸞の還相回向論』では、「『浄土論註』には、「現世往生」を認めたかのように読める文章があり、往生の時期に関する曇鸞の記述には、不確かな点が認められる。〔中略〕筆者自身も、曇鸞の現世往生を説くかに見えるこの種の表現に迷わされて、前著『真宗の往生論』では、往生を「無生の生」とする曇鸞の解釈の意図を把握できずに終わったことを反省している。〔中略〕かれが往生を「無生の生」と述べた理由を明確にしたい」（六八頁）と述べている。これによれば小谷が『真宗の往生論』で曇鸞の「無生の生」に関して述べたことは曇鸞の真意を摑み切っていなかったことになろう。

それはさて置き、こう述べて小谷は考察を続けるが、その論述の中で特に重要と思われるのは、曇鸞が「生」の語がもつ「生まれること（誕生）」と「生きること（生存）」との二義を区別せずに用いているとの指摘である。小谷はひとまずそれが後世に混乱を招いた要因と見るが、最終的には曇鸞が「往生は無生の生である」と主張した真のねらいを明らかにして評価している。小谷のいわんとすることを私なりにうかがってみよう。

曇鸞が浄土へ「生まれること」を「無生」としたのは、一つには我という実体的存在が浄土に生まれるとする誤解を除くためであり、二つには浄土は「三有虚妄の生のごときにはあらざること」を示すためであった。ここでの「生」は生存の謂である。すなわち浄土において生きることは生まれ変わり死に変わることを繰り返す三界のごとき虚妄の生存ではなく、無生無滅の、究極的に生（生存）の無くなった「無生の生」なのであり、現象の生滅が無くなった無生無滅の涅槃寂静だということである。

しかし、凡夫は「浄土は無生だ」「生まれてもそこには生きることは無い」とストレートにいわれれば往生を願う気持ちを起こせない。そこで世親は凡夫の情に寄り添って「無生」とはいわず、浄土の光景を見させて浄土に「生まれ」て「生きる」ことを願えと教えたのである。凡夫は現生では浄土が「無生の生」の境涯たることを理解できないが、浄土往生の暁にはそれを悟るのである。

第九章　還　相

無生の生と還相

小谷はさらに言葉を継ぐ。浄土は物事の生滅や生死に煩わされ捕らわれることのない境涯のゆえに浄土の衆生は自在である。その境涯は小乗の行者が最上の境地として追求する無余依涅槃ではない。この「浄土の自在なる生存」こそが浄土より「還相」して衆生を利益するという大乗の菩薩行を可能にするのだ、と。

還相は曇鸞教学の一大特色であるが、小谷は還相という構想を支えているのが「無生の生」だとし、さらには「凡夫は浄土においてこそ、如来によって真に自在なる生存が与えられる。凡夫はそれによってのみ、「おもうがごとく衆生を利益する」ことができる身となる。それゆえ親鸞は、「念仏して、いそぎ仏になりて」というのであり、そのことを教えてくれた曇鸞を敬ってやまないのである」（『親鸞の還相回向論』八八頁）という。

以上の考察から小谷は、曇鸞が往生を「無生の生」というのはこの世で死んで浄土に生まれ変わる「生まれ」そのものを無いというのではなく、「わたし」という実体の「生まれ変わり」として捉えられた「生」は無いということを意味するが、しかし真のねらいは涅槃を仏道の完成と見る声聞や独覚とは異なり、涅槃を仏道の完成とは見ず、真の利他行の始まりとする菩薩の仏教との違いを明確にすることにあったと結論づける（同右、九一—九二頁）。

ちなみに、仏になるということに関して次のような言葉が注目される。「その智境界に入りたる方にては仏といわれ、その菩薩の行を修する辺にては菩薩といわる。探玄記四七十九に曰く。若し因門を以て取れば則ち常に是れ菩薩。若し果門を取れば則ち恒に是れ仏」（慧琳『伊蒿鈔』巻五、四九六頁）。「成仏するというのは何のための成仏かと言いますと、菩薩となるためです」（幡谷明『浄土三経往生文類』広本について』二五頁）。「親鸞にとって、仏になるとは「還相」の活動が自由自在に実現できる、ということなのであり、この「還相」の活動をおいてほかに仏のすがたはないのである」（阿満利麿『教行信証』入門』一六五頁）。「親鸞においては、「仏」とは「還相の菩薩」にほかならないのである」（同右、一七〇頁）。

また小谷は指摘する。「親鸞は、浄土教における仏の意味を深く掘り下げて考えようとした。かれは『浄土論註』によって、浄土から穢土に還来して、かつて自分が迷い悩んだと同様に濁世で苦悩する人々の救済に趣く者こそ、真の仏たる者であることを学んだ」(『親鸞の還相回向論』二二五頁)。

因中説果・従果示因の論法

小谷の精力的な研究はさらに続き、令和二年(二〇二〇)には『曇鸞浄土論註の研究』が刊行された。この書で小谷は近代教学において忘れ去られたかに見える江戸期の三人の講師の講義録を参看している。とりわけ曇鸞の説明の仕方を「因中説果」「従果示因」と見定めて、『浄土論註』を精読した深励を評価している。『浄土論註』は手こずる書であるが、その主たる要因は曇鸞のこの論法に求められるという。

小谷は『親鸞の還相回向論』の中で還相に注目し、還相という構想を支えているのが「無生の生」だとしていたが、『曇鸞浄土論註の研究』においてはさらに踏み込み、「「無生の生」は還相回向を可能にするために、浄土においてこそ証得される道理として導入されたものと考えられる」(二五三頁)と述べている。

「無生の生」は凡夫が世俗の世界で証得できる真理ではなく、勝義の世界である浄土に往生してこそ証得されるものであるが、曇鸞は凡夫に浄土往生を願わせるために、浄土において得られる「無生の生」を説くのであり、「生まれることは無い」という空の真理を凡夫に悟らせるために説くのではない。『浄土論註』の用語で難解とされ、現世往生説の原因となったと考えられる「無生の生」も、従果示因の説相で説かれたものと考えればさほど難解な語ではなくなり、そのような謬説の生じる余地もなかったことが知られるとも述べている（同右、iv頁）。

曇鸞の二種回向

曇鸞の「無生の生」について小谷は還相回向との関連について注目すべき見解を展開していたので、さらにそのことを見てみよう。いうまでもなく「還相回向」は曇鸞教学の核心である。小谷は、「『論註』の主眼は、還相回向にまで及ぶ菩薩行こそが大乗の真の菩薩行であることを論証することにある」（『曇鸞浄土論註の研究』四〇七頁）という。

曇鸞は『浄土論註』において、世親の『浄土論』における「いかんが回向する。一切苦悩の衆生を捨てずして、心につねに願を作し、回向を首となす。大悲心を成就することを得んとするがゆゑなり」（『浄土真宗聖典　七祖篇（註釈版）』一〇七頁）の一文を注釈してこう述べる。

「回向」に二種の相あり。一には往相、二には還相なり。「往相」とは、おのが功徳をもつて一切衆生に回施して、ともにかの阿弥陀如来の安楽浄土に往生せんと作願するなり。「還相」とは、かの土に生じをはりて、奢摩他・毘婆舎那を得、方便力成就すれば、生死の稠林に回入して一切衆生を教化して、ともに仏道に向かふなり。もしは往、もしは還、みな衆生を抜きて生死海を渡せんがためなり。このゆゑに「回向を首となす。大悲心を成就することを得んとするがゆゑなり」といへり（同右、一〇七―一〇八頁）。

『浄土論』は浄土に往生するための実践徳目である五念門及びそれを実践して浄土に往生して得られる五功徳門について説く書であるが、五念門の第五は「回向門」と名づけられ、世親はそれを説明して前掲のごとくいう。そして回向門に対応して浄土に往生して得られる五功徳門のうちの第五を「園林遊戯地門」と呼び、「大慈悲をもつて一切苦悩の衆生を観察して、応化身を示して、生死の園、煩悩の林のなかに回入して遊戯し、神通をもつて教化地に至る。本願力の回向をもつてのゆゑなり」（同右、四二頁）と説明する。

こうしたことを受けて小谷は『浄土論』について、「われわれにはこの書が、法蔵菩薩の永劫の修行による種々の功徳で荘厳された浄土の様相（功徳荘厳）を対象として止観を修習し、それによって浄土に往生して阿弥陀仏にまみえるための自利行を完成するとともに、兼ねて一切衆生を浄土に導くための利他行をも行ずる菩薩行を述べようとする書であるという、本書のおおまかな概観をもつに至る」（『曇鸞浄土論註の研究』三二頁）と述べる。

還相回向着想の背景

この「自利行」を曇鸞は「往相回向」、「利他行」を「還相回向」と呼ぶが、小谷は曇鸞が還相回向を着想した背景を探っている。それはこういうことである。

例えば『大智度論』巻二十七では、無生法忍を得て煩悩が已に尽きた菩薩は仏と同体の法性身となるが、しかし煩悩の習気が残っているために法性生身を得、その法性生身によって自在に化生し、大慈悲のゆえに衆生済度のために世間に還り来ると述べられているが、菩薩が衆生済度のために衆生界に身を現ずるというこうした考えが曇鸞の時代には通仏教的な理解として存在していた可能性があり、それが曇鸞に還相回向を着想させたと考えられる（同右、二八四―二八六頁）。

小谷はまたこの『大智度論』巻二十七の内容は後に瑜伽行派の重要な概念となる「無住処涅槃」と同じだと指摘するとともに（同右、二八四頁）、前述のごとく『浄土論』には浄土への往生行が往相の行に止まらず還相にまで及んで構想されているところに、無住処涅槃の教説を適用しようとした意図が読み取れるともしている。

ちなみに小谷によれば、瑜伽行派で「無住処涅槃」の語を用いるようになるのは『大乗荘厳経論』が初出のようであり、その世親釈や『中辺分別論』の世親釈に至ってその思想が強調されるようになるのであり（同右、二八五頁）、無住処涅槃が往生と涅槃に対する世親の理解を示す重要な用語であることが考えられるとされ、それゆえ五功徳門は無住処涅槃を菩薩の還相行として述べる「園林遊戯地門」がまず構想され、その後にそれに至るまでの還相行［草間註、小谷は草間宛ての私信にて「還相への行」とでもすべきであったかという］が近門以下の四門として構想されたのではないかと推測する（同右、三九頁）。

親鸞に先立つ還相論の系譜――最澄・千観・源信――

小谷は令和四年（二〇二二）六月、『法然・親鸞にいたる浄土教思想――利他行としての往生――』

を上梓した。「利他行としての往生」なる副題には小谷のこだわりが見て取れそうである。

通常、「浄土教」はこんなふうに定義されている。「阿弥陀仏の救いを信じ、念仏を称えて阿弥陀仏の極楽浄土に生れ、さとりを得ることを説く教え」（中村元監修『新・仏教辞典』二八五頁）、「阿弥陀仏の極楽浄土に往生し成仏することを説く教え」（『岩波仏教辞典』五三七頁）。

しかし、この定義はインドの浄土思想にはあてはまっても浄土教においては舌足らずではなかろうか。小谷は浄土教の特徴を「浄土から現世に帰って衆生の救済に尽くす菩薩道を説く思想」（『法然・親鸞にいたる浄土教思想』一九頁）だと見、その前提から日本浄土教の成立過程について考察を展開して親鸞の還相論に至ろうと試みる。この方法によって得られた成果は斬新かつ的確なものとなったと思われる。

考察の対象を小谷は日本における大乗菩薩道の実践者の流れにあるとされる僧のうち、最澄（七六七—八二二）・千観（九一八—九八三）・源信（九四二—一〇一七）・法然（一一三三—一二一二）という叡山浄土教の流れにあった僧に限定する。限定するのは、彼らが浄土もしくは悟りの境地から衆生済度のために迷いの現世に還来することを願う行者であり、かつ親鸞の思想に直接関係があるか、もしくは親近性があるからだという。

まず最澄である。最澄には「願文」なるものがある。これは前文・五条の誓願・結文より成るものであるが、五条の誓願のうち前四条には修行が達成されない限り決して山を下りない旨の誓いがあり、第五条には修行の成果をあまねく衆生に回施することが誓われている。小谷は薗田香融が前四条を

「往相の願」、第五条を「還相の願」ということもできようと述べている（安藤俊雄・薗田香融『最澄』四六六頁）ことに注目している（『法然・親鸞にいたる浄土教思想』五八頁）。

ただ、第五条は「三際の中間にて、所修の功徳、独り己が身に受けず、普く有識に廻施して、悉く皆な無上菩提を得しめん」とあるだけであるから、「大乗的な誓願」（安藤俊雄・薗田香融『最澄』四六六頁）なる了解はよしとするも、「還相」はやや深読みに過ぎまいか。しかし、次の千観あたりからは確かに「還相」に近づく。

次にその千観である。千観の『十願発心記』には第一願に往相が誓われ、第二願には浄土に往生して後に速やかに娑婆に還って本願力をもって有縁の衆生を救済すること、すなわち還相が誓われているという先学の指摘に触れる（『法然・親鸞にいたる浄土教思想』五四―五五頁）。

さらに源信である。『往生要集』には「極楽に往生するを花報と為し、大菩提を証するを果報と為し、衆生を利益するを本懐と為す」の一文があり、浄土往生が利他行を本懐とするものであることが説かれている。そのことはその前文において天台大師智顗の『浄土十疑論』の「浄土に生れんと求むる所以は、一切の衆生の苦を救抜せんと欲するが故なり。［中略］我れ、いま力なし。［中略］何れの時にか、能く衆生の苦を救うことを得ん。此の為に、浄土に生まれ、諸仏に親近し、無生忍を証して、まさに能く悪世の中に於いて、衆生の苦を救わんと求む」が引用されていることに徴しても明瞭だという（同右、五五頁）。

大雑把な紹介になったが、要は彼らの中に往生の目的が利他行にあること、しかもそれは浄土から穢土に還来することによって成就されるという、親鸞の還相論への架橋的なものがあったことを知ればここでは事足りる。

親鸞に先立つ還相論の系譜――法然――

次は法然である。法然に関して述べるに際し、小谷はまず二位の禅尼こと北条政子に宛てた法然の書簡を取り上げる（同右、一五五―一五六頁）。専修念仏は無智な者に対して説かれたものであり、教養人の信ずべきものではないとの世評があるがいかがかと禅尼が尋ねたのに対し、念仏は有智・無智を問わず一切衆生のためであるとし、また念仏者を批判する者に対しては、「極楽の上品上生にまいりてさとりを開き、生死にかえりて、誹謗不信の人をも迎えんと、善根を修してはおぼしめす事にて候なり。このよしを御心得あるべきなり」と説いた書簡である。

小谷はここで興味深いのは上品上生が勧められていること、及び「生死にかえりて」の文言が使われていることだという。上品上生は『観無量寿経』に説かれる九品の一つである。九品は極楽浄土への往生を九つに分類したもので、浄土往生の根機に九つの階位を立て、それぞれに機類や証果の区別を説いている。その最上に位置づけられるのが上品上生で、その様子は華麗な筆致をもって示されており貴族階級を魅了した。小谷はこの上品上生を熊谷直実と津戸為守の、鎌倉の御家人にして法然門下となった二人との関連で考察する。ここでは直実に絞って見てみよう。

貴族は高位高官を望むから浄土でも最上席を占めたいとの気持ちが強かろうし、武士も同様であったと見ることもできよう。しかし直実の場合はそう単純ではなさそうである。坂東武者として輝かしいキャリアを誇った直実が法然の弟子となった理由は、一の谷においてわが子と同年とおぼしき敵将平敦盛の首を掻き切ったことを悔いてのこととされるが、無論それだけではあるまい。

法然の弟子となった直実は上品上生に強い意欲を示すようになり、元久元年（一二〇四）五月十三日には、鳥羽のとある上品上生の来迎阿弥陀仏の前でこれを発願した。直実が「恵心の僧都すら下品の上生を願う給へり。如何に況や、末代の衆生、上品上生する者は一人も有らじ」という法然の忠告にもかかわらずこれにこだわったのは、上品上生以外の八品の往生では衆生済度のために再びこの世に来生することはかなわないという「天台の御釈」がネックになったためであったと伝わる。「天台の御釈」とは湛然の『維摩経疏記』にあたるとされるが（同右、一九一頁）、ここでは衆生済度のために再びこの世に来生するという観念がすでに中国天台においてあったということに注意しておきたい。

小谷は法然が大胡太郎実秀宛ての手紙に「ただ御身ひとつに、まずよくよく往生をも願い、念仏をもはげませ給いて、位たかく往生して、いそぎ帰り来たりて、人をも導かんとおぼしめすべく候」と語ったこと、及び『三部経大意』中の「念仏これ大乗の行なり。無上功徳なり。しかれば上品往生は手を引くべからず。〔中略〕上品をねがう事はわが身のためにはあらず。彼の国に生まれおわりて、帰りてとく衆生を化せんがためなり。これ豈にほとけの御心にかなわざらんや」を引き、法然のこのような教えが実直な直実に上品上生の往生を強く願わせたのであろうという（同右、一六三―一六四頁）。

直実のこの願いは傍目には常軌を逸すると映るほど強烈であったことがうかがわれる。というのも、直実はこの発願より遥か以前からたびたび自身の上品上生往生の夢を見、また周囲の人々からも同様の夢を見たという報告を受けていたと伝わるからである。そのことを伝えるのは嵯峨清凉寺蔵の『迎接曼荼羅由来記』である。引用しよう。

「迎接の曼荼羅の由来は、武蔵の国熊谷の入道多年の念仏者にて、余の事をさらに交へず、一向称名にて歳月を送る。ある時に鎌倉にありける人、熊谷の入道上品往生する気色を詳しく夢に見て、これを注して法然上人へ参らする。熊谷の入道の許へも同じく注して送る。又筑紫にある人、京にありける人、年も月日も変らず、同じ夜の夢にこの入道天に御楽を奏し、異香室に満ち、紫雲棚引きて、無数の仏菩薩迎へに御入あり。この入道端座合掌して念仏数を知らず申て、息とともに上品往生すると見て、この様を細かに注して、上人へと熊谷の入道の許へと送りけり。〔中略〕かかるほどに法然上人の仰せられけるは、この入道諸方の注進によりて憍慢の心もや出で来候はんずらん、いたわしく候へば、瑞相ありとも、さのみ注進あるべからず仰せられけり。これは八月の事なり。やがて九月の五日夜上人の御夢に、この入道歳月の念仏によりて今日すでに上品往生を遂ぐべしとて、極楽の東門を開き、観音勢至を先として、無数の仏菩薩、廿五の菩薩舞楽を整へて、光明天にかがやきひかり、熊谷の入道の家へさして、〔中略〕花降り異香薫じて上品に大往生を遂げぬ。〔中略〕その様を詳しく上人御自筆に絵に遊ばされて、これを本尊としていよいよ念仏申べしとて、熊谷の入道の許へ送らる。入道いよいよ他事を忘れて一向に念仏す。そののち五年をへてのち九月五日、この曼荼羅の気色に少しも違わず、〔中略〕この本尊を懸け参らせて、西に向い端座合掌して、念仏幾千万と申事もなく久しく中て、息と念仏とともにこと切れぬ」（濱田隆「浄土教絵画にみる日本の美――早来迎図をめぐって――」、『無常と美』一八四―一八五頁）。

この史料には、法然が直実の上品上生への自信過剰ぶりを懸念したこと、自らも直実が上品往生した夢を見たこと、夢の様子を迎接曼荼羅として描いたこと、直実が曼荼羅を本尊として懸けその前で命終したことが述べられている。前二者はあり得ることであろうが、迎接曼荼羅はいかがであろうか。直実はともかく、法然にはそぐわないように思われる。これは迎接曼荼羅ブームが到来したのを受けて創作されたものではなかろうか。

直実の劇的な往生の後まもなく、にわかに上品上生往生への関心が高まり、その情景を描いた迎接曼荼羅が数多く作られるようになった。代表的な遺例は知恩院に伝わる「阿弥陀二十五菩薩来迎図」（早来迎図）である。

鎌倉時代ににわかにブームとなった上品上生往生への関心は、直実の上品上生予告往生の話の流布もさることながら、むしろ証空（一一七七―一二四七）によって復興された当麻曼荼羅信仰の流行があずかったものと推測されている。

証空は法然の直弟子で、専修念仏弾圧の嵐が吹き荒ぶ京で念仏の教線を拡張しえた希有な人物であるが、それは証空が世情への鋭敏な反応を見せてある程度の雑修を認め、しかもいまだかかる天台系浄土信仰の流れを汲む雑修の中に生きていた貴族階級に接近するために久我通親の猶子という出自をフルに活用したためであった。証空の当麻曼荼羅信仰はこのような背景のもとに形成されたと見られている（同右、一九九―二〇〇頁）。

ところで、小谷も指摘するように、法然が末代では上品上生の往生は適わないと説く一方、他方ではその往生を勧めるというのは矛盾であろうが、前者が本来の立場であり、後者は相手に応じての方便説であろう。法然は利他教化のためにはこの世に還来しなければならぬとする直実の決意を大切に思ったのだろうと小谷は見る（『法然・親鸞にいたる浄土教思想』一六六頁）。

以上、小谷の考察によって最澄から法然に至る叡山浄土教には親鸞の説く「還相回向」の先駆的思想ともいうべきものがあったことが明らかとなった。大きな成果である。

第十章　還相の主体

還相行の実践主体

ところで、還相回向にはある問題がある。それは還相を回向するのは阿弥陀仏だとしても、還相の行を実践する主体は誰かということである。それをすでに浄土に往生した者、さらには彼らの跡を慕って浄土に往生したいと願っている来生の自分だとすることは自明のようであるが、しかし異なる見解もあるからである。その代表として小谷は寺川俊昭の説を取り上げる（『親鸞の還相回向論』一二五―一五一頁）。寺川は大谷派の代表的な真宗学者で大谷大学の学長も務めた人物である。無論、董理院の一員でもある。

その委細については触れないが、私が注目するのは、寺川の「どんなに謙虚にそれを語っても、結局は自分に〈還相行〉の主体をみるのですから、自分を如来の還相回向の願に乗じて開化衆生の仏事を行ずる、「浄土の菩薩」と主張することになります。到底無理であり、聖人の了解にかなっているとは考えられません」（『親鸞の信のダイナミックス——往還二種回向の仏道——』三〇四頁）の言葉に対する小谷の批判である。小谷は浄土に往生して無上涅槃を証し、衆生を救済する徳を成就し、再び穢土に還来して衆生を教化し救うことこそが、大乗仏教及び浄土真宗の目標であると強調する。

かく小谷がいうのは深励等の伝統教学の知見に導かれてのことでもあるが、寺川はこうした理解を「Uターン的二種回向」（同右、八三頁）と称して退けている。そこには曽我量深の影響があると小谷は指摘する（『親鸞の還相回向論』一三九—一四二頁）。再三いうように曽我は寺川も含む近代教学者の信服するカリスマ的存在である。曽我は親鸞こそが如来によって自分に還相回向された唯一の人格だと語り、自身が浄土からこの世に還来して有縁の人々の教化に向かうということについては何も語っていないらしい。現世往生説に立つ曽我は還相回向も来生のことではなく現生におけることと了解するがゆえに自身の還相回向については黙したのであり、寺川もそれに影響されたのだと小谷は見る。

ちなみに、曽我の領解に影響を受けたと思われるのは寺川だけではない。やはり大谷派に籍を置き大谷専修学院長を務めた竹中智秀も、親鸞の書簡にある「安楽浄土にいりはつれば、すなわち、大涅槃をさとるとも、滅度にいたるとももうすは、み名こそかわりたるようなれども、これはみな法身ともうす仏となるなり」（『真宗聖典』五八九頁）を引き、「無量寿となり無上仏となった者は、いつでも還相してくるのです。死んでも、一切衆生が助かるまで、娑婆世間の真っ只中で、衆生済度の仕事をし続ける。そういう還相の菩薩となって、はたらき続けるということです」(『阿弥陀仏の国か、天皇の国か』二〇一頁)という。しかし、竹中は親鸞にとっての還相の菩薩は法然であり、『教行信証』信巻・証巻』門徒にとってのそれは親鸞であるというのみでそれ以上はいわない。

大谷派に属する学者のかかる見解を見ると、還相行の主体は自身はもちろんのこと、凡夫たる衆生一般ではなく、法然や親鸞、ときに清沢満之や曽我といった、次に取り上げる菱木政晴の言を借りれば、「特定の優れた人」あるいは「優れた宗教的達人」に限定されることになる。

延塚知道はそれらを「善知識」と呼び、その代表に釈尊を据えていう。「宗祖も「小慈小悲もない身である自分には、有情利益はできない」と和讃しますから、〔中略〕利他の還相は自分が菩薩になって教化するのではなくて、釈尊を始めとする善知識の教化であると決定したのです」(『大無量寿経講讃――宗祖の視点で下巻を読む――』一一二頁)、「還相の利益は、正確には仏の利他行ですから、釈尊が還相の姿をとって『大経』を説いたことが、利他の正意です」(同右、一〇四頁)、「浄土から還相した釈尊」(同右、一二〇頁)、「釈迦如来を始めとして、衆生を教化してくださる善知識の生まれてくる根源力が、阿弥陀如来の第二十二願の本願力にある」(同右、八四頁)、「釈尊が阿弥陀如来の還相回向の願に乗托して、浄土の覚りを一切衆生に運んでくれた」(同右、一一二頁)。

小川一乗の二回向論

還相行の主体に関しては、近年、小川一乗が発表した見解（『親鸞の成仏道――「証」の二重性と「真実証」――』一五三－一九三頁）についても取り上げておきたい。ちなみに、小川も大谷派に籍を置く仏教学者で大谷派董理でもある。

二回向は曇鸞が世親の説を受けて創唱したもので、こう説明されていた。「「回向」に二種の相あり。一には往相、二には還相なり。「往相」とは、おのが功徳をもつて一切衆生に回施して、ともにかの阿弥陀如来の安楽浄土に往生せんと作願するなり。「還相」とは、かの土に生じをはりて、奢摩他・毘婆舎那を得、方便力成就すれば、生死の稠林に回入して一切衆生を教化して、ともに仏道に向かふなり。もしは往、もしは還、みな衆生を抜きて生死海を渡せんがためなり。このゆゑに「回向を首となす。大悲心を成就することを得んとするがゆゑなり」といへり」。

すなわち、往相とは衆生が礼拝・讃嘆・作願・観察の行によって積み重ねた功徳を一切の衆生に回施して、ともに浄土往生を願う姿であり、還相とは往生の行が成就して浄土に往生し、さとりを得てもそこに留まることなく穢土に還って衆生済度をなす姿を意味する。また回向は、前者の場合、功徳を衆生に回施することを意味し、後者では衆生済度の行をなすことをいう。よって曇鸞においては往相回向も還相回向も行う主体はともに念仏の衆生であった（小谷『曇鸞浄土論註の研究』二〇〇頁）。

一方、親鸞は両者とも阿弥陀仏の本願力のしからしむるところであり、阿弥陀仏から衆生に回向されたものと解する。深励はいう。「我祖にありては往相の回向、還相の回向と云う、往相還相の名は衆生についた名なり。なぜなれば、衆生が娑婆で信心を得て浄土へ参りて涅槃をさとるまでが往相、又穢国にまいもどりて衆生を済度するが還相、これ往還の二相は衆生にある事。とき、回向と云うは弥陀にある事なり。その衆生の往相も還相も悉く皆、弥陀の本願力で成就し給いて衆生へ回向し給うゆえ、「弥陀の回向成就して往相還相ふたつなり」と云うなり」（同右、二〇二頁）。

往還二回向のこれが通説である。よって回向する主体は阿弥陀仏であるが、回向にあずかる主体は衆生ということになる。「還相行の主体」という表現は後者の意で用いている。しかるに今日、大谷派の学者の多くはそれを衆生一般ではなく、善知識と称し得る特別な存在のうえにのみ認めようとしている。

衆生一般に認めないという立場は小川も同様である。われわれ衆生が還相回向するという受け取りは自我による「最後の我執」（『親鸞の成仏道』一六七頁）であるといい、また『歎異抄』第四条における「浄土の慈悲というは、念仏して、いそぎ仏になりて、大慈大悲心をもって、おもうがごとく衆生を利益するをいうべきなり」は、「実際に、親鸞がこのように語ったのかどうかはともかくとして、［中略］この一文が、親鸞自身が還相することを意味していると見なそうとしても、それは無理であろう」（同右、一六七―一六八頁）という。「親鸞自身が還相することを意味している」とは、親鸞自身が自らを還相行の主体と認めているということであろう。またいう。「浄土に往生した私たちが、再び菩薩となって還相回向することまでもが、そこに含まれうると解釈し、それは如来の恩徳であると受け取るのは、願望による観念の戯論でしかないであろう」（同右、一七一頁）。

しからば小川は還相行の主体をどう見ているのかということになるが、小川は阿弥陀仏と見ているように思える。

小川はいう。「私たちの往相回向は、釈尊が仏と成って、そして如来したという還相回向によって成り立っている。釈尊が仏と成って往相回向し、如来となって還相回向し、その往相と還相としての二種の回向に基づいて私たちの往相回向が可能となる。それが取りも直さず、法蔵菩薩が阿弥陀仏と成って往相回向し、その阿弥陀仏が阿弥陀如来となって、智慧が本願という大悲となって還相回向したという二種回向によって成り立っているのが、私たちの「往相回向」である」（同右、一七二頁）。

不思議な文章である。小川の説に対してはすでに唯識学者の海野孝憲が批判的な論評を加えている。「近年、『浄土論』に基づく「二種廻向」について、一部の論者によって、極めて奔放な解釈（傍線、海野）がまかり通っています。そしてそれが伝統的な理解を駆逐し、「廻向」それ自身の意義の根幹が見失われつつあるのを危惧します。ここで、もう一度、本筋に立ち返って、「二種廻向」とそこに現れる菩薩像について、その意義と本質について、次節以下に、再検討を試みつつ、反論を試みました」（『「唯識」から浄土教の菩薩像を問う――虚妄分別（煩悩）から意言分別（智慧）へ――』九九頁）。

小川の文章で私が不審に思うのは、まずは釈尊に対して二回向が用いられていること。さらには「釈尊が仏と成って、［中略］如来となって」とか「阿弥陀仏が阿弥陀如来となって」という文言があることである。こうした見解が他にあることを寡聞にして知らないが、かく小川が考えるに至ったのは梶山雄一の回向論に触発されてのことのようである。

梶山によれば（『浄土の思想』三三七―三四八頁）、「回向」（梶山は「廻向」の語を用いる）のサンスクリットの原語は主にpariṇāmanā（［方向や内容を］転換させること）であるが、この語が明確に一つの術語、一つの思想として現れるのは初期大乗経典においてだとされる。

その回向を梶山は三つに分類する。①内容転換の回向、②方向転換の回向、③仏陀の回向、である。善業の結果は放っておけば世俗的な幸福として自分に返ってくるが、それを超世俗の菩提に転換するのが①である。②は自身の善業の結果としての幸福を自分ではなく他へ転換することで、先祖供養などはこれにあたる。③は仏陀にしかできないもので、梶山はその例として釈尊の留多寿行、及び阿弥陀仏の回向とを挙げる。

このうち阿弥陀仏の回向というのは、阿弥陀仏が法蔵菩薩のときに本願を発し兆載永劫の修行の末に阿弥陀仏となったという、その自分の善業をすべて衆生に方向転換して成仏させるというものである。前述のごとく親鸞はこれを徹底させて、衆生に信心や往生が実現するのもひとえに阿弥陀仏の回向の賜物だと解するに至った。

小川はこれを釈尊の生涯のうえに重ねて、釈尊が迷いに目覚めて仏となったという方向性を内容転換の回向と見て往相回向と呼び、仏と成り、さとりの世界から迷いの世界に来生する如来となって教化するという方向性を方向転換の回向として還相回向と呼び、前掲のごとくいう。ただし、梶山は釈尊の二回向などということについてはいっていない。

釈尊の歩みのうえに二回向を重ねようとする小川の見解に対し、海野は「彼が主張する釈尊の往相、還相説は、瑜伽行派では、往相、還相という言葉を用いないで、無分別智から後得智への過程で解説することができます」（『「唯識」から浄土教の菩薩像を問う』一〇二頁）と述べている。その詳細は省くが、これは成道時における説法躊躇と梵天勧請、さらに初転法輪へと続く一連の経緯のことで、海野は「瑜伽行派によれば、「無分別智から無分別後得智」の獲得に至るまでのタイム・ラグと考えられます」（同右、一〇二頁）としている。

ちなみに、梶山には『空の思想――仏教における言葉と沈黙――』という著書があるが、その中で釈尊の説法躊躇に触れ、「ブッダが成道直後に言葉による布教を断念し、またのちに形而上学的な議論に対して沈黙を守ったのは、彼のさとった境涯がわれわれの認識と言語と行為を超越するものであったからである」（一〇五頁）と述べている。

しかし、小川は「釈尊が正覚（等正覚）を成し遂げて、迷いから覚りへの往相の仏となったが、人類を代表する梵天の勧請を受けて、説法するために覚りから迷いへの還相の如来となったと仏伝は語っているが、それは何を示唆していたのであろうか」（『親鸞の成仏道』一六九頁）と論を進める。「往相の仏となったが［中略］還相の如来となった」と語る仏伝のあることを、私はこれまた寡聞にして知らない。

また小川は「仏に成る」と「如来になる」とを使い分けているようにも見えるが、しかし「仏」と「如来」は同義語であるから、これも海野が指摘したように理解に苦しむ。ただ、小川の意図を忖度すれば、如来は「如より来生したもの」と語源解釈されることがあるから、「還」のニュアンスを含ませるうえで好都合だったのであろう。

釈尊から離れて阿弥陀仏へと移ろう。小川はまた「法蔵菩薩が阿弥陀仏と成ることが往相廻向［草間註、「回」向の誤植か？］であり、阿弥陀仏と成った功徳を衆生（悪人）に回向して成仏せしめるのが還相回向」とし、この還相回向のことが「真実証」の内容として、『教行信証』「証巻」に「しかれば弥陀如来は如より来生して、報・応・化種種の身を示し現わしたまうなり」（『真宗聖典』二八〇頁）と示されているとする（『親鸞の成仏道』一六四―一六五頁）。

海野はこの点についても批判していう。「これは、右の彼の往相廻向、還相廻向の教証としては正当でしょうか。これは「弥陀如来は応身仏として、如すなわち法身に依止して現れている」という、単なる仏身論が示されているだけではありませんか」（『「唯識」から浄土教の菩薩像を問う』一〇一頁）。「証巻」のこの言葉には問題があり、それについては後にも述べるが、小川と似た解釈は昔からあり、夙に深励が論難を加えている。「古来一異解者がありて、弥陀に約する往還と云う事をたて、、阿弥陀如来の自利円満を往相と名け、利他大悲を還相と名け、阿弥陀如来報応化種々の身を示現すと云うを弥陀の還相廻向とする義があり。これ又、『論』並びに論註にない事、祖釈に一向ない事なり」（小谷『曇鸞浄土論註の研究』二〇二頁）。

小谷は深励の論難を受けて、「報身応身化身は弥陀の妙果であり、弥陀自身が示現した仏身であって、弥陀が自身の還相の姿として衆生に回向するものではない」（同右、二〇三頁）としている。

小川の論述には聞き慣れないものが散見される。先に「不思議な文章」として取り上げたものの他にもいくつか摘記してみよう。「本願力による回向によって、私たちが浄土に往生した後、衆生教化のために、還相廻向〔草間註、「回」向の誤植か?〕するという、そのような回向論は大乗仏教における智慧から慈悲への仏道体系によっては説かれていない。私たち衆生を成仏せしめるために、智慧から慈悲へという釈尊と如来の還相があるのである。私たち衆生が智慧から慈悲へと動向するわけではない。したがって、私たち衆生が還相回向するという受け取り方は、これまで解説した大乗の仏道体系に基づいた二種の回向に立脚しない独自の解釈といえよう」(『親鸞の成仏道』一六七頁)、「二種の本願力回向は、私たち衆生に対して同時的にはたらきでた如来の二種回向であり、それは仏から如来と成った釈尊と、釈尊の化身・化現としての菩薩たち、「無量寿経」においては阿弥陀仏となった法蔵菩薩においてしか在り得ないのである」(同右、一六八頁)、「法蔵菩薩が阿弥陀仏となって往相回向し、阿弥陀仏が如来となって大悲を発して還相回向するという本願力における、私たち衆生に対する二種回向が示されていると了解される」(同右、一七〇―一七一頁)、「私たち衆生には、もとより、自らの生涯において釈尊のような還相回向はありえない。〔中略〕往相回向があるのみである。あくまでも、還相回向は、私たち衆生の側の事柄ではなく、釈尊の場合でも阿弥陀如来の場合でも、いずれも、私たち衆生のために「如より来生し」た如来の側の事柄である」(同右、一七一頁)、「法蔵菩薩はその誓願が成就したことによって、衆生と共に往相回向して阿弥陀仏となり、それが阿弥陀如来の本願を説く菩薩となって還相回向して、さらに一切衆生を教化して往相回向に向かわしめるという菩薩における二種の回向が、ここには説明されている。主語も述語も菩薩であり、二種回向の主体はあくまでも菩薩である。具体的には、『大経』では法蔵菩薩である」（同右、一八三頁）。

以上、小川に特徴的な文章を摘記してみた。先に深励の二回向論を取り上げたが、往相回向・還相回向はいずれも阿弥陀如来の本願力によって往相・還相の二相が衆生に差し向けられること、換言すれば回向は如来に属する事柄であり、二相は衆生に属する事柄とするのが深励以後通説となっていた。

一方、小川はそれを否定し、二回向はともに丸ごと如来の働きであり、衆生はその利益を被るだけだと解するであろう。

菱木政晴の寺川説への批判

寺川の還相回向論は小谷に先立って菱木政晴によっても批判されている（『極楽の人数――高木顕明『余が社会主義』を読む――』一四七―一五四頁）。菱木が親鸞の往相還相の二回向に言及するのは高木顕明を論ずるに付随してのことである。

ちなみに、高木は元治元年（一八六四）、現在の愛知県に生まれ、明治三十年（一八九七）、特命住職として和歌山県新宮市の大谷派浄泉寺に入寺し非戦論や廃娼論を唱えた。同四十三年（一九一〇）、大逆事件に関与した疑いで起訴され死刑判決を受けたが、翌年恩赦によって無期刑に減刑された。しかし大正三年（一九一四）、秋田監獄にて自死した人物である。『余が社会主義』は四千字程度もので明治三十七年（一九〇四）に執筆されたものであるが、事件後の家宅捜索による押収物から書写されたものが残るのみで自筆は見つかっていないらしい。

菱木はいう。「顕明の往還二回向論には、第一に、回向の主体は方便法身阿弥陀如来であるが、実際に往相と還相という二つのすがたをとるのはいずれも私たち自身であることと、第二に、往相回向と還相回向が同時に成立するだけでなく、往相と還相という衆生のすがたも同時に成立していると考えられていること、の二つの著しい特徴がある」(同右、一四七頁)。

菱木は第一の点について、最近これまでの通説に寺川が異議を唱えたとして寺川の次の言葉を紹介する。「そのような凡夫である〈私〉が、教化しようとする意識をこえて自由自在に菩薩の行である還相利他の行を行ずる主体で、ほんとうにありえるでしょうか。もしありえるとするならば、私にはそれはいかにも楽天的な見解だというほかはないように聞こえます」(『親鸞の信のダイナミックス』六八頁)。

これは小谷が批判した前掲の言葉と同趣旨であるが、菱木もまた批判する。ただ批判の根拠は異なる。小谷の場合は仏教及び親鸞の思想にもとづいてのものであるが、菱木は寺川の動機に肉薄しようとする。動機とは寺川が精神主義の信奉者であるということである。

精神主義は清沢満之が提唱したものであるが、菱木によれば精神主義においては社会制度を変革するという意味をはらむような衆生自身の他の衆生への利他教化はありえず、したがって衆生自身が還相の姿を取ると考えるのは受け入れ難い。寺川が自身の還相を否定し、還相の姿を取るものを清沢や曽我といった特定の優れた人物に限定しているのはこうした動機によるものだとする。菱木はさらにいう。

「還相のすがたが衆生に実現しないなどという親鸞の主張にはないことを言ってしまった寺川は、最終的には、還相が優れた宗教的達人にのみ成立するという苦しい言い逃れをする羽目になった。〔中略〕この説をとれば、〔中略〕往還の同時成立がかろうじて言えても、それが一人の主体に同時に成立するとは言えない代物になったのである」(同右、一五二頁)。寺川の見解は小谷も指摘したごとく曽我と同様であり、直接には曽我の影響に違いない。

菱木の二回向論

菱木も還相の主体はわれわれ衆生だとする点では通説と変わらない。いうまでもなく衆生とは凡夫である。ただ、「往相回向と還相回向が同時に成立するだけでなく、往相と還相という衆生のすがたも同時に成立していると考えられている」という高木に帰せられる見解はどうであろうか。

菱木が「往相と還相という衆生のすがたも同時に成立している」とする所以はこうである。すなわち浄土へ往くことと浄土から還ることが同時に一人の人に実現するといわれてもそのイメージを思い描くことは容易ではないが、高木の書いた『余が社会主義』を見れば、念仏を称えることが自ら阿弥陀如来の平和と平等に賛意を示すという往相の姿を取り、同時にそれを伝道する大任務を果たしているというイメージを持つことができるからである(同右、一五二頁)。高木を通じてとはいえ、菱木はこれこそが親鸞の往還二回向論だと見なす。

ちなみに菱木によれば、往生とは念仏を称えて「極楽の人数」(メンバー)になることだとされる

（同右、一一四頁）。「極楽の人数」なる語は高木が『余が社会主義』の中で用いたものであるが、菱木はこれを『教行信証』「証巻」の「しかるに煩悩成就の凡夫、生死罪濁の群萌、往相回向の心行を獲れば、即の時に大乗正定聚の数に入るなり」（『真宗聖典』二八〇頁）中の「大乗正定聚の数」のことだとする。とすればこれは現世往生論者の見解と同様である。ただ、彼らと菱木が異なるのは、彼らは曽我同様、自身の還相については黙するが、菱木は往相も還相も一人の主体に現世において同時に成立すると明言していることである。

第十一章　還相と社会的実践

社会的実践と仏教

菱木の見解で注目すべきことは、衆生のうえに現に実現しているとされる往相と還相、とりわけ還相に真宗における社会的実践の原理を求めていることである。

一体に、仏教はキリスト教などに比して社会への関心が希薄だとされる。学生らとともに東日本大震災の被災地に入り自らボランティア活動を行った体験をもつ木越康は、かかる消極的な性格は出世間を基本的態度とするがゆえに仏教にもともとあったとまずは承知すべきだと指摘する（『ボランティアは親鸞の教えに反するのか――他力理解の相克――』一二三頁）。

木越の指摘には聞くべきものが少なくないが、今はこれ以上は踏み込まない。ただ、木越は「だから仏教者は社会関与について消極的であっていいということを主張しようとするものではない」と述べている。大谷派に籍を置く者とは言い条、これは清沢とは違う。先にも言及したごとく精神主義に立つ清沢には社会的実践への関心は希薄であった。以下に示す言葉はそれを如実に物語るものであろう。

「又私共は、社会の不足弊害等に対して、之れを満たし、之れを正さんとも敢てせんのである。精神主義より云へば、如来の光明は無限であつて、社会に満ちたるのであるから、それに不足や弊害のあらうとは思ひませぬ。之に不足弊害のあるやうに見るのは、私共の心の至らないのであります。其れ故私共の心さへ立派になれば、自ら社会は立派になるので、丁度此世界を凡夫の世界と見て居るのは、私共の見る心が凡夫であるからなのであるが、今如来より見給へば、此世界は清浄なる国土となるのと同じことであります」（『清沢満之全集』第六巻、一六七—一六八頁）。

この姿勢は近年注目されている「エンゲイジド・ブッディズム」（engaged Buddhism）とは対蹠的である。「エンゲイジド・ブッディズム」という言葉は、ベトナムの僧ティック・ナット・ハーンが提唱したものである。

ベトナムの仏教はベトナム戦争のもとで苦の解釈に大きな変化を見せたという。それは時代苦・社会苦への目覚めである。仏教では四法印の一つに「一切皆苦」を数えることから知られるように、この世は苦であると見、その原因を「渇愛」や「無明」といった人間の内面に巣食う煩悩に求める傾向が強く、時代や社会に起因する苦についての関心が弱い傾向があった。ベトナムの仏教徒たちはこの点を反省し、戦争という現実の苦の中で、苦には社会が生み出したものもあるのではないかと考え、そうした苦を生み出す社会の矛盾や構造を変えるために積極的に行動するようになった。そのような仏教をハーンはエンゲイジド・ブッディズムと呼んだのである（阿満利麿『社会をつくる仏教――エンゲイジド・ブッディズム――』一八頁）。

還相と社会的実践

そうした動きに呼応したわけでもなかろうが、近年、真宗でも社会的実践への動きが見られるようになってきた。「還相社会学」もその一つである。私はそうしたもののあることを近年まで知らなかったが、大谷派の僧侶たちが立ち上げた「還相社会学研究会」なるものもあって例会や全国大会も開かれているらしい。

「還相社会学」というのはもとは曽我が提唱したもののようである。曽我は昭和二十四年（一九四九）の講演「一宗の繁昌」において、「社会生活を還相世界という。今日の社会は、還相―還相回向ではじめて公生活がなりたつ」といい、社会生活の原理として還相を見出している（藤原智「曽我量深の「還相回向」理解をめぐって」、『教化研究』第一六七号、四三頁）。そこにて曽我は「還相社会学」といった表現もしているが、しかし藤原によれば、こうした表現はこの時期に特有のもののようである。

それはともかく、こうした近年の動向について大谷派に籍を置く加来雄之は述べている。やや長きにわたるが引用する。

「現代において還相回向が問題とされる理由はなにか。そこには、浄土真宗が実現する主体が苦悩し迷悶する他者もしくは社会へ関わる契機をもつのか、またそのための原理や具体的な実践を提示できるのか、換言すれば、浄土真宗の救済は、自身の救済という関心にとどまるのか、それとも他者の救済という使命を包んでいるのか、さらには他者を切り捨てた私的で主観的なものにとどまるのか、また自身の信仰の原理と他者に関わる原則についてダブルスタンダード（悪しき意味での真俗二諦論）ではないか、などの問いかけがあるからであろう。もし浄土真宗が、他者へ関わる明瞭な原理・原則をもたず、具体相を示すことができないとすれば、「宗教は心の問題だ」とする主観的で閉塞的な信仰のあり方を批判することは難しいし、また時代社会の価値観に流されるご都合主義的な道徳関心を批判することもできないだろう。浄土真宗を学び、他者への関わりを課題とする人の多くが還相回向を取り上げる理由は、浄土真宗において迷いや苦しみのなかにある他者に関わっていく視座が「還相回向」として示されていると考えているからであろう。このような他者への契機という重要な概念でありながら、還相回向の実践的意義がかならずしも明晰でないのはなぜだろうか。親鸞は還相回向が実現する具体相を私たちに示さなかったのだろうか」（「如来の智慧のなかに生きる意味――還相回向と仏身仏土――」、『智慧の潮――親鸞の智慧・主体性・社会性』二八五頁）。

還相の実践

『親鸞　往還廻向論の社会学』なる書がある。著者の八木晃介は毎日新聞記者を務めたあと花園大学教授に転身し、差別や医療の問題を社会学的見地から論じている学者である。この書の執筆動機について八木は、親鸞を権力との関係でとらえること、及び往還二廻向、とりわけ還相廻向、さらには二種深心〔草間註、深「信」の誤植か?〕の重要性からの気づきにあるといっている（三四二―三四三頁）。

ここで八木の還相論を簡単に見てみよう。例えばいう。「往相は浄土に往生すること、還相は浄土から穢土に還ってきて衆生済度のために大慈大悲を実践することを意味するのですが、むろん、往還二廻向とも阿弥陀仏の願力による廻向であり、しかも親鸞にあっては、往還二廻向のいずれもが現世において実現されねばならぬものなのです」（同右、一五頁）、「この往相と還相とのいずれもが、来世においてではなく、ほかならぬ現世においてなしとげられるべき浄土実現の道筋であると親鸞がかんがえていた事実です」（同右、二八頁）、「往還二廻向は、〔中略〕親鸞の場合、いずれも命終後の彼岸でのはたらきといった隠喩的なストーリーではなく、現世における現実的な実践を意味していたのであり、まさに親鸞のオリジナリティはそこにあるわけです」（同右、三四頁）。このように、八木によれば還相は衆生済度のために大慈大悲を実践することであり、しかもそれは獲信にともなう現世での実践なのである。

その実践の内容を八木は次のごとく極めて具体的に示している。「信心を得て正定聚の位置について、臨終後に仏になるという全然リアリティのない話ではなく、まさに現世において獲信して、たとえば法蔵菩薩の誓願第一願にあるように「国に地獄・餓鬼・畜生」をなくすという衆生利益のための取り組みに立ち上がり、あるいは『大無量寿経』巻下にある「仏の遊履したまふところの国邑・丘聚、化を蒙らざるはなし。天下和順し日月清明なり。風雨時をもつてし、災厲起らず、国豊かに民安くして、兵戈用ゐることなし」のように、災厲もなく、兵戈もない状況づくりに参画する、それが還相の現実的な意味であるということなのです」（同右、三二二頁）。

八木晃介の往生理解

ちなみに、八木は「親鸞にあっては、往還二廻向のいずれもが現世において実現されねばならぬもの」というのであるから、当然のこと現世往生論者に数えてよい。よって、こんな言葉がある。「親鸞にあっては、現世において信をえて正定聚にはいることが往生することなのであって、旧来の往生理解（臨終の後に往生する）の全面否定というべきでしょう。とはいえ、親鸞にも臨終後往生の考えがなかったわけではありませんが、原則的には現生往生の立場にたっています（現生往生という言葉はもちいていませんが）」（同右、二九頁）。

「現世において信をえて正定聚にはいることが往生すること」とする八木の解釈は大方の現世往生論者と同様である。八木は第十一願成就文の「それ衆生ありて、かの国に生まるる者は、みなことごとく正定の聚に住す」中の「かの国に生まるる者は」を、親鸞が『一念多念文意』において「かの国に生まれんとする者は」と読み替えたことを重視し、「この読み替えで親鸞が主張するところは、信心の信者は現生（此岸）で正定聚（確実に浄土に往生することが定まる）の地位につきうるという一点です。すなわち現生正定聚、すなわち現生不退・現世往生の宣言です」（同右、三八頁）という。この場合の

「現世往生」とは「即得往生」のことであろう。

とはいえ、八木の即得往生の解釈はやや曖昧である。八木は現世往生論者が一番の典拠とする『一念多念文意』中の「「即得往生」というは、〔中略〕すなわち、とき・日をもへだてず、正定聚のくらいにつきさだまるを、往生をうとはのたまえるなり」を引き、「（親鸞はここでの〈正定聚〉に「往生すべき身とさだまるなり」と訓しています。往生が約束されている身がすなわちすでに往生をえていると親鸞は理解しているわけです）」（同右、二八五—二八六頁）と述べている。

「往生が約束されている身がすなわちすでに往生をえている」とする八木の解釈は曽我や長谷のそれと同類であるが、それについて小谷は「それはずいぶん飛躍した言い方である。日本語に対する通常の感覚からすれば、「往生が定まる」ことは「往生している」ことを意味しない。「～が決定した」ということは「～が実現した」ことを意味しないからである」（『曇鸞浄土論註の研究』四四八頁）と批判している。

八木はまた『一念多念文意』中のこの文言とほぼ同趣旨の『唯信鈔文意』中の文言を引き、「獲信すれば、「往生す」＝「不退転に住す」＝「正定聚に定まる」＝「即得往生」の等号がすべて成立するというのですから、〔中略〕つまり、親鸞は、信仰が決定すれば「ときをへず日をへだて」ずに即刻往生して仏のくらいに定まると断じている」（『親鸞　往還廻向論の社会学』二九一—二九二頁）とも述べているが、これなども問題なしとしないであろう。

さらには、「『歎異抄』における有名な言説、すなわち「善人なをもて往生をとく〔草間註、と「ぐ」

の誤植か?」、いはんや悪人をや」になぞらえていえば、「〈彼土〉なをもて往生をとぐ、いはんや〈此土〉をや」ということになりましょうか。親鸞においては、〝此土往生〟が前提であって、〝彼土往生〟はその必然的結果であると了解されていたはずです」（同右、六五頁）と述べている。

思い起こすのは信楽峻麿の言葉である。「親鸞における往生の理解には、このように現世と来世の二種の往生があったとしても、その中核となるものは現世往生であって、現世今生においてすでに浄土に居し、往生をえておればこそ、来世死後においても、たしかに彼土往生をとげることができるわけである」（「親鸞における現世往生の思想」、『親鸞大系』思想篇第一〇巻、一五九頁）。これらは小谷が評したごとく（『曇鸞浄土論註の研究』四二七―四二八頁）珍妙な説という他ないであろう。

還相回向は社会的実践の原理たり得るか

先に曽我が「還相社会学」なるものを提唱したと述べたが、しかしこれはにわかには解せないことである。なぜならこれも先に見たごとく、曽我は還相の主体を自身に置くことがないからである。

その点、寺川は素直である。こういう。「最近ことに還相回向の了解をめぐって、例えば真宗の社会的実践の原理をここにみようとする関心から、還相回向を現生のこととして理解しようとする見解が、しばしば提示されるようになりました。その際、信仰をえた人の実践ということが当然積極的に主張されますけれども、［中略］信念をえた人の実践を還相回向として理解することは決して適切ではなく、まさしく願生浄土の信として了解すべきであることを、つよく教えられました」（『親鸞の信のダイナミックス』一三―一四頁)。

還相回向をもって真宗における社会的実践あるいは社会倫理の根拠とすることへの異議は他にも見受けられる。例えば大原性実はそうした傾向に一定の評価はするものの、しかし正定聚は信益同時で現生の利益であるが、還相回向は往生後の浄土で得る証果の活動相であるがゆえにそれは誤りだと批判し、代わりに正定聚をもってしている(『真宗教学の現代的解明――親鸞に聞く救済の論理――』一七一―一七五頁)。また三木照国は、なぜ親鸞は還相を浄土往生後の利益としたのかと問い、『歎異抄』第四条などを根拠にして、自身の現実を知るならば還相をこの世で語り得ようか、としている(『三帖和讃講義』二七二―二七三頁)。

三木の言葉は、前掲寺川の「凡夫である〈私〉が、教化しようとする意識をこえて自由自在に菩薩の行である還相利他の行を行ずる主体で、ほんとうにありえるでしょうか。もしありえるとするならば、私にはそれはいかにも楽天的な見解だというほかはないように聞こえます」という言葉を思い起こさせるものである。ただし、大谷派の寺川が現世往生論に与するのに対し、三木並びに大原はともに本願寺派に属し、来世往生に立つという違いがある。

また前述のごとく加来は、「還相回向の実践的意義がかならずしも明晰でないのはなぜだろうか。親鸞は還相回向が実現する具体相を私たちに示さなかったのだろうか」と問題を提起する。

再三いうように、往相・還相の二回向は、阿弥陀如来の本願力によって往相・還相の二相が衆生に差し向けられ恵まれることであり、回向は如来に属する事柄、二相は衆生に属する事柄とするのが深励以来の通説であった。

しかるに、加来によれば、二回向はいずれも如来の働きであり、衆生はその利益を被るのだと解されている。この点は先に見た小川の見解と相通ずるようである。すなわち、往相回向とは、真実の教行信証の実現という利益を与えることであり、還相回向とは、如来が迷いの世界に回入し、もって衆生をして如来の智慧による摂化の中に生き、穢土において他者とともに仏道を歩むことが可能になる利益を得させることだと解するのである。それを踏まえて加来はいう。「この理解を発展させれば、私たちは還相回向の成就を、死後に追いやる必要もなく、また自分とは異なる他者の事業とみなす必要もなく、〔中略〕浄土真宗における〔中略〕社会性は、還相回向によって如来の願海のなかにこの時代社会を他者とともに生きていく意味を賜ることである」（『智慧の潮――親鸞の智慧・主体性・社会性――』二八四頁）。

かくして加来は、親鸞においては還相回向が実現する具体相が示されているとする。その限りでは還相回向は社会的実践の原理たり得るといえよう。ただ、「如来の願海のなかにこの時代社会を他者とともに生きていく意味を賜る」というのは、通常の「社会的実践」とは趣きを異にしているから、これは「具体相」というよりは「基本相」とでもした方がいいようにも思える。「具体相」は「基本相」にもとづいて各人各様に現れるものであろう。

金子大栄の還相理解

還相については金子大栄も取り上げている。金子は「還相といふのは吾々が彼の世界へ行つて彼の世から此の世へ還るといふ意味であります」「言う迄もなく念仏が如来の願力廻向である限り、還相は吾々の力で出来ることでなく、従つてそれは未来の理想でもあるでありませう」（坂東性純・伊東慧明・幡谷明『浄土仏教の思想』第一五巻、三三四―三三五頁）というからひとまずは伝統的理解と見てよい。

しかしついで、「併し還相の力は念仏に内含して居らねばならぬのであります。（中略）吾々は彼岸の世界をいつまでも念じ乍らやはり自分の現実に目をさまして、社会の罪を見、我が罪を見て為すべきことを行つて行くのであります」ともいうのであるから、念仏者のこの世での生活のあるべき姿を還相に見ようとするものともいえる。とはいえ、それはいわゆる社会的実践へとは向かわなかった。

このことに関連して幡谷はいう。「金子の究極的関心は自己の人生――宗教生活における浄土の意味の発見、観念界・彼岸の世界という意味での真の理想社会である浄土への願生にあった。現実界におけるいわゆる理想主義的な浄土実現の立場の断念という徹底した否定的社会観ないしは穢土の自覚、むしろそこにこそ凡愚の宗教としての浄土教の本領があるとする点に、その浄土教観の特色が見られるのである。それは大正期のデモクラシーとヒューマニズムを基調とする「社会改造」の思想とその運動に対する、一つの発言でもあったといえようか」（同右、三三六頁）。

ここには前述した清沢満之の精神主義の残渣が見て取れるが、しかし金子は還相回向にあずかる主体を衆生自身に見るという点で曽我や寺川らとは異なる。

金子の還相理解を続けよう。金子は還相の生活は普賢行だとする。それは第二十二願が親鸞によって「還相回向願」と呼ばれていることから導き出されたものである。「たとい我、仏を得んに、他方の仏土のもろもろの菩薩衆、我が国に来生して、究竟して必ず一生補処に至らん。その本願の自在の所化、衆生のためのゆえに、弘誓の鎧を被て、徳本を積累し、一切を度脱し、諸仏の国に遊んで、菩薩の行を修し、十方の諸仏如来を供養し、恒沙無量の衆生を開化して、無上正真の道を立てしめんをば除かん。常倫に超出し、諸地の行現前し、普賢の徳を修習せん。もし爾らずんば、正覚を取らじ」(『真宗聖典』一八―一九頁)。親鸞は、一生補処の菩薩のうち自らの意志で衆生済度の普賢行をなす者を還相回向の菩薩と見なすという独自の解釈を立てている。

金子は、還相菩薩行として普賢の徳が説かれていること、しかもそれが「十方の諸仏如来を供養し、恒沙無量の衆生を開化して、無上正真の道を立てしめん」として、普賢の行徳として「供養諸仏」と「開化衆生」が挙げられていることに注目していう。「衆生を教化するとは、その衆生に内在する諸仏に奉仕する事である。[中略] たゞその衆生に同感して、その衆生に内在する仏に供養し、その仏の教を共に聞かんとすることに依りてのみ、その衆生は自然に開化せらるゝのである。[中略] したがってそれは他を利益するよりも、寧ろ自己の内生活を豊かにするものである。この意味に於て普賢行こそは、浄土を願ふものの人生生活たるべきものである」(『浄土仏教の思想』第一五巻、三六五―三六六頁)。

またいう。「人は自身の無能であることを悲しんでも、それを歎くには及ばない。無能の悲しみに於て念仏すれば、その無能こそ世界の平安を維持するものとも成らしめらるゝであろう。悪徳を恥づる者も、大悲の智慧は何かの用に立たしめらる丶のである。人おのおのその「分」を尽しつ丶、それが「全」人の用に立たしめらる丶喜びは、正にこれ普賢行といはる丶ものではないであろうか」（同右、三六七―三六八頁）。ちなみに、金子は自身の米寿に際し、「慶哉分を盡くして用にたつ」の墨跡を残している。

先に金子に対する幡谷の言を記したが、それはそのまま金子の還相回向理解にもあてはまる。幡谷はいう。「還相廻向をめぐるこうした思索は、一見消極的なようにも感じられるかもしれない。しかしむしろそこに、時機への悲傷、徹底した現実否定をモチーフとし、浄土仏教をどこまでも群萌の宗教として見開いていった金子教学における、還相廻向の教説に対する従来の伝統的真宗理解には見られなかった積極的了解が躍動していると見るべきであろう」（同右、三六八頁）。

なお、真宗と社会的実践の問題については後に再び取り上げる。

第十二章　死へのスタンス

来世往生と現世往生

来世往生論者と現世往生論者たちとの違いの一つは死へのスタンスだと思われる。後者は死や死後への関心をあまり示さない。しかし、そうもいかないのではなかろうか。

真宗では死を表す場合、「往生の素懐を遂げる」という文言が使われることが少なくない。この表現は親鸞が関東の門弟宛ての書簡の中で、明法坊が「往生の本意をとげた」のは同じく往生を願う人々にとって「めでたきこと」だといっていたことと重なる。親鸞はそれらの書簡の中で明法坊の死について再三触れ、その死を「往生」と呼んでいる。また有阿弥陀仏に宛てた書簡の末尾では、私は歳を取りましたから間違いなくあなたより先に往生することでしょうが、浄土にて必ず待っていますと認めている。

こうした点について寺川俊昭はいう。「ここには、いわば肉体の死と共に実現するような往生の理解が、確かに語られている。〔中略〕私は実はそこに、法然にはぐくまれた親鸞、いわば日本浄土教の流れに棹さした親鸞の俤をみるのである。〔中略〕と同時に注意すべきことは、このように未来往生として往生を語ることは、〔中略〕親鸞がその独自の思索を書き記した著作には、全くといってよいほど、〔中略〕語られていないということである」（『歎異抄の思想的解明』八九―九〇頁）。とすれば親鸞は二つを使い分けたことになるのだろうか。この点について寺川はこれ以上は踏み込まない。

一方、竹中智秀は親鸞の往生観には二つあると明言する。一つは「往生を得る」ということで、これは『一念多念文意』に「正定聚のくらいにつきさだまるを、往生をうとはのたまえるなり」とあるように、信心が決定するときに現生に正定聚につくことで、この往生は心にあるとする。しかし竹中は、『一念多念文意』のこの文言のもつ問題については不問に付しているし、また往生が心にあるというのが曽我量深の解釈を受けたものであることはいうまでもない。

二つは「往生を遂げる」ということで、こちらは必至滅度で身にある往生だとする。この解釈も曽我を承けたものといってよかろう。そのうえで竹中は、前述の明法坊と有阿弥陀仏のエピソードを引き合いにして、こうしたことは「情」としていわれたにすぎず、実体としての浄土はない。しかし情としての浄土も大事だとしている（『阿弥陀仏の国か、天皇の国か『教行信証』信巻・証巻』一九七―二〇一頁）。また星野元豊は「『末灯鈔』は手紙であるがゆえに世俗的な用法に従って慣習的に使用されたのではなかろうか」（「親鸞における「往生」と「成仏」について」、『親鸞大系』思想篇第九巻、四〇四頁）としている。さらには前述のごとく信楽峻麿は、「現世今生においてすでに浄土に居し、往生をえておればこそ、来世死後においても、たしかに彼土往生をとげることができるわけである」とし、八木晃介は「「〈彼土〉なをもて往生をとぐ、いはんや〈此土〉をや」ということになりましょうか」と述べている。

この点については長谷正當も論及している。それによると、親鸞は死後往生を真っ向から否定せず、これを方便あるいは仮として深い意義を認めたのだという。すなわち愚鈍の機には真ばかりを説いてもわからない、あえて仮を用いてまでわからせようとするところにこそ如来の広大の恩徳があると親鸞は考えるがゆえである。しかし仮を真と思い込むとき仮は偽に転落することに注意しなければならないと述べている（『親鸞の往生と回向の思想』二四一―二四二頁）。

そのうえで長谷は、小谷が紹介した、曽我が最晩年に金子の未来往生説を理解し受け入れたというエピソードに対しては、「曽我は金子の考えが自分とは異なると知りながら、それを認めたのはあくまで方便としてであって、その限りにおいて、死後往生の考えを有り難いと感じたのであります」

（同右、二四三頁）としている。

小谷によれば曽我はこういったという。「わたしは金子先生のお話は長い間わかりませんでした。いま、やっと少しばかりわかりました。……まあ、金子先生からして、〝彼岸の世界〟ということ、ずっと昔からお聞きしておるのでありますけれども、それがなかなか、鈍根の機でありますからして、よくいただかれないで、それが、このごろ、やっと、いろいろ少しばかりわからしていただきまして、未来の安楽浄土、自然法爾の世界……南無阿弥陀仏」（『真宗の往生論』三三四頁）。

曽我の言葉の真意

長谷の曽我に対する讃仰の念はいささかも揺らがないようであるが、しかし智顗や日蓮の例もある。田村芳朗によれば、無相・絶対の浄土として常寂光土を最高視し、有相・相対の弥陀浄土を凡聖同居土として最低視した智顗ではあったが、臨終に際しては弥陀・観音の来迎による弥陀浄土への往生を念願したのであり、また日蓮も三十歳代においては習得した天台本覚思想を奉じつつ二元相対的な法然の浄土念仏に批判を向け、娑婆即寂光の絶対浄土を主張したにもかかわらず、五十歳代の佐渡流罪期になると、霊山浄土という呼称のもとに来世浄土が説き出され、時に臨終正念もいわれてくるという（「来世浄土と阿弥陀仏――浄土念仏の二要素――」、『印度学仏教学研究』第三〇巻第一号、一五頁）。

前掲の曽我の言葉は昭和四十六年（一九七一）三月十七日、病床の曽我を金子が見舞った際のもので、死の三カ月前、また前年の差別発言から五カ月後のことである。差別発言の件については後述するが、この言葉には曽我が最晩年の躓きを縁として機の深信を一層深め、凡夫としての自覚に徹したことと無関係ではないようにも思える。

と、こんなことを考えてみたが、しかしこの言葉を子細にうかがうと見当違いのようである。長谷は「方便」と推測したが、それも論外である。それでは何より金子に失礼にあたろう。また小谷のいうところも釈然としない点がある。一体、曽我の真意はどうであったのか。

曽我の言葉をつぶさに引用する。「人間はね、生まれてきたというのは、一切衆生の宿業を道徳としてですね、責任ですね、責任と義務というものでもって担うております。担う力のない者が担わなければなりません。それを仏さまが新しい世界を開く。新しい世界というのは未来の世界、未来から始まる世界、永遠に未来の世界。それを仏さまは願心によって、ある時は現在を荘厳し、ある時は過去として教えてくださるのであります。仏さまの世界は、現在も過去もみな未来です。私は金子先生のお話は長い間わかりませんでした。今、やっと少しばかりわかりました。私共の世界は、現在というても未来というても、みんな過去の連続であります。だからして過去は終りません。私共の現実では、現在というても結局は永遠の現在なんてものはありませず、ただ瞬間的現在しかありませんわね。私共の宿業の世界では、未来といいましても〝無有出離之縁〟ということでございますね。金子先生から〝彼岸の世界〟ということを、ずっと昔からお聞きしておるのでありますけれども、それがなかなか、鈍根の機でありますからして、よくいただかれないで……。それがこの頃やっと、少しばかりわからしていただきました。未来の安楽浄土、自然法爾の世界……。南無阿弥陀仏」(『浄土仏教の思想』第一五巻、二三三頁）。

小谷は、この言葉から最晩年の曽我は金子の未来往生説を理解し受け入れたと見るのであるが、それにはさらなる根拠があったのかもしれない。というのも、曽我が高倉会館での講演において、「この浄土真宗ではですね、未来往生、未来にお浄土へ往生する。それで未来に往生した時に、同時に成仏する」「往生も成仏も、現生には得られないものである」等と語ったことも紹介しているからである。この講演は昭和四十五年（一九七〇）十月のことのようで、金子との病床対話の半年前でしかない。ゆえにこれは、このころから曽我は未来往生を認めるようになっていたと見なせる根拠たり得るかもしれない。しかし、一抹の疑念も残る。

金子との対話におけるキーワードは間違いなく「未来」であるが、曽我は最晩年、「未来」ということを問い直していたという（「曽我量深〈思想地図〉」、『教化研究』第一六七号、八七―八八頁）。

例えば、亡くなる前年、二種の三世について語ったという。二種とは古くからの仏教の考え方で、過去→現在→未来と未来→現在→過去とで、前者は「善悪業感の三世」で通常の考え方。後者は「法性生起の三世」といわれ、藤原智は「光の世界である未来から仏は現在へ現れてくるということ。未来が現在している。未来の世界が真実信心に開かれる。その未来が、我々の自力の垢のつかない「純粋未来」と呼ばれる」（同右、八七頁）と説明する。

藤原によれば、曽我が「純粋未来」という言葉を用いた最初は大正十二年（一九二三）七月で、それは同年二月の金子の論考を契機としたらしい。論考の中で金子は、「吾々は寧ろ如来は常に未来の際より来現して過去の吾等を救済し給ふを感ずる」と述べている。曽我には、「この世の延長ではない。この世を裏付ける未来、それが純粋未来」との言葉もあるという。金子との対話にはこうした背景があったのである。してみると、曽我の思索は死の床にあってさえも続けられていたことがわかる。その強靱なる精神力には驚嘆の他ない。

仏が開くのは永遠に未来の世界であり、仏の世界は現在も過去もみな未来である。ゆえに未来といってもそれは死後ということではない。したがって、「未来の安楽浄土」といっても死後に往生する世界といった意味ではない。金子のいう「彼岸の世界」にあたろう。この金子の見解については後述するが、彼岸の世界とは観念界としての浄土のことであった。それはあらねばならぬ世界であり、ある世界よりはより高次なる実在性をもっており、感覚的知覚の対象ではなく理性的認識の対象であった。未来から現在を包み込んでいるがごとき世界とでもいえようか。

実は高倉会館での言葉は藤原も取り上げており、「この言葉からは、その数年前の「往生即成仏」を批判的に捉えていた議論との乖離も感じられよう」としているが、結語は「しかし、これはむしろその深化なのである」(同右、八七頁)とする。相も変わらず曽我に好意的であるが、その正否の弁別は私にはできかねる。いずれにせよ、曽我の言葉は死の床にあっても難解であった。

寺川俊昭の死生観

ここで大谷派における代表的な現世往生論者である寺川俊昭の死生観について見てみたい。参照するのは平成十二年（二〇〇〇）に新潟県長岡市で行われた講演録『真実報土の往生』である。その中で寺川は学生時代の親友の一周忌でのエピソードを紹介している。

参列者の何人かが追悼の言葉を述べた。「急に亡くなって、いかにも惜しい。けれども今は幽明境を異にしているのだから、亡くなった君の御霊よ、安らかに眠れ」「君はこの法事の場にきて、我々のこの篤い思いを受けてくれ」等々。聞いていて寺川はこれが日本を代表する偉い人たちにほぼ共通している死生観かと情けなくなったという。

その後、寺川は家族から請われて次のごとき感想を述べたという。彼は学友だったから私も惜しいと思う。しかし彼は死んだのだという他ない。死んだということは、人間としての責任をきれいに果たし終わったということだ。後には何も残っていない。残っているとすれば、残した仕事、よく生きたという感銘、これがあるだけだ。冥福を祈るだとか、安らかに眠れなどとは全然思わない、と。

このエピソードを受けて寺川は続ける。自分の話はお釈迦様から教えていただいていることである。すなわち死とは涅槃に入ることであり、涅槃は寂滅ともいい、静かで、煩悩の火が燃え尽きて後には何も残っていないことであり、この寂滅を求めることが人間が本当に願っていることではないか、と。

ちなみに、寺川は往生についても言及している。「往生浄土、浄土に生まれて行くということは、如来の証りの中に帰る、その時をいただくのだから、迷いの夢を晴らす真実に目覚めて、真実によって生きる。こういう時をいただくことにほかなりません。そして真実によって生きるのは今の人生でありますし、如来のお証りである真実、すなわち涅槃に帰る時をいただくのが、命終わるときです。

〔中略〕そういう人生のあり方を、往生というのです」（同右、二三頁）。

「「同一に念仏して別の道なきが故に、遠く通ずるに、それ四海の内、世界中が皆兄弟とするなり」。念仏はこういう智慧を、念仏する身となった人に自然に恵むのである。その広やかな世界に目覚めて、全ての人と一緒に浄土へ生まれている（傍線、草間）。こう願って励まし合って生きる。これが願生の内容であり、それが往生の大切なあり方なのだ。〔中略〕そういう往生を、命終わってお浄土に生まれて行くのだという、幅広く持たれている往生の了解と区別して、「真実報土の往生をとげる」、こういう言葉で聖人は教えてくださっているのであります」（同右、三一―三二頁）。

小川一乗の死生観

寺川によれば死とは涅槃に入ることだとされるが、このことをさらに詳しく示しているのは小川一乗である。やはり二十年ほど前になるが、小川は「涅槃論――仏教の救済原理――」（『仏教』no.42、一六七―一七七頁）という論文を発表している。

そこにおいて小川は冒頭、宗教の存在意義は死の恐怖からの救済及び現在の生を価値あらしめることであると押さえる。そして仏教では死を入滅とすると述べ、これが現代人にとっての救済原理になるのではないかと提言する。その論旨はこうである。

仏教の基本的な教えに縁起があるが、それによれば自己という存在は無数の因縁によってかりそめに今、私としてあり得ているのであり、本来の私はゼロである。その本来的な在り方に戻ることを入滅あるいは入涅槃という。

しかし、入滅の原理は自らの存在に執着する人間には受け入れ難く再生を願ってしまう。古代インド人は輪廻転生を受け入れ、死を再生と見ることによって死の恐怖を克服しようとしたが、輪廻転生は業報としての再生であるから恐怖は払拭し切れない。この隘路を切り開くべく登場したのが浄土思想である。浄土思想は、よりよき再生への願望を満たして死の恐怖から救済し、しかも入滅ということを受け入れ難い現実に対して、仏国土に再生させることによって間接的に再生を実現させようとした。

翻って現代はといえば、伝統的に説かれてきた仏国土、すなわち浄土を実体視することはでき難い。しかしそれは親鸞とて同様であったのであり、それゆえ阿弥陀仏の本願とは自己の存在はゼロであったと促す働きに他ならず、入滅こそが真実の往生だとしたのである、と。

最後に小川はいう。現代人にとってはいかなる意味においても実体的な再生論による救済は受け入れられない。現代は死を生の終わりと見、現在世に強く執着して死の不安に怯えている人が多いが、逆に入滅の救済原理を受け入れる素地をもった時代ということができるのではないか。浄土思想の意味もそこから問い直す必要があるのではないか、と。

涅槃の語義

寺川も小川も死を涅槃と見ることを仏教による死生観の要とする。両者にとって涅槃とは後に何も残っていない寂滅でありゼロだとされる。そしてそれは釈尊の、または原始仏教の説く涅槃とされる。しかし、涅槃の概念は仏教においては後世様々に展開した。そこで涅槃論の展開の跡を藤田宏達の論文（「涅槃」、『岩波講座　東洋思想』第九巻、二六四—二八六頁）を参照しつつ辿ってみることにしたい。

「涅槃」という言葉の原語はパーリ語では「ニッバーナ」、サンスクリット語では「ニルヴァーナ」といい、「涅槃」という漢語は音写である。ニッバーナというのは普通「吹き消すこと」「吹き消した状態」といった意味だとされる。しかし原始経典では単に「消えること」「消滅」の意味で用いることが多く、したがってまた漢訳では「滅」「寂滅」「滅度」などと意訳し、「吹く」という意味は特に表面化してはいない。

涅槃の原語としてもう一つ重要なものは「パリニッバーナ」である。これは「ニッバーナ」に「パリ」という接頭辞がついてできたものである。パリは「完全に」という意味で、したがってパリニッバーナは「完全な涅槃」ということになり、一般に釈尊のような解脱者の死を表す言葉と見られている。しかしニッバーナと同じ意味で使われることも多い。パリニッバーナは漢訳ではふつう「般涅槃」と音写される。

涅槃と死

涅槃はこの世において得られるというのが仏教の基本的立場であった。これは釈尊が成道時に涅槃に達したことに徴して明らかである。ところが、やがてこの同じ涅槃という言葉が解脱者、すなわちこの世で涅槃を得た者の死をも意味するようになった。釈尊の死を涅槃と呼ぶようになったのはその典型である。

涅槃と死が結びつけられた理由はいくつか考えられるが、やはり身体の問題があったと見られる。涅槃に達すれば煩悩が断じられるとはいうものの依然として身体は残るから、身体を維持しようとする目的にそった煩悩はなくならない。食欲・睡眠欲といった煩悩は残る。ゆえに涅槃はすべての煩悩の断絶だということになれば、真の涅槃は生前には期待できないことになる。ここに真の涅槃は死を待たねばならないとされるようになった一因が求められる。

二つの涅槃説の成立

涅槃に死の意味が与えられるようになった理由としては、解脱者の死後のあり方に対する関心ということも挙げられる。

人間は死んだらどうなるのかという関心は古今東西を問わず強いものがあるが、前述のごとく古代インドにおいては輪廻転生ということがあった。この観念は仏教にも取り入れられ、人間は死後、地獄・餓鬼・畜生・阿修羅・人・天の六つの世界を経めぐるとされた。この来世観は当時においては常識であったから六つのうちのどの世界に生まれるかは定かでないにせよ、そのいずれかということでは一般在家者の死後のあり方ははっきりしていた。

問題は出家して仏道を歩みこの世で涅槃に達した解脱者の死後についてであったが、こうした点を聞いてくる者に対して釈尊はノーコメントの立場を取った。しかし、このことはそういう関心をもつ者が少なくなかったということの裏返しでもある。そこでやがてこの問いに対する説明が用意されるようになった。

それは解脱者は死後「無余涅槃界」へ達するという説明である。「余」とは煩悩の残りまたは身体のことをいうから、無余涅槃界とは煩悩も身体も完全に消滅した涅槃の境地を指す。解脱者は死後この無余涅槃界に達すると説かれるようになったのである。

こうした考え方が生まれると、では生前に涅槃を得た者をどう呼ぶかという問題が起こる。そこで、それは「有余涅槃界」、すなわち煩悩の残りや身体がある涅槃の領域へ達しているのだと考えるようになった。こうして涅槃には無余涅槃と有余涅槃との二つがあるということがいわれるようになった。

しかし、かくはいうものの有余涅槃の方は涅槃とはいい難いものがあろう。涅槃に達すれば煩悩が断じられるとはいえ、食欲や睡眠欲といった煩悩は依然として残る。そこで身体を滅して至る無余涅槃こそが完全な涅槃であるとする考え方が生まれた。

無余涅槃は後の中国においては「灰身滅智」と称されるようになった。これは「身を灰にして智（こころ）を滅すること」の謂で、死によってすべて無に帰すことが涅槃だとする消極的な涅槃観である。

こうした経緯を経て完全な涅槃は死を待って実現するとされるに至り、同時に涅槃が死を意味するようになった。釈尊の教えにおいてこの世で実現するとされた涅槃は現実から遠く隔たってしまったのである。

新しい涅槃観

伝統的な仏教が涅槃を死後の彼方へ遠ざけたのに対し、大乗仏教ではこれを現世に引き戻そうとした。従来の仏教が迷いの生死の世界とさとりの涅槃の世界とを対立する概念としていたのに対し、大乗仏教では空の立場から両者の間には何らの区別もなく、生死がそのまま涅槃として証得されると説くに至ったのである。

涅槃観はさらに展開を遂げ、「無住処涅槃」という考えも生まれた。これは文字通り「住することのない涅槃」ということである。大乗の菩薩は慈悲をもっているから衆生を救済するに忙しく、したがって無余涅槃界に住むことはない。しかし、たとえ生死の迷いの世界にあったとしても智慧をもっているから汚されることはなく、したがって生死に住むこともないという意味である。前述のごとく小谷は、無住処涅槃は瑜伽行派の重要な概念となったもので、世親の『浄土論』には浄土への往生行が往相の行に止まらず還相にまで及んで構想されているところに無住処涅槃の教説を適用しようとした意図が読み取れるとしていた。無住処涅槃は大乗仏教の涅槃観の極致である。

寺川と小川の所論に関連して仏教の涅槃観の展開についてやや長きわたって見てきたが、両者とも死とは涅槃に入ることであり、入滅することであり、後には何も残らずゼロに戻ることとしていた。寺川は凡夫の還相を認めないのであるから当然といえば当然のことである。また小川は入滅こそが真実の往生だという聞き慣れない見解を述べていた。両者のいう涅槃とは無余涅槃であり灰身滅智ということになろう。

第十三章　実体的な浄土の教え

浄土の教えは凡夫への教え

前述のごとく小川一乗は、現代人にとってはいかなる意味においても実体的な再生論による救済は受け入れられないとしている。かく小川がいうのは、浄土教は本来、実体的な教えであったということであろう。確かに極楽浄土も阿弥陀仏も実体的に説かれてきたし、往生も然りであった。しかし、それはひとえに人間というものを「凡夫」と見る浄土教の人間観によるものであったと思われる。そこでこの凡夫ということについて取り上げてみよう。

「凡夫」の原語としてはサンスクリット語の prthagjana があてられる。この語は「個々別々の人」「一般の人間」の意で、すでに原始経典の最古層からしばしば使われていたが、全体として愚かな迷える者とのニュアンスが強く、これはやがて初期大乗経典において「愚かな凡夫」という語を流布せしめることになった（藤田宏達「浄土教における人間観――浄土経典を中心として――」、『東洋における人間観』三一五頁）。

浄土経典における「凡夫」の語の初出は『観無量寿経』であり、とりわけ「また、未来世の一切の凡夫の浄業を修せんと欲わん者をして、西方極楽国土に生ずることを得しめん」（『真宗聖典』九四頁）との文言、及び韋提希に対する「汝はこれ凡夫なり」（同右、九五頁）との釈尊の呼び掛けは、浄土の教えを凡夫の宗教として成立せしめる教証の一つとなったものである。

人間をすべからく凡夫と見る人間観は『観無量寿経』を重視した善導において顕著となった。善導は浄土を「指方立相」として説いた。指方立相とは浄土が西の方角にあると指し示すとともに、具体的な様相をもって成立していると認めることをいう。善導は末代の罪濁の凡夫は浄土を具体的・有形的に教えられなければならず、仏はかねてよりそのことを知っていたとした。

もとより善導も浄土が本質的に時空を超えた永遠のさとりの世界であり、阿弥陀仏の願力によって実現した世界だとも説いているが、しかし、指方立相は単なる方便の浄土観ではなく、凡夫の往生のために仏が説かれた当然の浄土観だとしたのである（藤田宏達『善導』一〇三―一〇五頁）。これは実体的な浄土観だといえようが、実体的な浄土観こそが浄土思想の原点であった。

浄土の教えは本来、実体的なもの

浄土の教えは凡夫への教えであるがゆえに実体的に説かれなければならない。実体的というのは有形的・感覚的・具体的などといい換えてもよかろう。そのことを考えるうえで的確な指針を与えてくれるのは藤田宏達である。藤田は『原始浄土思想の研究』において「極楽浄土の思想的意義――浄仏国土思想――」なる一節を設けている。その内容を撮要する。

まず「浄土」という漢語であるが、これに相当する一定のサンスクリット語はない。しかし浄土の語によって表される思想は決して中国で成立したものではない。浄土とは「浄らかな土」「浄められた土」の意で、「土を浄める」ことによって実現された世界である。土を浄める、すなわち浄仏国土とは、大乗の菩薩たちが未来に仏と成るとき自己の出現する国土を清浄化することであり、それはその国土を形づくっている衆生を安穏に清浄の道に入らせること、つまりは仏道を完成させることを意味する。したがってそれは大乗の菩薩の自利利他の志願を達成することであり、菩薩道の理想を実現することであり、畢竟大乗仏教の根本精神を表したものである（五〇七―五〇九頁）。

藤田の指摘で次に注目したいのは、浄仏国土とは仏国土を荘厳することだと有形的・感覚的・具体的に示されているという点である。もっとも浄仏国土の思想は時に無形的に説かれることもあった。好個の例としては、『維摩結所説経』巻上「仏国品」における「若し菩薩、浄土を得んと欲せば、まさに其の心を浄むべし。其の心浄きに随って、則ち仏土浄し」（『大正新脩大蔵経』、以下、『大正蔵』と略称、一四巻、五三八頁下）というのがある。しかし、浄仏国土の思想は有形化の方向へ傾いた。それは大乗仏教が現在多仏説、すなわち多くの菩薩が同時にさとりを目指して精進している限り仏の同時出現はあり得るという立場から、一世界に二仏が同時に出現することはないという原始仏教以来の鉄則との矛盾を回避するために他方世界の存在を考え、現在多仏出現の根拠を他方の仏国土という空間的次元に求めたことによる必然の結果だったとされる（『原始浄土思想の研究』五一三―五一五頁）。

阿弥陀仏の極楽浄土も然りであって、西方に位置するとされ、楽のあるところとされ、ビジュアルな光景が多種多様に示された。しかし、こうした有形的・感覚的・具体的な表現によって、浄土の教えは凡夫たる常人にも近づきやすいものとなったことは、強調してもし過ぎることはない。

ちなみに、『維摩結所説経』のこの一文は、後に中国で唯心浄土思想が生まれる際の教証の一つとなった。それについては後述する。

浄土往生を実体的に捉えるも可

凡夫たる者は浄土往生もまた実体的に捉えたがるものである。小川一乗は否定したが、それは昔も今も変わらないのではあるまいか。そしてそれで構わないと思う。同様のことを曇鸞もいっている。

曇鸞は『浄土論註』において、生即無生の道理を理解せず、生を実体的に捉えて往生を願う下下品の凡夫は、生に対する執着のゆえに往生は不可ではないかという疑問と、たとえ往生できたとしても輪廻転生が尽きないのではないかという疑問を想定し、「浄摩尼珠を濁水に置く」の譬えと、「摩尼珠を玄黄の幣をもって裹む」の譬え、さらには「氷上燃火」の譬えとをもってこれを退けている。

その詳細には立ち入らないが、曇鸞のいうところは、たとえ浄土の生を実体的に捉えて往生を願っても可だということである。小谷は深励の「火を焚かねば氷が解けぬ如く、実に生ありと思うて願生せねば往生はならぬ」という言葉を引用し、深励は「浄土への往生を実体的に捉えることを勧めさえする」と述べ、「なぜなら、往生すれば、浄土が無生の界であることによって、つまり、浄土の功徳（土徳）によって、その執着心（生見、見生）は転じて無生の智とされるからである。これが曇鸞の考える「凡夫の往生」である」(『曇鸞浄土論註の研究』二六五頁)としている。

第十四章　非神話化と物語

非神話化

阿弥陀仏及びその浄土たる極楽について述べた代表的な経典はいうまでもなく「浄土三部経」であるが、そこにおける説相はいずれも物語的だともいえる。法蔵菩薩・阿弥陀仏・極楽浄土・往生等、みな然りである。仏教の物語であるから「仏話」といえばよさそうであるが、学者は「神話」と呼ぶことが多い。それにはドイツの神学者ルドルフ・ブルトマン(Rudolf Bultman：1884-1976)が提起した「非神話化」(Entmythologisierung)ということがあずかっているようである。非神話化は非実体化といえよう。

その非神話化について、藤吉慈海は、「キリスト教的信仰の何たるかを明らかにし、それに向っての決断の前に人々を立たしめるために、その障害となる神話を、その内に含まれている実存的意義に向って解釈するという試み」(『浄土教の諸問題』二二二頁)だという。藤吉は浄土宗の僧籍をもち、浄土教の場合にも非神話化は必要であるとして、早くからこれに関心を寄せてきた学者である。

確かに現代人にとって神話的に語られる宗教は縁遠く感じられようし、ときに荒唐無稽にすら思えよう。真面目に宗教に近づこうとする者にとって、それが自分にとっていかなる意味をもつかという実存的な納得ができなければ、宗教は絵空事を語るお話で終わることもあろう。

大谷派寺院の住職を務めるかたわら大学で教鞭をとっている加藤智見が、ある学生の言葉を紹介している。「僕たちの頭の中の思考回路は科学的になっています。ところが科学は人間を便利にしても、幸せにしてくれているとは思えません。ですから宗教に関心があるのですが、その宗教といったら、まるで非科学的、神話的なことばかり説いているのです。思考回路がそれを受け入れることを拒絶してしまうのです。何とかならないでしょうか」(「今、真宗は何を教化すべきか」、『真宗教学研究』第二六号、一二七―一二八頁)。

こうした現状を見て加藤は、「今、真宗は何を教化すべきか」と問い、非神話化を提唱する。加藤のいう非神話化とは、神話的に表現された教理をそのベールをはがして科学的な場と共通する次元に公開し理解を求めることであり、かかる努力の過程にこそ真宗の現代における教化の鍵があるという。そのうえで親鸞こそが非神話化をなしとげた人物だと評する(同右、一三四―一三五頁)。

しかしそうした問題に取り組んだ人は昔からいた。その魁は世親といってよい。『浄土論』はその営みの跡を記した学問的な書である。「学問的」というのには理由がある。非神話化とは特定の個人の実存的了解に終始するものでなく、学問的認識にまで高められたものでなければならないからである。こうしたことを踏まえて藤吉は、「従来の浄土宗学とか真宗学といわれるものが、そのような自覚をもってなされて来たかどうか深く反省されるべきであろう」(『浄土教の諸問題』二二三頁)という。聞くべき言葉であろう。

世親に続くのは曇鸞であり、さらには親鸞である。親鸞なる名のりはそうした流れを継承したことの象徴だともいえようか。加藤もいうように親鸞もまた浄土教の非神話化に取り組んだ一人である。例えば法蔵菩薩と阿弥陀仏の物語を非神話化した解釈は、『唯信鈔文意』（『真宗聖典』五五四頁）においてうかがわれる。

阿弥陀仏は宇宙の真理たる「法身」であるが、これは色も形もないから人心の及ぶところではなく、言葉でいい表すこともできない。そこで「方便法身」という姿を示して「法蔵比丘」と名のり、不可思議の大誓願を発したのであり、それを世親菩薩は「尽十方無碍光如来」と名づけた。無碍光とは、無明の闇を払い、悪業に遮られることもないからである。ゆえに真実の阿弥陀仏は光明であり、光明は智慧の形と知るべきである、とする解釈である。

ちなみに、親鸞はこうしたことを門徒にも語っていたようで、こんな書簡がある。それは「南無阿弥陀仏と称えてさらに無碍光仏と称えるのは恐れ多いことである」との声があるがどうなのかという質問を受けたとし、「それは誤解である」と答え、さらに、「帰命は南無なり。無碍光仏は光明なり、智慧なり。この智慧はすなわち阿弥陀仏。阿弥陀仏の御かたちをしらせ給わねば、その御かたちをたしかにたしかにしらせまいらせんとて、世親菩薩御ちからをつくしてあらわし給えるなり」（同右、五八五頁）と綴った書簡である。

加藤もこの『唯信鈔文意』における阿弥陀仏の解釈を取り上げるが、併せて真理についても言及しており、力点はむしろこちらにあるようである。加藤は、こういう。真理と聞くと現代人は自然科学的な真理を思い浮かべるが、これはこの世界のメカニックな法則性を指す。しかし宗教、特に真宗の真理は命をもった真理である。真理を知らず、真理から離れ去って苦しむ人々に、真理自らが働き出て、真理とともに生きることを知らせようとする生きた真理である。法則的な真理を究明するのが科学、命ある真理と出会うのが宗教、特に真宗と説明すれば、現代人にも理解する契機が生まれるのではないか。真理自らが真理を気づかせるために擬人法的に阿弥陀如来という存在を提起したと説明すれば、現代人にはよく理解できるのではないか（「今、真宗は何を教化すべきか」一三六―一三七頁）。

浄土についても見てみよう。阿弥陀仏の浄土は広く「極楽」として知られている。この語はサンスクリット語のSukhāvatī（楽のあるところ）の意訳であるが、中国においてはまず「須摩提」「須摩題」などと音訳され、ついで「安楽」「安養」と意訳され、さらに「極楽」と意訳されるに至った。「極楽」は現存経典による限り鳩摩羅什が『阿弥陀経』で用いたのを嚆矢とする（藤田宏達『原始浄土思想の研究』四三二―四三三頁）。

もともと「極楽」の「楽」は宗教的な楽を意味していたが、世人はむしろ世俗的な楽と了解し、ために「極楽」の語は広まった。しかし、それゆえであろうか、親鸞は意識してこの語を避けたように思われる。『親鸞聖人著作用語索引縮刷版　教行信證の部　和漢撰述の部』を繙くと、「極楽」の用例は「教行信證の部」では十例であり、「和漢撰述の部」でも二十一例ほどである。一方、「浄土」の語はそれぞれ八十六例、百六十例と圧倒的に多い。

話が後先になったが、前述のごとく「浄土」とは「浄らかな土」あるいは「浄められた土」の意で、この言葉自体は中国で術語化されたものである。しかし、浄土の観念そのものはインドの初期大乗仏教一般で説かれていた「土を浄める」という思想にもとづくものであり、初期大乗経典には阿閦仏の妙喜国をはじめ、このような意味での様々な浄土が説かれていた。阿弥陀仏の「極楽」はやがてそれらの代表格にのし上がり、殊に中国では唐の時代に浄土を阿弥陀仏のそれに特定して「浄土教」という表現が生まれ、さらに朝鮮・日本へともたらされて一大思想潮流を形成して揺るぎない地歩を占めるに至ったため、以後浄土といえば一般には阿弥陀仏の極楽のことと見なされたのである。

ちなみに、日本では「極楽」と「浄土」を合して「極楽浄土」といい慣わすことが多いが、この用法は「浄土三部経」及びその漢訳異本には見出せず、浄土教家の著作にも極めて少なく、法然や親鸞の主著にも見出せないという(藤田『原始浄土思想の研究』四三一頁)。

しからば、親鸞が最も重視した表現は何であったか。それは「真実報土」と「無量光明土」だったとされる(寺川俊昭「親鸞にとって浄土とは」、『仏教』no.11、八六・九〇頁)。このうち「真実報土」の用例は「教行信證の部」では一例、「和漢撰述の部」でも十二例と僅少であるが、「報土」はそれぞれ十五例、七十例となっている。「報土」とは法蔵菩薩が本願の報いによって報身の阿弥陀仏となって住する国土のことである。親鸞は報土について「真実報土」と「方便化土」とを立て、方便化土は衆生を導くための仮のものとする。親鸞が真実報土を重視したのは、阿弥陀仏の国土は単に楽の極まる世界ではなく、本願に報いた真実なるものということを表したかったに相違ない。

一方、「無量光明土」は「教行信證の部」では七例、「和漢撰述の部」では二例と極めて少ないが、寺川はこれこそが親鸞にとって浄土とは何かについての最も端的な自覚であると見る。さらに寺川は、親鸞は「その無限の光に目覚めた体験に立って、衆生を摂取するはたらきを如来と自覚し、仰いだのである。それと共に、この無限の光のはたらく世界を、流転のなかに苦悩する衆生にとって、大きな安らぎの世界であると自覚する時に、それを無量光明土として体験される真実報土、すなわち浄土と呼ぶのである」（同右、九二頁）と述べている。浄土についての親鸞の非神話化であり、また寺川の非神話化でもある。

物語ということ

このように浄土の教えを実体化したがらない人たちは非神話化を試みる。とはいえ、すべてを非神話化できるはずもない。物語的な要素をすべて削ぎ落せば、残るのは干乾びて痩せ衰えた抜け殻のごときものでしかなかろう。たとえ真実の阿弥陀仏が智慧であるとしても、仏教における智慧が衆生済度の慈悲と一体のものである限り、その慈悲を知らしめるに法蔵菩薩の物語以上に説得力のあるものは他にはあるまい。親鸞とてかかる事情を知っていたればこそ、方便法身としての法蔵菩薩の発願の物語に触れざるを得なかったのであろうし、また「弥陀の五劫思惟の願をよくよく案ずれば、ひとえに親鸞一人がためなりけり。されば、そくばくの業をもちける身にてありけるを、たすけんとおぼしめしたちける本願のかたじけなさよ」（『真宗聖典』六四〇頁）との感激と謝念も生まれたのであろう。法蔵菩薩の非神話化の最たるものは曽我量深の法蔵菩薩阿頼耶識説であろうが、宗教哲学的な了解はともかく、大方はそれだけでは深い喜びを得ることなどできようはずもない。

阿弥陀仏を経説に従ってストレートに受け取るということは蓮如において特に顕著である。『御文』にいう。「それ、五劫思惟の本願というも、兆載永劫の修行というも、ただ我等一切衆生をあながちにたすけ給わんがための方便に、阿弥陀如来御身労ありて、南無阿弥陀仏という本願をたてましまして、まよいの衆生の、一念に阿弥陀仏をたのみまいらせて、もろもろの雑行をすてて、一向一心に弥陀をたのまん衆生をたすけずんば、われ正覚とらじとちかい給いて、南無阿弥陀仏となりまします」（同右、八三六頁）、「ただわが身はつみふかき、あさましきものなりとおもいとりて、かかる機までもたすけたまえるほとけは、阿弥陀如来ばかりなりとしりて、なにのようもなく、ひとすじにこの阿弥陀ほとけの御袖にひしとすがりまいらするおもいをなして、後生をたすけたまえとたのみもうせば、この阿弥陀如来はふかくよろこびましまして、その御身より八万四千のおおきなる光明をはなちて、その光明のなかにそのひとをおさめいれておきたまうべし」（同右、八三八―八三九頁）、「このゆえに、阿弥陀如来のおおせられけるようは、「末代の凡夫、罪業のわれらたらんもの、つみはいかほどふかくとも、われを一心にたのまん衆生をば、かならずすくうべし」とおおせられたり」（同右、八二七頁）。こうした物語的・有形的・感覚的説相をもってしなければ、世人の大半は阿弥陀仏に親近などできなかったであろう。

物語といえば、阿満利麿は「物語」、それも「小さな物語」「大きな物語」という言葉を好んで使う。それはこういうことである。人は人生に行き詰まると納得できる説明を求めたがるが、その要求に応えるのが「物語」である。しかし、「小さな物語」では一時的な解決は得られても根本的な解決にはならない。そのとき人は初めて「大きな物語」の必要性に目覚める。「大きな」というのは日常の考え方や常識を超えているということである（「本願念仏の要、三箇条」、『連続無窮』第一六号、一一一―一一二頁）。

とはいえ、阿満のいう「物語」とは通常の「物語」のことではない。阿満は、それは「宗教」の謂であるという。「宗教」という言葉は誤解がつきまとい、現代では本来の役割を示すに不適当となったため自分はあえて「大きな物語」と呼ぶのだという。そして阿満が大切にするのは阿弥陀仏の「大きな物語」である。

ゆえに阿満も時に非神話化をしている。例えば阿弥陀仏とは摂取不捨の働きのことだという。しかし阿満の解釈は非神話化というよりは、阿弥陀仏の物語の説相を極力尊重しつつ、そのいわんとするところを丁寧に掘り起こして現代人と共有しようとするところにあるように思う。

他方、物語という性格に真正面から向き合い、その意義を「功徳」と呼ぶのは宗教哲学者の門脇健である。

門脇はまず現代の状況として物的実在のみを確実視する傾向があるとし、しかし親鸞の信心は物的実在性によって形成されたのではなく、本願から展開される大きな浄土の物語に、煩悩から展開される人間の小さな物語が包摂されるところに救いを見出しているという（「物語の功徳――私と浄土の出会うところ――」、『真宗教学研究』第四一号、一八―一九頁）。「大きな物語」「小さな物語」との表現は阿満と同じである。そのうえで現代は物語を受容する力が衰微しているが、物語る力とそれを支える想像力とが大事であり、想像力は物的現実よりも高次元の世界を開くとする（同右、一二頁）。

そのことを門脇は、子に死なれたチンパンジーと人間との比較で語る。チンパンジーの母親の愛情は死んだ子どもがミイラ化するまで続いているように見えるが、ミイラがばらばらになり、もはや姿形を留めなくなると一気に失せる。しかし人間は葬送をし死者のことを思い続けることのできる想像力があるのであり、これが人間を人間たらしめている力ではないかと見る（同右、一〇─一一頁）。

門脇はまた前掲した『唯信鈔文意』についても触れ、法蔵菩薩を「方便法身」としていることに関していう。「このとき、方便が出てくるということは、それに対応する「私」も出てきているということになります。この方便を方便として受け取る「私」が成立するということは、浄土往生の大きな物語の中へ私が入るということであり、逆にこの物語の受容がないと浄土の物語も成立してこない」（同右、二九頁）。門脇は非神話化の必要性など特に感じていない。物語に物語のままで底力を認めている。

第十五章　正定聚の生活と往生の生活

住正定聚の生活

小谷信千代と長谷正當の論争の中でとりわけ印象深いのは、「住正定聚の生活」について語るくだりである。正定聚を往生すべき身と定まることと解し、往生と正定聚とを切り離して考えるべきだとする小谷に対し、長谷は「往生すべき身と定まったものはいったい現生をいかに生きるのか。そのことが氏において不明のままなのである」（『親鸞の往生と回向の思想』二〇四頁）と批判する。

しかし、そうした印象を与えたとすれば、それは『真宗の往生論』が親鸞の往生思想を論理的に考察しようとした姿勢にあるのであり、また自分の感情を表に出すことを極力避けようとしたことにあると小谷はいう。これには私も得心がいく。学問には禁欲が求められると思うからである。とはいえ、売られた喧嘩は買わねばならぬ。それは学問の世界でも同様であろう。

小谷は真実の信心を得ての後の生活は往生が確約された生活であって、それは「住正定聚の生活」というべきであり、現世往生論者がいうようなこの世で往生が実現した「往生の生活」ではないとする。

ちなみに、小谷と同様のことを普賢大円もいっている。「往生なる語を此土において用いようとされる意図は、往土〔草間註、往「生」の誤植か？〕浄土を説く浄土教義を現実的に発揚しようとするところにあるのであろう。それなれば、わが浄土真宗には、幸いに現生正定聚という宗義があるのであるから、その正定聚の内容をより明らかに、より深く、発揚すればよいのだと思う。現生正定聚の内容は、まことに掬めども尽きせぬ妙味があるのである」（「最近の往生思想をめぐりて」、『親鸞大系』思想篇第一〇巻、九九頁）。

その生活のあり様を小谷は金子大栄の「死の帰するところを浄土におくことによって、それが生の依るところとな［るのであ］って、浄土を憶う心があると、その心から光がでてきて、私達に不安の只中にありながら、そこに安住の地を与えられるのであります」という言葉を引き合いにして、これこそが宗教が与える真の安心であり励ましであると述べている。

小谷は「浄土に往生することを臨終の時に認め、そのために平生の生活の中で、弥陀如来の本願に出遇って真実の信心を得て、往生を確約されて（住正定聚）現生での生活を全うしたいと志願するのが、親鸞のその教説の理解の仕方である。親鸞に倣ってそのように一生を全うしたいというのが筆者の願いである」（『曇鸞浄土論註の研究』四六七頁）といっている。

住正定聚の生活の具体相

小谷は『曇鸞浄土論註の研究』では時に応じて自身の思いを語っているが、それらは住正定聚の生活の具体的内容といってもよかろう。そのいくつかを摘記してみる。

自分の悩みや問題は自力で解決すべきであり、そうできるはずだと考える現代人は合理的思考を信奉し、自身凡夫であることに気づかない。そこにわれわれの根本的な問題がある。その罠から解放させる手掛かりとなるのが凡夫往生の道である（一九二―一九三頁）。

往生浄土の仏道は現生では聖者の証りを得られない凡夫への教えであるが、凡夫とは他ならぬわれわれ自身だと気づかされるとき、自分も浄土往生の思想を強く求めた人々につらなって、浄土往生を強く願う願生心をもつ以外に道はないことが知らされる（同右、三〇八頁）。これらはともに二種深信の具体相といえる。

また自身の死後については、恩師や両親たちと同じく念仏生活によってこの生涯を尽くし、命終えて往生したときには、善きにつけ悪しきにつけ浄土からの何らかの教えとなって縁ある人々のもとへ還来したいと述べている（同右、三四〇頁）。

さらには還相について小谷は、「念仏して、いそぎ仏になりて、大慈大悲心をもって、おもうがごとく衆生を利益する」（『真宗聖典』六二八頁）という『歎異抄』第四条の言葉は、還相を意味するも現実味を欠き不可解な印象を与えると思案していたとき、『浄土論註』にある「虚往実帰（虚にして往き、実にして帰る）」の言葉に出会ったという。そしてその意味するところを深励の注釈を参考にしつつこう述べる。

「生きている間、親は子のためにいろいろと考えを回らせる。しかし、それは思い通りには子に届かない。けれども、命終わって浄土に往生するとき、親の思い計らいによる自力の善根は無となる（虚往）。浄土に往生して、子を「あわれみ、かなしみ、はぐくむ」親の思い計らいが無となるとき、親の思い計らいは仏の智慧に転じ、浄土の慈悲をもたらす。そのとき初めて親の真の思いは子に伝わる。親の思いは、浄土に往生し仏となることによって、生前の思い計らいを離れた真実の思いとなり、生前には実は親自身にもわかっていなかった「真実の思い」を子に伝える「教え」となって浄土から還来する（実帰）」（同右、四一〇―四一一頁）。

「生前には実は親自身にもわかっていなかった「真実の思い」」とは実にやるせない言葉ではある。

しかし、親の端くれであれば誰しもわからなくはなかろう。

『「現世往生」という迷い』

最近、『「現世往生」という迷い』という書を読む機会を得た。平成三十一年（二〇一九）の発刊だから遅蒔きながらというところであろうか。著者の三木悟は大谷派寺院の住職だという。

この書は三木が中外日報社の第十四回涙骨賞（奨励賞）を受賞した「「現世往生」という迷い」という論文を第一部とし、第二部として「「現世往生」説を越えて」を加筆したものである。私はこうした賞があることを知らなかったが、本賞は同社の創刊者である真渓涙骨（一八六九―一九五六）にちなんで設けられたもので、広く精神文化をテーマとする論文や評論を顕彰することを目指すもののようである。

それはともかく、大谷派の僧侶でありながら大谷派で宗義のごとく主張している「現世往生」を「迷い」と断じ、それを「越えて」といっていることに惹かれて手にしたのである。

第一部は二万字程度と短編であるが、これは応募上の字数制限のためで、もとの原稿は二十万字程度であったというからなかなかの分量である。

第一部の内容については後ほど取り上げるが、今注目したいのは第二部における正定聚の生活についての記述である。三木がこのテーマを取り上げた背景には第一部の結語の、それも最末尾における「浄土教の誕生以来、七高僧によって、また親鸞聖人によって開顕された来世往生の教えを正しく頂戴しつつ、「現生正定聚」の意味を掘り下げること。そこに、現在の浄土真宗が直面する、困難な課題を切り拓く道があるにちがいない」（三五頁）の立場を受けたものであろう。

正定聚の生活については普賢大円も言及していた。もう一度見てみよう。「往生なる語を此土において用いようとされる意図は、往土［草間註、往「生」の誤植か?］浄土を説く浄土教義を現実的に発揚しようとするところにあるのであろう。それなれば、わが浄土真宗には、幸いに現生正定聚という宗義があるのであるから、その正定聚の内容をより明らかに、より深く、発揚すればよいのだと思う。現生正定聚の内容は、まことに掬めども尽きせぬ妙味があるのである」。

普賢はこれ以上のことはいわないが、方向性は「「現生正定聚」の意味を掘り下げること」とする三木と変わるまい。小谷もまた獲信後の生活は往生が確約された生活であって、「住正定聚の生活」というべきであり、現世往生論者がいうようなこの世で往生が実現した「往生の生活」ではないとしていた。ただ、小谷はその生活について具体的に語らなかったとして、現世往生説に立つ長谷正當から批判を被った。

三木の主張に戻ろう。三木はいう。「「現生正定聚」の意義の一つは、現世ですくわれるということである。「往生すべき身」はすでにすくわれた身なのであり、「死後にすくいを待つ」ような身ではない。「現世往生」論者の誤りは、すでに現世ですくわれている「往生すべき身」を、まだすくわれていない身であると思い込んでいる、あるいは思い込もうとしていることである」（同右、六六頁）。極めて重要な指摘であろう。

またいう。「信心を得た者に開かれる生活は、信心の前と後とでは大きく異なるはずであり、信心が本当であれば、そうでなくてはならない。如来の命に生き、如来の本願に生きること。そういう表現は間違っていないと私も思う。しかしそれは仏になることでも、現世に往生することでもなく、もっと慎ましやかなものではないだろうか」（同右、六七頁）。

続いていう。「「現世に往生する」ということが、具体的にはどういう生活をすることなのか、どういう生活が開かれることなのかが、さっぱり分からない。それが「現世往生」説を、観念的なものにしている」。長谷の批判はブーメランでもあったのだ。

現代社会との関わり

三木は念仏をいただいた者にはどういう生活が開かれてくるかを問い、それを現生正定聚と押さえ、具体的には現生十益だとする。

現生十益とは親鸞が『教行信証』「信巻」において「金剛の真心を獲得すれば、横に五趣・八難の道を超え、必ず現生に十種の益を獲」（『真宗聖典』二四〇頁）として挙げたもので、冥衆護持・至徳具足・転悪成善・諸仏護念・諸仏称讃・心光常護・心多歓喜・知恩報徳・常行大悲・入正定聚のことである。

三木は「この現生十種の益は、親鸞聖人によって私たちに伝えられた「叩き台」である。私たちはこれを基にして、現代における真宗がどのような「生活」を開くことができるのかを、さらに尋ねていかなければならない」(同右、一〇七頁)という。

このうち常行大悲の益について、私などは真宗にもとづく社会的活動の根拠にしたい衝動に駆られるが、三木はこれは念仏を称えることだとする。山辺習学・赤沼智善は『安楽集』に引用される『大悲経』の「若し能く展転して相勧めて念仏を行ずれば、まさに知るべし。これらは悉く大悲を行ずる人と名づくるなり」、及び『往生礼讃』の「自ら信じ、人を教えて信ぜしむること、難きが中に転た更に難し。大悲を伝えて普く化する、真に仏恩を報ずるに成る」の文言を参看して、「教人信の思いから、縁ある人々に自分の喜ぶ法を伝えて、如来善知識の御手伝をさせて頂く利益」(『教行信証講義』七八八頁)と解しているのも同趣旨であろう。

しからば、念仏者と社会との関わりはどうなるのか。ただ念仏を称えていさえすれば事足りるのか。大きな課題であり、三木も検討する。

まず末木文美士の発言を取り上げる。すなわち、東日本大震災時のボランティア活動に関して、それは自力の行になるのではないかという声が真宗内で上がったことに触れ、真宗では社会的な活動が教学的に位置づけられていないとした発言である。

三木はそれをひとまず認め、しかし「それは近代の真宗に固有の問題というよりは、真宗教学に内在するより根本的な課題である」(『「現世往生」という迷い』一〇七―一〇八頁)と押さえ、前掲した木越康の著『ボランティアは親鸞の教えに反するのか』に言及する。そして木越の「関与したい情動を抑制し、その根っこに親鸞がいるとブレーキ的主張をされるならば、それは誤解であって、必ずや取り払わなければならないものだと考える」（四二頁）との主張に賛意を表する。

ついで根本的な課題として『歎異抄』第四条に見える「末とおる慈悲」（浄土の慈悲）と「末とおらぬ慈悲」（聖道の慈悲）を俎上に載せる。木越が「真宗的ブレーキの代表格」（同右、六五頁）と評したものだからである。

第四条は『歎異抄』の中で特に知られたものの一つであり多くの解説がある。しかし三木のそれは極めて簡潔である。「凡夫の慈悲は「末とおらぬ慈悲」であり、如来の慈悲は「末とおる慈悲」である。そのことに自覚的でありさえすれば、「末とおらぬ慈悲」の行為を抑制するいわれは何処にもない」（『「現世往生」という迷い』一一〇頁）といい、さらに言葉を継ぐ。それは正に住正定聚の生活のことと思われるから長きを厭わず引用する。

「現世を生きるわれわれはみな凡夫である。どこまでも凡夫の身に目覚め、凡夫の身を尽くすことが真宗に出遇った者の使命である。だから、真宗門徒は還相の菩薩として社会活動を為すべきだなどという感ちがい［草間註、「勘」ちがいの誤植か？］をせずに、ただ凡夫のたすけ合いをすればいいのである。親鸞聖人のお手紙に「ともの同朋にもねんごろのこころのおわしましあわばこそ」というおことばがある。このおことばに随えばいいのだと私は思う。凡夫同士の間に自然に流れる、「たすけられたり、たすけたり」の心情に随えばいい。その「たすけられたり、たすけたり」の生活の中で、どこまでも浄土の光に照らされながら、「われ・ひと、共なる浄土往生」を願って生きていく。それが浄土真宗に出遇った者の、この世の生き方ではないだろうか」（同右、一一〇頁）。

今、三木の還相ということに触れたが、ここで還相に関する諸氏の見解を分類してみよう。一つは浄土に往生して無上涅槃を証し、衆生を救済する徳を成就し、再び穢土に還来して衆生を教化し救うことこそが如来回向の還相だとするものである。これは還相の行をなす主体を当来の念仏の衆生もしくは自身に見る立場で、深励に代表される。

二つは還相の主体を菩薩と見る立場で、かかる論者はそれを釈尊や法然や親鸞ら菱木政晴がいう「優れた宗教的達人」（『極楽の人数』一五二頁）に限定するもので、曽我・寺川・竹中・延塚らの立場である。自身に見ないのは「どんなに謙虚にそれを語っても、結局は自分に〈還相行〉の主体をみるのですから、自分を如来の還相回向の願に乗じて開化衆生の仏事を行ずる、「浄土の菩薩」と主張することになります。到底無理であり、聖人の了解にかなっているとは考えられません」とした寺川の言葉が、如実にその理由を示している。

三つは小谷の立場である。これは還相行の主体を自身も含む当来の念仏者と見ると同時に、浄土往生した他者が如来によって浄土から穢土に遣わされて教化を施す存在となるとするものである。ただし、後者に関して小谷はそれを「優れた宗教的達人」などに限定しない。むしろより本質的には提婆達多や阿闍世、それに善鸞ら、いわば「悪人」と称された人々と見る。小谷は晩年に降り懸かった善鸞異義事件によって親鸞は「王舎城の悲劇」に強く思いを馳せるとともに、こうした逆縁をもたらす悪人こそが浄土往生を願わせるために如来によって還相回向された存在だと考えるようになったのではないかという（『親鸞の還相回向論』九九—一〇一頁）。

四つは還相は往相同様、現世で自身に実現されるものとし、そこに真宗の社会的実践の原理を見る立場である。菱木・八木晃介らである。ただし、彼らは「菩薩」という表現は使わない。

五つは還相行の主体を如来に求めるもので、小川一乗や加来雄之の立場である。これは還相の相を如来の回向によって衆生にもたらされる利他教化といった具体相とは見ず、迷いの現実社会において他者とともに生きるとでもいい得る利益を衆生に恵む、如来における回向の具体相と見るものである。

六つは往相の信心をもって現世を生きるとき、そこに還相の菩薩と同じ功徳が与えられるとするもので、三木の見解である。同じ功徳を与えられるというのは、菩薩ではないがということであろう。ゆえに「真宗門徒は還相の菩薩として社会活動を為すべきだなどという感ちがいをせずに、ただ凡夫のたすけ合いをすればいいのである」ということになる。

三木は親鸞にとっての還相の菩薩は法然であり、真宗門徒にとっては親鸞であるといただくことこそが往還二回向の教えのいただき方だというから、この点は第二の論者と共通である。ただ三木は来世往生論者であるから、われわれが還相の菩薩となるのは来世往生後のことだとしつつ、しかし現世で獲信のとき還相の菩薩と同様の功徳が与えられ、凡夫のままでささやかな利他行をなしうるというのであろう。三木は擱筆するにあたり、「現代における「来世往生」の意義と、「現生正定聚」の内景を伴に問い深めていくことが、後に続くわれわれの責任である」（『現世往生」という迷い』一一六頁）としている。

往生の生活

小谷は「住正定聚の生活」ということをいい、それは「往生の生活」ではないとするが、かくいうとき小谷の念頭にあったのはもちろん曽我量深である。

曽我は自らの思想を語るに際して独特の表現や命題をもってしたが、「往生は心にあり、成仏は身にあり」もその一つである。藤原智によると、曽我の生涯中、とりわけ大きな影響と波紋を起こしたのは「往生と成仏」というテーマで語られた議論だという（『曽我量深〈思想地図〉』、『教化研究』第一六七号、八三―八四頁）。しかもこの議論は曽我の晩年、それも昭和四十一年（一九六六）～同四十三年（一九六八）までのわずか三年間に限定されるのだという。限定されたのは曽我の議論が宗門の議会を混乱させるに至ったということにあるようだと藤原は見る。

今、私の手元には曽我が昭和四十二年（一九六七）に『教化研究』第五四号に発表した論文がある。タイトルは「真宗の生活――往生と成仏――」である。原稿用紙三十枚にも満たない短編であるが、曽我の主張をコンパクトにまとめており、そのうえ比較的読みやすいものである。本稿は『親鸞大系』思想篇第九巻に転載されているので、ここでは当該頁はそれにて示す。

曽我はまず従来からの真宗の宗学では往生即成仏、つまり往生と成仏は一つのものであり、しかもどちらも未来のことであるとしていると指摘する。そのうえでその通説を覆して往生は現生のことだとするための根拠として、『口伝鈔』に出る体失往生と不体失往生、また『無量寿経』の第十八願成就文、さらには『愚禿鈔』の前念命終と後念即生に言及する。そしていう。「信の一念に欲生心が成就して、そうして即得往生ということが成り、その即得往生ということの喜びが願生彼国ということになって私どもに感ずるのである」（三四七頁）。ただ、しかしこの二つを根拠に往生を現世あるいは現生の出来事とすることは成り立たないと小谷が批判したことは前述の通りである（前念命終と後念即生については『真宗の往生論』二二一―二二六頁参照）。

次に曽我は「往生は心にあり、成仏は身にあり」について論ずる。往生は心にあるがゆえに現生のことだとし、その真実報土の往生の姿を『無量寿経』の「必得超絶去、往生安養国。横截五悪趣、悪趣自然閉。昇道無窮極。易往而無人。其国不逆違。自然之所牽」（『真宗聖典』五七頁）に求める。そしていう。「そういうところから、私は往生というものは一つの生活だと。往生は生活というものでありまして、我らは如来の本願を信じ、そして如来の本願にたすけられたと、如来の本願にたすけられた生活である。〔中略〕往生ということは生活である。生活は、我らの迷いの生活がほんとうの生活になる」（『親鸞大系』思想篇第九巻、三四八頁）。

曽我はさらに往生の生活の具体相を尋ねていくが、それに先立って往生以前の生活の実相をこういう。「迷いの生活はたんなる娑婆の生活である。娑婆世界は要するにもうほんとうの孤独の生活であります。〔中略〕我われはほんとうに狭い世界に住んでおる。〔中略〕『大経』の三毒段を読んだり、五悪段を読んだりしますというと、やはり人間の娑婆世界の生活というものはほんとうに狭い世界にたてこもってどうすることもできない生活であります」（同右、三四八―三四九頁）。

続いて往生の生活について述べる。「私は浄土というものを仏様からあたえていただく。そうでないかと思います。仏様の本願の指示をもって私どもに南無阿弥陀仏として浄土をあたえてくださる。〔中略〕深さにおいてもまた広さにおいても、深広無涯底の浄土を、しかも光明無量の浄土をあたえられたということによって、私どもは浄土に生きる。〔中略〕私どもは往生は生まれると読んでおりますけれども、これはやはり生きるということと生まれるということと二つの意味をもっておるにちがいない。〔中略〕人間の心は殺伐で、一つ何かいうと腹をたてたりしてすぐに争うていく。すぐに売り言葉に買い言葉というものがでてくるような殺伐な人間でありますが、そこに我われが浄土というものを心にあたえられた」（同右、三四九—三五〇頁）。

往生は生活だとする曽我は、さらに往生は成仏という果を得るための行だとし、「往生行というものによって、私どもは仏と等しい、私どもは仏にはなれないが仏と等しい智慧のまなこを開かせていただく。煩悩具足の凡夫なれども、その煩悩が信心の智慧をさまたげず、生活をさまたげない。煩悩がむしろ逆縁となって、そうして我らに往生行というもの、煩悩あるがゆえにむしろ我われは一心に往生行をはげむことができる。だから往生行というものが、一日でも半日でも十年二十年でも成就する」（同右、三五二頁）ともいっている。

以上、小谷や金子や三木ら来世往生論者による「正定聚の生活」と、現世往生論者曽我による「往生の生活」の一端を見たが、私にはさほどの径庭は認められない。

第十六章　現代人の浄土観

現世往生説と唯心浄土思想

「往生」とは、本来「［浄土に］生まれる」という意味である。これは『無量寿経』及び『阿弥陀経』のサンスクリット原典に徴して確認される（藤田宏達『原始浄土思想の研究』五一九頁）。その往生に関してこれを来世でのこととする来世往生説と現世でのこととする現世往生説とがあることを見た。まず来世往生説であるが、思想史的にはあくまでこれが主流である。往生思想が生まれた背景について小谷は、「原始仏教以来、現世での涅槃の証得を求める主流の思潮と、現世では証得が不可能なので来世にそれを期待する傍流の思潮との存在が明らかになります。浄土往生の思想が後者に属するものであることは言うまでもありません」（『誤解された親鸞の往生論』四二頁）とし、浄土往生の思想を傍流と見ている。しかし、それは仏教全般の中での位置づけであり、浄土思想内においては来世往生説が主流であり、現世往生説は傍流であったといってよい。

しかるに、近現代ではこれが逆転したごとくである。一例を清沢満之に見ることができようか。前述のごとく清沢はこう述べた。「私の信ずる如来は、来世を待たず、現世に於て既に大なる幸福を私に与へたまふ。［中略］此は私が毎日毎夜に実験しつゝある所の幸福である。来世の幸福のことは、私は、まだ実験しないことであるから、此処に陳ることは出来ぬ」（『清沢満之全集』第六巻、一六二―一六三頁）。清沢はあからさまにはいわなかったが、これはいうなれば現世往生説であろう。清沢の後継者にして現世往生説の代表的提唱者となった曽我量深が、「いのち終る時に往生するならば何の本願であるか。そんな本願は意味がない」（『往生と成仏』三〇頁）と述べたのは、さもありなんである。

その曽我はまた「往生は未来ではなく、現在である」とも、「往生は心にある」ともいい、その主張は大方の現代人の共感を得ている。曽我の主張に同感する人たちに共通しているのは、「浄土は心にある」という考え方であろう。伝統的な有相の西方浄土は受け入れ難いとする現代人も、心の中の無相の浄土は信じられるようである。しかし、「浄土は心にある」という観念はすでに古人にもあった。「唯心浄土説」がそれである。この唯心浄土説と現世往生説とはリンクしていよう。

現代人にとっての浄土

唯心浄土思想について優れた業績を残した柴田泰に「現代人にとっての浄土」という講演録がある（『真宗教学研究』第二四号、一一一―一二八頁）。講演であるから平たい語り口ではあるが得るものは少なくない。以下は、柴田によりつつ私なりの思いも交えたものである。

現代人の多くは浄土を心中にあるものと考えたがるが、そこには浄土には浄土教で説く弥陀浄土と仏教一般で説く諸仏浄土の二つがあるという認識はない。そこで柴田は両者の浄土観はまったく違うとまずは注意を促す。そのうえで柴田は、諸仏浄土の現代的意義について二つの観点から述べる。

まず仏教では六道輪廻ということを説くが、しかし六道、さらには浄土も実は現実世界のことだと思えることがある。戦争・暴力・飢餓・難民といった悲惨な状況を見れば、六道はこの世のことだとの思いが湧くし、マザーテレサのごとき素晴らしい人間の生き方を見れば、逆にこの世界が仏や菩薩の世界たる浄土と見えることもあると卑近な例を引く。

次に六道や浄土を現実世界に求めるのではなく自身の内面に求めれば、自身の心そのものが六道にもなれば仏にもなることから、浄土も心の中にあると考えることもあろうとする。

柴田は、第一の浄土観は様々な問題をかかえた現代社会にあって、理想社会を目指す平和運動や平等思想にもつながるし、第二の浄土観は心の豊かさの大切さを教えるとして、現代人にとっても十分説得力があるし、必要で重要な考え方だと評価する。

しかし柴田は、こうした浄土の了解は決して現代的というのではなく古くからあったのだとし、その理論的根拠を挙げる。第一の浄土観については、釈尊が覚りを開いたときこの娑婆世界がそのまま仏の世界になったとの受け止め、またこの世は「霊山浄土」だとする『法華経』の経説、さらにはこの世の中に輪廻の六道と覚りに至る四つの世界があるとする中国天台宗の「十界互具」の教説などである。

第二については、心は本来清らかで煩悩によって汚されているに過ぎないという原始仏教の「心性本浄説」、浄土を求めるなら心を浄めよとする『維摩経』の「心浄土浄説」、さらには心が覚れば仏、心が病めば衆生と説く『華厳経』の「唯心偈」を紹介する。そして唯心浄土思想に触れる。

確かにこうした浄土観は神話的・象徴的と思われがちな浄土を容認できずにいる多くの現代人に

とって親しみが湧くかもしれない。しかし、この二つの浄土観はあくまでこの世での覚りを目指しているのだとその本質を聞かされれば怯む者も出てこよう。柴田の「これまでの話というのは、教学的には難解な理論と厳しい修行を要求するいわゆる「聖道門」という一つの考え方、生き方でありますす」(同右、一二一頁)との言葉を聞けば、自身を顧みて慌てふためかずにはおれなくなるかもしれない。

聖道門とは聖者の仏道であり、自分のごとき者には歩めないと悲観した者は昔からいたに違いない。そうした者に示されたのが浄土教、それも西方弥陀浄土の教えであった。ゆえに弥陀浄土は端からそのような者の浄土なのであり、これが柴田のいう第三の浄土観である。聖道門の諸師は弥陀浄土を低級なるものとして貶めてきたが、大方の、というよりは自身の身の事実に立って異を唱えたのが善導である。善導の浄土観は「指方立相」の有相であり、加えて人間観は「二種深信」に示された凡夫であり、往生の実現は未来のことであるが、それは弥陀浄土教のそもそもの精神への回帰といえよう。柴田は、この世界が浄土だ、心が浄土だといわれても自身の煩悩に絶望する人々にこそ如来の大悲は注がれ、浄土が開かれていると説いたのが弥陀浄土教だとまとめる。

思うに、自身は凡夫であると決着し、弥陀の大悲に信順することは容易ではあるまい。『無量寿経』の末尾に、「もしこの経を聞きて信楽受持すること、難きが中に難し、これに過ぎて難きことなし」(『真宗聖典』八七頁)といい、親鸞が『教行信証』「総序」において「真実の浄信、億劫にも獲がたし」(同右、一四九頁)と記し、また「信巻」に「しかるに常没の凡愚・流転の群生、無上妙果の成じがたきにあらず、真実の信楽実に獲ること難し」（同右、二一一頁）と述べた所以であろう。

しかし、何かを縁として自身の凡夫性に気づき、自身に注がれていた弥陀の眼差しを感じて深く本願力をたのむとき、住正定聚の人生が開けるようになる。その人生は慎ましいものである。凡夫の事実に正直になれるものである。この世を浄土にしようだとか自己の心に浄土を打ち立てようなどと夢想しないものである。しかしそれは現実肯定あるいは現実追認といった消極的なものではない。この世は不完全なものではあっても実は仏の教化を被って信心に目覚めることのできる世界だと押さえ、ともに御同朋・御同行として末通らない慈悲でも懇ろに尽くしつつ歩むことのできる人生である。そして何より死んだらおしまいなどといわないですむ人生である。

柴田は講演の最後に、「われわれはそれぞれ顔が違うように、自分の納得する考え方を持ち、日々の幸せに繋げていけば良いのではないかと思います」（『真宗教学研究』第二四号、一二五頁）と結ぶが、しかし真に第三の弥陀浄土観に立てる人は多くはなかろう。

観念界としての浄土

現代人の浄土観といえば「観念界としての浄土」も取り上げないわけにはいくまい。これは金子大栄の主張したものである。

金子は大正十四年（一九二五）に『浄土の観念』なる著書を発行し、ついで翌年には『如来及浄土の観念』を刊行した。しかるに金子の説は宗義違反の疑いありとされ、所属していた大谷大学及び真宗大谷派より追放された。

ただ、事の原因は金子の学説にあったというがごとき単純なものではなかったようである。三明智彰は「昭和初年　曽我量深・金子大栄　大谷大学追放事件の研究」（『大谷大学真宗総合研究所研究紀要』第八号、一―二八頁）において、本件の真相について追究を試みている。

しかし、ここではそうしたことには触れず、金子の浄土観についてのみ見ることにしよう。ただし、私には目下両著を閲覧することができない。そこで同様の主張を示すとされる金子の論文「彼岸の世界」（『親鸞大系』思想篇第一巻、二一〇―二三〇頁）、及び三明論文に引用されている言葉を中心としたい。

「彼岸の世界」の冒頭で金子はいう。「彼岸の世界――それは吾々のまだ見ぬ真実の国であり、同時にまた懐かしき魂の郷里である。これに対する此岸の世界は住み慣れし虚偽の国であり、同時にまたその流浪の始を忘れられし他郷である。而して吾々の宗教生活と呼ぶものは、この此岸の世界を悲傷して、遙かに彼岸の世界にあらんことを願う心に、その根源があるのである。それはまだ見ぬ国ではあるが、吾々は明かにそれがあらねばならぬことを知る。あらねばならぬ世界はある世界よりはより高次なる実在性を有っている。真実の国は言わば存在を超えての彼岸にある。それ故それは吾々の誠なる願の故郷である」（同右、二一〇頁）。この彼岸の世界こそが金子のいう浄土であり、それは「あらねばならぬ世界」であり、「ある世界よりはより高次なる実在性を有っている」とされる。冒頭のこの言は総論といってよい。

金子は浄土を三種に分類する。①観念界としての浄土、②理想界としての浄土、③実在界としての浄土である。それぞれについていう。「第一種の浄土説は明かに観念界と認むべきもので、物みな永遠の光に輝くところ、例えば『華厳経』の「法界」の如きこれである。第二種の浄土説は、地上にうち立てらるべき理想界として説かれたるもので、この場合にはまたその理想を実現する願行を「土を浄むるもの」として説くのである。『般若経』の「浄仏国土」の如き、まさにこの意味に解すべきであろう。然るにこの理想が既に実現せられている国土があると観らるる時、第三種の浄土説が生ずる。それは恰も実在界の如く説かれたるもので『無量寿経』の「安楽国」の如きこれである」（同右、二一七頁）。

金子の主張に対してはすぐさま反論が現れた。特に昭和三年（一九二八）六月、金子が大谷大学を去ると激しさを増し、金子は応答を余儀なくされた。ここでは「中外日報」に掲載された同年六月十五日付「声明」、並びに六月十七日〜七月十二日にわたって連載された論文の一部を記そう。

（声明）「然るにその中に「実在の浄土は信じられぬ」といふことを申しました（それが特にこの度の問題となったのですが）のは、教法の指示する実在観念を、常識の見解に依る実在観から簡ぼうと思ふたからであります。こゝに常識の見解に依る実在観といひましたのは、その為に私が長い間悩まされたものであります。常識の見解に依る実在観は、到底成立いたしませぬ。さればこそ反対に如来と浄土との実在を無視する、現代の常識的見解も生じたのでありませう。それ故に私は教法に依る実在観念を明かにすると共に、この常識の見解に依る実在観と、非実在とを除去しようといたしました。それは一方には常識に依る実在と教法に依る実在とを混融する素朴なる信仰を純化する所以であり、他方には、如来と浄土とを無視する現代の常識を批判して、教法に依る実在観念を宣揚する所以であると思ふたのであります」（三明「昭和初年　曽我量深・金子大栄　大谷大学追放事件の研究」二五頁）。

ここに「実在」という言葉が見られる。キーワードであろう。哲学用語であるが、「常識の見解に依る実在観」とは、日常における知覚内容に対応して対象が時空的に外界に存在しているとする見解といってよい。

これを浄土に即していえば『無量寿経』が説く西方有相の安楽国となる。しかしそうした浄土は現代人には信じられぬものであり、そこから如来の実在も無視する見解も生じたのであろうが、自分は常識の見解に依る実在観のみならず非実在観をも除去し、もって教法に依る実在観念を宣揚するのだ。これが金子の意図したことだったようである。しかるに、「侍董寮」の諸師は金子の研究態度が「指方立相」の教えに背き、「自性唯心」に陥りはせぬかと案じたのだとして、さらにこう述べる。

（声明）「私は指方立相といふことは常識の実在を意味するものでないと思ふものであります。若し常識の如く実在するならば、指方立相といふ言葉も無意味とはならぬでしょうか。「方を指し相を立つ」といふことは、実に相を離るゝ能はざるわれらに対しての教意であればこそ、深く尊重せらるゝのであります。またこの教意あればこそ、われらは常識の実在を超えたる「三界の道を勝過せる」浄土を、より高き実在として願生することが出来るのであります。併しかくの如く教法を領解するためには、必然の過程として自覚の論理を辿り、内観の理性に依らねばならなかった私の研究が、自性唯心的色彩を帯びて来ることは、誠に止むを得ぬことであります。されどまたそれ故に何所までも自性唯心にとゞまることの出来ぬことも、私にありては明かなことであります」（同右、二五―二六頁）。

金子のいう通りであろう。指方立相は善導が『観無量寿経疏』「定善義」において主張したものでこうある。「またいまこの観門は等しくただ方を指し相を立てて、心を住めて境を取らしむ。総じて無相離念を明かさず。如来（釈尊）はるかに末代罪濁の凡夫の相を立てて心を住むるすらなほ得ることあたはず、いかにいはんや相を離れて事を求むるは、術通なき人の空に居して舎を立つるがごとしと知りたまへり」（『浄土真宗聖典』七祖篇、四三二―四三三頁）。

これによれば、「末代罪濁の凡夫」は形を離れて具体的な観想を行うことなどもとよりできるはずがないが、かといって指方立相でも簡単ではないということになる。金子が「私は指方立相といふことは常識の実在を意味するものでないと思ふものであります。若し常識の如く実在するならば、指方立相といふ言葉も無意味とはならぬでしょうか」という所以であろう。

（論文）「私の批評家達は多く「観念」の語を心理学的に解しているようである。……（中略）……併し、私では言うまでもなく「観念」はイデーで哲学的の意味である。それは理性の対象となる純粋客観的のものである。常に個人主観の影像をうち払うことに於て、真実在の意味をもつ。故に私が観念の浄土を語る時に既に所謂唯心已身を超えているのである」（三明「昭和初年　曽我量深・金子大栄　大谷大学追放事件の研究」二一〇頁）。

「観念」の語に対する批評家たちと自分の見解の相違について論ずる。批評家たちは心理学的に解しているようだが、自分のいうそれは「イデー」であり、それゆえ「観念の浄土」は唯心浄土・己身弥陀ではないと反論している。イデーはもとはプラトン哲学における重要な語で、時空を超えた、非物質的な、永遠の実在であり、真実在ともいわれ、感覚的知覚の対象ではなく理性的認識の対象とされた。金子はこの語を当時流行していた新カント学派の認識論に啓発されて用いたと見られている（『浄土仏教の思想』第一五巻、一三〇頁）。

梶山雄一の浄土観

金子説をめぐって展開された論争について、かつて梶山雄一はいった。「ひところ、観念の浄土か実在の浄土か、という論争があって、異安心と断ぜられて教団を追放された学者もあったそうだ。バカげたことだが、人間が何千年にわたって繰り返してきたことといえば、みんなそんなバカげたことである。弥陀と浄土が観念か実在かということは、それが心理的現象か物理的現象かということなのか。いったいそんな愚劣な問題を問題にした祖師がたがいただろうか」（『空の思想——仏教における言葉と沈黙——』一三一一四頁）。

かなり辛辣な口調ではあるが、しからば梶山自身は浄土をどのように考えていたのであろうか。梶山はしばしば「浄土の所在」ということをいう。梶山がそれを問題とするに際しては世親の『浄土論』によることが多いが、たいていはそれに先立って仏教の世界観について触れる。それは『浄土論』の冒頭に「かの世界の相を観ずるに、三界の道に勝過せり」（『真宗聖典』一三五頁）とあるからである。

そしていう。浄土が三界を超えているならば、浄土は物質的な世界にはその所在がないはずであり、「少なくとも、世親という唯識思想家が書いた論においては阿弥陀仏の浄土は法身の智慧の出現物に他ならない。それは観念あるいは表象であるが、私の、あるいは、通常人の表象ではなくて、法身の智慧の表象である」（『浄土の思想』二九一頁）、「親鸞が真の仏も真の国土も無礙光であり、無量光明である、といっていることは、真仏・真土が法身の智慧の、形をもったものとしての顕現、法身の智慧の表象あるいは出現物であることを意味するとしか私には思えないのであります」（同右、三二五頁）などとしている。

ちなみに、「表象」（vijñapti）という言葉は、梶山によれば「唯識学派では、この世界のあらゆる事象が私なら私の認識の顕現、心からの出現物である、という意味で使われることばです。しかし、いま、七宝の光明に荘厳された浄土がきわめて清浄で自在な表象を相としている、といわれるときに、それはもちろん私や通常人の認識の表象ではありません。それは法身の仏陀の真実なる智慧の表象であります」（同右、三二五頁）と説明される。

梶山はまた善導の「二河白道の譬え」に言及している。この譬えに類似した説は曇鸞の『略論安楽浄土義』（『大正蔵』四七巻、三頁下）をはじめ原始経典にも散見されるというが（藤田宏達『善導』一五七頁）、曇鸞説では刀を振りかざした賊に追いかけられた人が逃げる途中で河に出くわすも、衣服を着たまま飛び込もうか否かと考えあぐねつつ河沿いにひた走るとあるが、梶山は曇鸞説の方に面白みがあるとしていう。その分別の対立が消えるのは考えるひまもなく水に飛び込んだときである。そのとき「眼前にありありと見える弥陀を、観念か実在かと疑う者はいない。見えているものは、そして見えているものだけが、言葉の最高の意味における「実在」なのである」（『空の思想』一四頁）。

梶山はこの「ありありと見える」という表現を大切にしているようである。唯識学派はまた「瑜伽行派」ともよばれるようにヨーガの実践が重視されるが、それについて梶山はいう。「ヨーガ行者というものは、自分が観念的に経験した対象をヴィジョンとして、まのあたりにありありと見ることができるのです。［中略］仏教の認識論でも、始めは概念にすぎない瞑想の対象に心を注ぎ、やがてその対象がありありと見えてくるものを「ヨーガ行者の知」と規定して、知覚や推理と同じく確実な認識としています」（『浄土の思想』三二三頁）。

見仏・見土

梶山は弥陀や浄土が「ありありと見える」ということをいった。この表現は卑近でわかりやすいようではあるがわかりにくくもある。ただ、今の場合、これは見仏・見土ということである。そこで、「ヨーガ行者というものは、自分が観念的に経験した対象をヴィジョンとして、まのあたりにありありと見ることができる」という言葉を、「念仏行者というものは、自分が観念的に経験した阿弥陀仏や浄土をヴィジョンとして、まのあたりにありありと見ることができる」と換言してみる。この場合、「観念的に経験した対象」というのは、経論によって得られた概念としての阿弥陀仏や浄土といってよかろう。それをヴィジョンとしてはっきりと見るということである。注目したいのは『観無量寿経』（以下、『観経』）である。

『観経』は「浄土三部経」の一つであるが、『無量寿経』『阿弥陀経』とは性格を異にしている。例えばインド成立ではなさそうだということがある。『観経』はおそらく中央アジアのどこかで行われていた観法を中核として、五世紀の初頭までには大綱が形成され、それを畺良耶舎が伝訳した際に中国的色彩が加味・増広されたのではないかというのが現時点での穏当な見解のようである（藤田宏達『浄土三部経の研究』二〇〇―二〇四頁）。

本来『観経』は、経題が語るように無量寿仏（阿弥陀仏）を見ること、すなわち見仏（浄土を見る見土も含む）について教える観想経典である。十三種の観法はそれを体系的にまとめたものであるが、一体それはどのような体系なのであろうか。観想が心の領域に属するものである以上、実際にこれを試みた者あるいは心理学者などの言葉が傾聴に値すると思われるから、ここでは善導とユング（C. G. Jung：1875–1961）の解釈を参考にしながら見ていく。

まず善導であるが、善導は十三観を大きく二つに分ける。一つは浄土に関するもの（これを「依報」という）についての観想で、第一～第七観までがこれにあたる。今一つは浄土に住む阿弥陀仏及び聖衆に関するもの（これを「正報」という）についての観想で、第八～第十三観までが相当する。

善導はこの二つをさらに阿弥陀仏にのみ直接関わるもの（これを「別」という）と、その他に共通するもの（これを「通」という）とに細分する。具体的には前者は第七～第九観であり、その他が後者にあたる。

善導はさらに、「かりそめのもの」（これを「仮」という）と「まことのもの」（これを「真」という）という分類法も導入する。「かりそめのもの」とは、この世で類似の現象を見ることのできる太陽や水や氷、あるいは具象的な仏や菩薩の形像を観想することであり、「まことのもの」とは、浄土においてのみ見られる瑠璃地や宝樹・宝池・宝楼、あるいは阿弥陀仏の真実の姿を観想することである。この「かりそめのもの」「まことのもの」という分類法を用いたのは、善導が十三観を具象より抽象へ、現象より実在へという宗教意識の深化として心理的に段階づけて捉えたためと解される（竹中信常「観無量寿経の世界」、『石田充之博士古稀記念論文　浄土教の研究』八七—八九頁）。

次はユングであるが、現代の代表的な分析心理学者のユングと「抹香臭い」と形容されることの多い仏教経典との結びつきは、いささか奇異に感じられるかもしれない。しかし、東洋文化に並々ならぬ関心を寄せていたユングは、一九四三年に「東洋的瞑想の心理学のために」という論文を発表し、『観経』の中に自己の立場と共通するものを見出した。

個人的無意識の深層に普遍的無意識の領域があり、そこにこそ真の自己が存在する。もちろんそれは意識的に把握することはできないが、しかし象徴を通してその働きや作用を知ることはでき、しかもその象徴はあらゆる民族や時代に普遍的なものだとするユングは、『観経』に説かれる一連の観想は、自己催眠から始まって能動的想像（心中に起こってくるイメージを抑圧することなく、そのまま具象化すること）へと移り、最終的に観想者の真の自己の象徴として仏が顕現することを目指す過程だと解釈したのである。

この観法の中にはアンバランスな叙述も見出され、具体的にこれを修めようとする際には支障をきたすという意見もあるが、しかし『観経』にもとづいて実際に観想体験を得た者は古来少なくなかった。代表的な人物は善導であり、その善導を「三昧発得の人」（精神統一して見仏した人）と嘆じた法然自身もまたかかる体験の持ち主であった。彼らはみな「ありありと見た」ことであろう。

ただ、こうした観法を実践できるのは能力に優れた宗教家に限られるであろう。しかし古来、世人もまた様々な手立てをもって阿弥陀仏や浄土を「ありありと見た」に相違ない。手立てとはこの現実世界に浄土を摸造し、それらを介して疑似体験するという方法である。具体的には常行三昧堂・阿弥陀堂・浄土庭園、あるいは西方浄土変などである。これはむべなるかなであった。なぜなら『観経』が教える観法からしてすでに太陽や水といった具象的事物、さらには仏や菩薩の形像の媒介を必要としたからである。

いずれにせよ、弥陀や浄土が「ありありと見える」という体験はいかなる者であれある者にはあるのである。そしてそれは梶山がいうように、その者にとっては確実な認識であり実在なのだ。とすれば、周りはそれを尊重しさえすればよいのである。

第十七章　唯心浄土

唯心の浄土

ここで三木悟の著『「現世往生」という迷い』の第一部に戻る。第一部は五章仕立てになっている。すなわち、「一、唯心の浄土」「二、「現世往生」説の検証」「三、法然・親鸞の浄土真宗」「四、「相伝義書」の本覚思想」「五、近代思想としての「現世往生」説」である。

この中で注目すべきは、「一、唯心の浄土」及び「四、「相伝義書」の本覚思想」の二章であろう。親鸞の往生説、あるいは現世往生説を論ずるにあたり、こうした切り口でアプローチしたものはそうはあるまい。そこで以下、この二章の内容を私なりに撮要する。

「唯心の浄土」とは、浄土は自己の心の内にあるのであり、自己の心を離れて実在するのではないということをいう。三木は現世往生説は唯心浄土の立場から唱えられたものであり、「往生は心にあり」の命題で知られた曽我量深のそれも同様だと批判する。

唯心浄土思想はインド仏教には見出せず、中国浄土教内で成立・発展した独自の重要な思想である。それゆえ三木もこの章で言及するのであるが、さらに「三、法然・親鸞の浄土真宗」の章においては日本における状況についてもまとめているから、唯心浄土思想の概略を知るに不足はない。

しかし、ここではもう少し詳しくうかがうことにしよう。参看するのは柴田泰の「中国浄土教における唯心浄土思想の研究（一）」（『札幌大谷短期大学紀要』第二二号、一―九七頁）、及び「中国浄土教における唯心浄土思想の研究（二）」（同右、第二六号、一―九二頁）である。本論文は唯心浄土思想についてその先行思想から説き起こし、確立・継承へと論じて清代にまで及ぶ大部なもので、中国における唯心浄土思想の総合的な研究である。

まず「唯心浄土」という語であるが、これは日本では「己身弥陀」と対にして使われることが多い。しかし柴田によれば、「己身弥陀」は中国仏教では見出し難く、日本浄土教の用語のようだという（同右（一）、四頁）。「己身弥陀」に対応する語は中国では「本性弥陀」もしくは「自性弥陀」であるが、「唯心浄土」と「本性弥陀」（「自性弥陀」）の両句を並記するのは趙宋天台の四明知礼（九六〇―一〇二八）を嚆矢とする。柴田はこの両句の明記こそが真に唯心の弥陀浄土思想の確立に値するのであり、四明知礼こそ名実ともにその最初の提唱者と見ている（同右（二）、三七・四〇頁）。三木も「一、唯心の浄土」の章を執筆にあたり知礼を核に論じているがもっともなことである。

一般に唯心浄土思想の最初の提唱者は永明延寿（九〇四―九七五）とされている。しかし延寿のいう浄土は十方周遍の浄土一般、諸仏浄土全般であって、弥陀浄土を特定したものではなかった。ここに唯心浄土・本性弥陀を標榜する後の唯心浄土思想家たちとの違いがある（同右（一）、八九頁）。ちなみに、「唯心浄土」の語そのものは、夙に李通玄（六三五―七三〇）の十種浄土の分類中に使われていたが、しかしその唯心浄土も『維摩経』の心浄土浄説の浄土であって弥陀浄土ではなかった。ゆえに李通玄の浄土観も唯心の弥陀浄土観たり得ないことになる（同右（一）、三〇頁）。

紛らわしい記述になったが、いわんとすることはこうである。日本人のわれわれは「浄土」と聞くと無意識のうちに「極楽浄土」と思う。極楽は阿弥陀仏の浄土である。しかし浄土としては阿弥陀仏以外の「諸仏浄土」も説かれており、隋・唐代までの「浄土」には所謂善導流を除いて「諸仏浄土」と「弥陀浄土」の両義があった。それが弥陀浄土に専有されるのは宋代である（同右（二）、四二頁）。唯心浄土思想も然りであって、その淵源は最初から唯心の弥陀浄土にあったのではなく、唯心の諸仏・唯心の諸仏浄土にあり、それが後に唯心の弥陀・唯心の弥陀浄土に転用されたのであった（同右（一）、五頁）。

唯心浄土と本性弥陀

唯心浄土思想の源流を尋ねるにあたり柴田がまず行ったのは、それを浄土三部経の中に探るということであった。しかし、それは徒労に帰す。浄土教の原初形態を示す『無量寿経』『阿弥陀経』の説く弥陀浄土はすべて西方有相であり、また『観無量寿経』の場合も「是心作仏、是心是仏」の経文を除いてすべて西方有相であり、唯心浄土思想の源流・典拠たり得ないことが判明する。

柴田はついで、三部経以外で中国仏教に大きな影響を与えた各宗所依の経論へと視点を移す。中国浄土教が日本浄土教と大きく異なる点の一つは、所依の経論が浄土三部経だけでなく他にもあったということである。具体的には『法華経』『大智度論』『涅槃経』『華厳経』『大乗起信論』等である。しかし、ここでも同様の結論に至る。

そこで柴田は次に、中国の諸師が唯心浄土思想の典拠とした経論に着目する。『般舟三昧経』〈仏立三昧〉、『維摩経』〈心浄土浄説〉、『華厳経』〈唯心偈〉、『観無量寿経』〈是心是仏〉等である。『観無量寿経』を除けばこれらは浄土教というよりも浄土教以外の主要な経論である。ゆえに唯心浄土思想の形成は中国仏教全体の中で発酵し成立したのであり、それを浄土教の枠内で探っても辿れないと知る。浄土三部経の検索、各宗所依の経論の検索が徒労に帰したのはそのせいであった。

かくして柴田はいう。「これらの経説を読むと、［中略］浄土に言及する経説よりも、圧倒的に「心」を衆生・仏・法の関係で説く経論が多い。［中略］唯心浄土思想の源流・典拠は唯心の「浄土」に言及する経説にあるのではなく、むしろ「唯心」に言及する経説にあることを教えている。［中略］唯心浄土思想の源流・典拠は、字義どおり、唯心浄土を説く経論と本性弥陀を説く経論と二系統があり、しかも、本性弥陀の系統が主流である」（同右（一）、二三頁）。唯心浄土思想とはいうものの、さらには唯心浄土思想は唯心浄土と本性弥陀の両面を具しているとはいうものの、主たる立場は本性弥陀であって唯心浄土は従だったということである。

日本における唯心浄土思想の浸透

中国において成立した唯心浄土思想は日本にももたらされた。三木はいう。「法相、華厳、天台、真言、いずれも「唯心の浄土」を説く。それらの本流はいずれも、来世の往生を否定し、現生の開覚を高唱する。「現世往生」とは、実は当時のエリートたちの思想であり、当時の支配層であった顕密体制のイデオロギーに他ならなかった」（『「現世往生」という迷い』二〇頁）。

そしてその例として法相の貞慶・良遍の言葉、真言の覚鑁、天台の覚超、さらには道元の随従者であった懐弉や日蓮の言葉も取り上げている。

ここではもう一つ加えたい。それは伝源信の言葉である。いうまでもなく源信は真宗七高僧の一人でもあり、日本浄土教の成立に多大な影響を与えた人物である。ただ私には直接原典に当たって確かめる術がないため、今は田村芳朗の前掲論文「来世浄土と阿弥陀仏――浄土念仏の二要素――」からの引用で掲げる。

「我身即弥陀。弥陀即我身。娑婆即極楽。極楽即娑婆」「己心見仏身。己心見浄土」「浄穢唯是迷悟差別。為迷者極楽即娑婆。覚悟前娑婆即極楽」（『観心略要集』）、「我心外。去十万億土。非有安養刹弥陀。諸賢聖。……唯在我心刹那中」「観我唯心仏。本具無尽仏。是名阿弥陀」「南無我心本覚阿弥陀仏」（『妙行心要集』）、「観心弥陀」「己心即阿弥陀。己心即西方浄土」「心来迎」（『自行念仏問答』）。

紛れもなく唯心浄土思想である。それゆえ「伝源信」というには疑義があるようにも思われるが、今はそれは問わない。ただ、これらは天台本覚思想の影響に違いない。

三木は「一、唯心の浄土」の章の冒頭で結論を先取りしている。「意外にも、「現世往生」説は早く趙宋時代の中国天台宗や、禅浄双修の諸家において主張されていたものであり、わが国においても平安末期から登場する天台本覚思想や、覚鑁の真言浄土思想において既に説かれていた。現代の「現世往生」論者の中には、親鸞聖人が旧来の浄土教を解体し、それまでになかった革新的な浄土思想を展開したのが「現世往生」説であるかのように主張する者があるが、それは全くの誤りである」(『現世往生』という迷い』六頁)。

確かに親鸞は革新的な浄土思想を展開した。しかし、それは「現世往生」を説いたからなどではない。

「自性唯心に沈みて」

親鸞は『教行信証』「信巻」において、「しかるに末代の道俗・近世の宗師、自性唯心に沈みて浄土の真証を貶す」(『真宗聖典』二一〇頁)という。ここでいう「自性唯心」とは正しく「自性弥陀」「唯心浄土」の謂である(山辺習学・赤沼智善『教行信証講義』五二九―五三一頁)。後先になったが、このうち「自性弥陀」とは、自己に本来的に具わっている仏性に目覚めればそれが弥陀であるということ、すなわち自己の本性が弥陀だということである。こうした遍執にとらわれて西方浄土の真実のさとりを貶す「末代の道俗・近世の宗師」とは、唯心弥陀浄土説の主張者のことであろう。

しかし、親鸞はそれを認めなかったのであるから、その往生観が現世往生であるはずはない。前述のごとく柴田泰は唯心浄土思想の源流や典拠をインド浄土教の中に求めたが果たせなかった。インド浄土教の原初的形態を留める『無量寿経』と『阿弥陀経』における弥陀浄土の諸相はすべて西方有相のみで、ゆえに指方立相的理解は善導に始まるとはいうものの、実は広くインド・中国・日本を貫いた正統な弥陀浄土観であった(「中国浄土教における唯心浄土思想の研究(二)」一二頁)。

そこで柴田は次に中国の諸師が唯心浄土思想の教証とした主な経論、すなわち『般舟三昧経』『維摩経』『華厳経』『大乗起信論』『観無量寿経』等に注目した。とりわけ『観無量寿経』における「諸仏如来はこれ法界の身なり。一切衆生の心想の中に入りたまえり。このゆえに汝等心に仏を想う時、この心すなわちこれ三十二相・八十随形好なり。この心、作仏す。この心これ仏なり。諸仏正遍知海は心想より生ず」(『真宗聖典』一〇三頁)を重視し、この一段こそ唯心浄土思想の最大の典拠になったものだと見る(「中国浄土教における唯心浄土思想の研究(一)」一三頁)。

善導は「法界」とは仏の教化を被る境界、すなわち衆生界のことであり、「身」は教化を行う身、すなわち諸仏の身のこととして次のように述べる。現代語訳にて示そう。

「修行者の中には、この一段の意味を唯識法身の観だとか、自性清浄仏性の観だとか見なす者もいるが了見違いも甚だしい。少しもそんなところはない。すでに経文で像を思えといって三十二の特相を仮に立てているのだから、真如法界の身ということであれば、どうしてこれを具体的な相好としてイメージしたり、具体的な仏身として見ることなどできようか。法身は色も形もなく、眼の対象たることを超えており、比較するものがないから虚空をもって本体に譬えるのである」。

ここでいう「唯識法身の観」と「自性清浄仏性の観」というのが具体的に誰の説を指しているかは判然としないが、前者はあらゆるものはただ認識作用としての心が仮に顕現したもので、仏の法身は衆生の認識作用を離れては存在しないという摂論宗系の説であり、後者は仏を観ずるとは衆生に本来的に具わっている清浄な心としての仏性を観ずることに他ならないというもので如来蔵系の説と考えられる（藤田宏達『善導』二七四―二七五頁）。しかるに善導はこうした考え方に異を唱え、この一段の中に苦悩の衆生が仏を思うとき、大いなる慈悲によって衆生に現前する仏の救済の働きを読み取るのである。

「この心、作仏す。この心これ仏なり」という一文は、『般舟三昧経』巻上（『大正蔵』一三巻、九〇六頁上）に「心作仏、心自見、心是仏」と類似した表現がありその影響が指摘されるが、衆生の心がそのまま仏であるということした思想は、浄土教のうえから見ると異質といわざるをえない。

こんなところにも『観経』が謎の経典とされる一因が見出されるが、それはともかく、ここで注目すべきことは、善導の解釈が仏と衆生との間に截然と一線を画したものであるということである。それは自らを生死の凡夫と見据えて深く懺悔した善導ならではの自然の解釈であったといえよう。しかし多くは経文通り衆生の心がそのまま仏であると見て、これを唯心浄土思想の典拠としたのであった。親鸞が問題とした「自性唯心に沈む」は、この善導の解釈と通底するものであろう。

『相伝義書』の本覚思想

『相伝義書』とは「相伝」の教学を記録した一群の教義解説書の総称である。一般には馴染みのないものであろうから三木の説明を引く。「相伝の教学とは、蓮如上人がわが子等に対して説かれた教えが、蓮如上人没後、その子等によって整理されたもので、五箇寺と呼ばれる蓮如上人の血筋を引く大寺に伝承され、本山法主と五箇寺以外のものには拝見を禁じられていたものである」（『現世往生』

という迷い』一二三頁)。しかし、「「蓮如相伝」とはいっても、血脈こそは蓮如上人にまで遡ることができるが、教学の内容は「口伝」でも「相伝」でもなく、各時代の相伝家の学匠たちによる私釈に過ぎない。事実「相伝」の教学には、蓮如上人の教えと明らかに矛盾するものがある」(同右、一二四頁)。

三木はそのことを「往還不二」と「一益法門」の二点に絞って論ずるが、ここでは後者について見ることにする。現世往生という現下の問題では後者が特に重要と思われるからである。ちなみに、『相伝義書』については、夙に竹島宗人が「『相伝義書』の教義的特色について」(『印度学仏教学研究』第三一巻第二号、一一八―一一九頁)と題して論じている。その中で竹島は、相伝について特に注意しなければならないものとして住正定聚理解の特異性と真宗教義に対する二門判釈を挙げている。三木のいう「一益法門」はこれに相当し、真玄の『略本聞書』に見られるところである。

「正定と滅度とについて、一益二益ということを沙汰して、古来様々の異解どもあり。先ず願には、始終両益を挙げて、二益に開きたまう。聖人『広』『略』二本の間にも、多く滅度をおもにして正定の方は仰せられず、一益の辺を仰せらるるなり。然れば、願と聖人の仰せ立てられとに相異あり。然る処、中興の上人は、正定聚は穢土の益、滅度は浄土にてうべき益なり。されば二益なりと思うべしと云々。中興の御意、別してさびしく二益なりとおもえとなり。此の願文と聖人の御意と中興の御勧化と、相違いかんといへば、これは自体に心得あり。勧化門と実義門なり。願文、中興の御意は実義を隠して勧化を開き、聖人は勧化をかくして実義を開きたまう」(同右、一一九頁)。

正定すなわち正定聚と滅度についての論述である。この二つは『無量寿経』第十一願に、「たとい我、仏を得んに、国の中の人天、定聚に住し必ず滅度に至らずんば、正覚を取らじ」（『真宗聖典』一七頁）と説かれているから、ともに浄土に往生して得られる利益ということになる。「願には、始終両益を挙げて」といわれる所以である。

ちなみに、サンスクリット本によれば、「もしも、世尊よ、かのわたくしの仏国土に生まれるであろう衆生たちが、すべて、大般涅槃にいたるまで、すなわち正しい位（正性）に決定した者とならないようであるならば、その限り、わたくしは無上なる正等覚をさとりません」（藤田宏達『新訂梵文和訳無量寿経・阿弥陀経』七六頁）となっていて、住正定聚というところに力点が置かれている。とすればこれは一益といえるかもしれない。

しかるに親鸞は『無量寿経』によるから、この願には住正定聚と必至滅度の二つが誓われていると見る。この点は通説と変わらないものの住正定聚は現世で真実の信心を獲たときにもたらされる利益、滅度は死後浄土に往生したときにもたらされる利益という独自の解釈を立てた。この解釈は浄土往生が定まるのは臨終時の正念によるのではなく、現世に真実信心を獲て正定聚に住する時点で定まるということであって、いわば現世的視点から浄土往生の意義を明らかにしたということである。

だが、これはいうところの現世往生ではない。親鸞は住正定聚と往生して涅槃のさとりを開き仏に成ることとの分位を弁えているから、正定聚が現世の利益と解されると浄土への往生はそのまま成仏という意義を荷うことになる。しかも、「念仏衆生は、横超の金剛心を窮むるがゆえに、臨終一念の夕、大般涅槃を超証す」（『真宗聖典』二五〇頁）というのであるから、これは往生即成仏ということであり親鸞独自の解釈となる（藤田宏達『浄土三部経の研究』四三九—四四〇頁）。

このように見てくると、親鸞においては現当二益ということになる。この点は蓮如も同じであった。「中興の上人は、正定聚は穢土の益、滅度は浄土にてうべき益なり。されば二益なりと思うべし」とされる所以である。

しかし、真玄は「聖人『広』『略』二本の間にも、多く滅度をおもにして正定の方は仰せられず、一益の辺を仰せらるるなり」として親鸞を一益説の側に立たせるがゆえに、勢い「此の願文と聖人の御意と中興の御勧化と、相違いかん」と問わねばならぬ羽目に陥る。そこに持ち込まれたのが、「勧化門と実義門なり。願文、中興の御意は実義を隠して勧化を開き、聖人は勧化をかくして実義を開きたまう」という二門判釈であった。つまり真実には一益、勧化の方便としては二益とし、もって親鸞と蓮如との間に存する齟齬を解消しようとするのであるが、もとよりそれは無理というものであった。

真玄の結論はこうである。「然れば、一往をいわば行者の正定聚ぞと信ずる処が無上涅槃なり。正定と滅度と更に前後なし、一つ事なり。信心已に他力の仏智故に、証とて外に求むべからず。今生後生、娑婆浄土と各別に思うは、凡夫の妄情なり。然れば、勧化の前には二益と教えて、命のある間は正定聚とおもえとなり。本来行者のしらざる法体の利益なれば、仏の方よりは信心開発のとき即ち滅度に成したまう故に、今、住正定聚の経文を引用して証大涅槃の証文とし、而も此の意を知らせんとて「無上涅槃願」と名を挙げてわざと耳にたつように顕わしたまえり云々」（『印度学仏教学研究』第三一巻第二号、一一九頁）。

驚くべき解釈である。「行者の正定聚ぞと信ずる処が無上涅槃なり」といい、「正定と滅度と更に前後なし、一つ事なり」といい、「今生後生、娑婆浄土と各別に思うは、凡夫の妄情なり」といい、「仏の方よりは信心開発のとき即ち滅度に成したまう」というのであるから、これは現世往生どころの話ではあるまい。現世成仏にも類する見解であろう。

こうした真玄の解釈は一玄の次の如き言葉ともリンクするものである。「凡夫コノ益ヲ蒙ルニ貧〔草間註、「貪」の誤記か?〕愛瞋憎ノ雲霧覆フ然レ𪜈《ドモ》信心ノ月明朗ニシテ雲霧ノ下夕《(ママ)》闇キコトナシ且ク余障ノツキヌ間ヲ正定トイフ滅度ノ外ニ正定アラスマタ初メ正定ヲ得テ後チ《(ママ)》ニ滅度ヲウルニ非ス（中略）正定トヨロコヘハスナハチ滅度ナリ正定スナハチ滅度ナラバ現身滅度ト云フヘキヤ」（同右、一一九頁）。これによれば住正定聚は即滅度であり現身滅度だとされる。これも親鸞の教学ではない。

本章を結ぶにあたり三木はこう述べている。「日本仏教の各教団は、浄土系であれ日蓮系であれ、いずれも祖師亡き後に唯心浄土的・本覚思想的傾向を強め、仏凡不二・此土即浄土論へと傾斜していった。そのとおりの出来事が、わが真宗教団においても起こったことを、『相伝義書』の思想は示しているのである」（『「現世往生」という迷い』一二八頁）。

おわりに

上来、親鸞の往生論をめぐる論争の現況についてまとめてみた。学問的素養に乏しい私のことゆえ、もとより無謀との誹りのあることは承知のことである。殊に小谷信千代の論述は専門性が高く私の了解には誤解もあろうが、親鸞の往生論に関する小谷の論証は精緻で今後これを覆すことは容易ではなかろう。

小谷は、『一念多念文意』に説かれる「即得往生」を現世往生説の根拠とすることの誤解であることはもはや決定的であり動かし難いといい、親鸞が現世往生を説いたとする説は学問的な見地からすればもはや否定し尽くされているように見えるという（『曇鸞浄土論註の研究』四二二―四二三頁）。

それはともかく、親鸞の往生論を学問的に取り扱うにあたっては、今後は小谷説からスタートしなければならぬことだけは確かである。

第二部　近代における親鸞教学のありようを問う

1、蓮如と親鸞——真宗大谷派のスタンス——

聖人一流の御文

親鸞の思想において最重要なことがらの一つに「往生」ということがある。にもかかわらず親鸞のいう往生がいかなるものであるかについては現在でも異論がある。第一部ではそれについて考察してみたが、私としては小谷信千代の説が説得力をもつように思える。

小谷説は未来往生説に与するもので、いわゆる伝統教学の側に立つものである。その意味では蓮如が「聖人一流の御文」に述べているところが、その趣旨をよく表しているといえようか。蓮如はいう。

「聖人一流の御勧化のおもむきは、信心をもって本とせられ候う。そのゆえは、もろもろの雑行をなげすてて、一心に弥陀に帰命すれば、不可思議の願力として、仏のかたより往生は治定せしめたまう。そのくらいを「一念発起入正定之聚」（論註意）とも釈し、そのうえの称名念仏は、如来わが往生をさだめたまいし、御恩報尽の念仏と、こころうべきなり。あなかしこ、あなかしこ」（『真宗聖典』八三七頁）。

現代語訳も掲げよう。「親鸞聖人から伝わっているみ教えは、信心をもって、もっとも大切なこととされています。そのわけは、もろもろの雑行を行じる自力の心を投げ捨てて、ふたごころなく阿弥陀さまの仰せに従うならば、人知でははかり知れぬ仏の本願力によって、仏のほうから人びとの往生を決定してくださるからです。それによってわたくしどもが入ることのできる位を、曇鸞大師の『往生論註』には、「一念発起入正定之聚（本願を信ずる心が起こったそのとき、往生が定まり、かならず仏となる者たちの位に入る）」とも注釈されています。さて、そのうえの称名念仏は、如来がわたくしどもの浄土往生を定めてくださったご恩にお応えするためのお念仏である――とお受け入れください。あなかしこ、あなかしこ」（浅井成海『蓮如の手紙――お文・ご文章現代語訳――』一四一―一四二頁）。

蓮如の位置づけ

「聖人一流の御文」は五帖全八十通の中でごく短いものの一つであるが、真宗の肝要を的確に教えているとして古来重視されてきたものである。それは現在でも同様である。例えば、大谷派が門徒向けに編集・発行している『真宗大谷派勤行集』にもこれが収録されている。ちなみに、収録されているのは他に五帖目第一通「末代無智」、同第十一通「御正忌」、同第十六通「白骨」である。

ところが大谷派において蓮如の位置づけは微妙である。微妙というのはその教学についてのスタンスのことである。寺川俊昭に「親鸞と蓮如――往生理解をめぐって――」（『印度学仏教学研究』第四六巻第一号、一―一一頁）なる論文がある。親鸞の往生に関する寺川の見解はここでは割愛するが、蓮如に関しては「往生を語る蓮如がしばしば用いた特徴的なことばは、「後生たすけたまえ」であった。〔中略〕いわゆる「未来往生」の影をおとしているこのことば」（九頁）といい、「蓮如が「往生すべきこと」と語るのは、親鸞か〔草間註、「が」の誤植か?〕「往生を得」というあの緊張した了解と較べれば、弛緩した了解だという感は否めない」（同右、一一頁）としている。

現代において蓮如のごときことを述べる者がいれば寺川は言下に退けることであろうが、蓮如に対してはかくはしない。なるほど蓮如は親鸞の信心を回復しようと志したが、しかし自身は本願寺の跡を継ぐという立場にあり、また世は戦国の只中であった。その乱世の民の切迫した祈求を受け止めたがゆえのことであったと理解を示す。そのうえで、「蓮如は往生の業事が成弁するのは平生の時であり、往生治定の信念が獲得されるのは現生の只中、一念発起の時であるとの見解は、保持し続けた」（同右、一一頁）といい、「ここに親鸞を継承し呼応しようとした蓮如の往生理解の、基本というべき知見があると承知すべきであろう」（同右、一一頁）と結論づけている。いささかご都合主義だと思うのは私だけであろうか。

利用されている蓮如

大谷派においては蓮如は利用されていると思う。大谷派では通常、寺川も指摘するように蓮如は教学的には重視されない。もっとも著作の『御文』は本山東本願寺では日々拝読される。『御文』には女性蔑視あるいは女性差別に連なる文言が見られるというのは早くから批判の的となっているが、しかし相も変わらず、それも門徒の前でその文言は読み続けられている。これはさながらテレビ局が旧作を放映するにあたって、「この作品には一部配慮すべき用語が含まれていますが、作品のオリジナリティーを尊重しそのまま放送します」とテロップを流すに等しかろう。

それはともかく、大谷派において蓮如がにわかに脚光を浴びるときがある。御遠忌が近づいたときである。直近では平成十年（一九九八）に五百回御遠忌が勤まったときである。その数年前から「お待ち受け」と称する動きが始まった。宗門を挙げて「蓮如上人、蓮如上人」の大合唱が起こった。作家の五木寛之が盛んに蓮如のことを書き、かつしゃべり、それにもとづいたアニメ映画も作られ、住職や門徒は上映会に駆り出された。バスに揺られてくたくたになりながらも本山へ団体参拝した。参拝を実施するにあたっては各寺にノルマが課せられた。

それからわずか数年で蓮如のことはすっかり忘れ去られたかのようである。宗門内の偉い学者も、まるで変節したかのごとく蓮如のことは取り上げなくなった。研修会や聞法会の講師も然りである。五木は親鸞や『歎異抄』に軸足を移した。いうまでもなく十年後に控える親鸞の七百五十回御遠忌を念頭に置いてのことであった。この変わり身の早さこそ長年流行作家としての地位を保ってこられた秘訣であろうか。そうこうして今度は「親鸞聖人、親鸞聖人」の連呼が沸き上がり、平成二十三年（二〇一一）春、あの東日本大震災の直後になったが、御遠忌が厳修されたことは記憶に新しい。御遠忌では門徒への特別懇志金が割り当てられ、法要という名の大イベントや伽藍の修復などが行われる。これが大谷派の実態である。ことほどさようで蓮如は損な役回りをさせられているのである。

親鸞の名前

親鸞は生涯に何度も改名している。幼名が「松若丸」だったということはともかく、出家後も「範宴」「綽空」「善信」「親鸞」と変えている。このうち「善信」と「親鸞」については問題があるらしい。というのも、「親鸞」と改名した後も依然として「善信」も併用したからである。しかし、その理由について定説はないようである。さらに「親鸞」と改名した時期についても、ある論者は京都吉水時代だとし、ある論者は越後流罪後だとする具合で、これまた一定しない。ここは専門家の今後に俟つより他ない。

親鸞にはさらなる名前がある。「見真大師」である。ただし、この名前は親鸞のあずかり知らぬものである。親鸞没後、それも遥か明治になってつけられたものだからである。

その経緯について簡略に記す。東西の本願寺では親鸞の五百回御遠忌に先立つ七年前の宝暦四年（一七五四）、ともに親鸞に大師号を贈ってほしい旨を朝廷に願い出た。この請願は実現しなかったが以後も請願は続けられ、ついに明治九年（一八七六）十一月二十八日、親鸞に「見真」の大師号が贈られた。

大師号の下賜にあたって大谷派では法主以下宗門を挙げてこれを祝し、ついで明治十一年（一八七八）には一般末寺の親鸞御影にも「見真大師」の諡号染筆が許可されるに至った。末寺がこぞってこれを求めたことはいうまでもない。実際、私の寺でも翌年六月に諡号染筆の御影をもらい受け、以後はこれを内陣に奉安していた。たまたま平成十六年（二〇〇四）に新潟県中越地震で御堂が全壊したため、仮御堂に掲げたのは元和八年（一六二二）に下付された御影で、「和朝親鸞聖人」と書かれている。そして平成二十二年（二〇一〇）、新御堂の落慶を機に内陣には明治二年（一八六九）に下付された御影の方を奉安することにした。こちらはまだ「親鸞聖人」と書かれている。

話を戻すと、明治十二年（一八七九）には「見真」の勅額が下賜され、これを機に東本願寺では滞っていた両堂再建が進み出した。同二十二年（一八八九）、御影堂を「大師堂」と改称した。下って昭和五十六年（一九八一）、「真宗大谷派宗憲」施行にともない、「見真大師」及び「大師堂」の名称を廃し、さらに平成十三年（二〇〇一）には授与物の宗祖御影に「見真大師」の名称を用いないとするに至った。しかし勅額はいまだそのままに御影堂に懸けられており、その扱いをめぐって宗議会等で議論が続いている。

「親鸞」と「宗祖」

「親鸞」という名前、とりわけ「親鸞聖人」という尊称をもって真宗門徒は親鸞のことを呼んできた歴史がある。ただし、私の子どものころは「御開山様」と呼ぶ門徒が多かったように記憶する。

しかし近年、大谷派では「宗祖」と呼ぶことが推奨されている。先に大谷派が「同朋会運動」を重視していることを述べたが、この運動を展開するうえでのテキストとして昭和三十七年（一九六二）に『観無量寿経』が選定され、『現代の聖典――観無量寿経序分――』として編集・発刊された。さらに昭和五十三年（一九七八）に至ってもう一冊のテキストが発刊された。『宗祖親鸞聖人』である。

この発刊の辞にはこのテキストがかく名づけられた理由が述べられている。

今日、親鸞ブームと呼ばれるほどのものがあり歓迎すべきことではあるが、反面、親鸞についてのイメージを混乱させている。われわれは親鸞を宗祖として仰ぎ、得道の人としての親鸞に出会い、もって自分のうえにすでに道があることを信じ、それを実証するのだ、と。

その後、宮城顗によって本テキストの学習手引き書として『宗祖聖人親鸞——生涯とその教え——』(上)(下)が上梓された。その冒頭部で宮城は、「なぜ、「宗祖」なのか」ということについて説明している。手短に要点を示そう。

宮城は、「本来、「宗」というのは、その文字そのものが示すように、命がそれによって生まれ出で、命がそれに帰してゆく、命の帰依処であります」(同右、(上)七頁)といい、「親鸞聖人は、その生涯をかけて宗を求め、宗を見いだし、その宗を表現してくださいました。その親鸞聖人を宗祖と呼べるかどうかは、これからの私たち一人ひとりの課題なのであります。〔中略〕親鸞聖人をわが宗祖と呼ぶことのできた人々の、その感動のなかから生まれてきたものが、この真宗大谷派なる宗門であります」(同右、(上)九―一〇頁)。

宮城の説明は含蓄に富んだものである。しかし末尾の「親鸞聖人をわが宗祖と呼ぶことのできた人々の、その感動のなかから生まれてきたものが、この真宗大谷派なる宗門であります」とのくだりには、大谷派という特定の宗派のしがらみを脱し切れていない様子がうかがわれる。「真宗教団であります」、もしくは「真宗サンガであります」といえばよいのではないか。これでは「宗祖」の呼称は親鸞を大谷派という一宗派の祖という枠から解放しようとしながらも、結果的には逆に閉じ込めてしまうことになるのではなかろうか。私は「親鸞」もしくは「親鸞様」、あるいは「親鸞聖人」と呼びたい。

種々なる親鸞像

令和元年（二〇一九）、大澤絢子の手になる『親鸞「六つの顔」はなぜ生まれたのか』という書が刊行された。この書の執筆動機について大澤はいう。「この本は、親鸞という実在の人物に絡みついた無数の糸を解きほぐし、「如来の化身」・「法然の弟子」・「説法者」・「本願寺の親鸞」・「妻帯した僧」・「『歎異抄』の親鸞」という、親鸞の「六つの顔」がなぜ、そしてどのように生まれたかを明らかにすることで、親鸞像が出来上がったプロセスをたどり直す試みである」（一五－一六頁）。

得るところ多々の好著と見受けたが、私にとって印象深かったのは終章の、それもまさに末尾の論述である。煩を厭わず引用しよう。「本書のタイトルは『親鸞「六つの顔」はなぜ生まれたのか』である。だが、これから親鸞は、日本国内だけでなく、海外でも多様な語りの対象となり、その像はもっと変化していくことだろう。こうしたなかで、浄土真宗の枠組みの内側と外側、日本国内と海外という、親鸞をめぐる境界も、やがて薄れていくのかもしれない。そこで語られる親鸞は、やはり「伝絵」でのそれを変形させたものなのか、あるいは、まったく違ったものになるのか。どのような人が、どのような親鸞を語り出すのか、それはまだ分からない。だが、これからも親鸞は多様な語りの対象であり続け、さまざまな人々に受け止められ、従来の親鸞像にとらわれることなく自由に思い描かれることで、さらに新たな親鸞像が生み出されていくことだろう」（同右、二二〇―二二一頁）。

先に、「今日、親鸞ブームと呼ばれるほどのものがあり歓迎すべきことではあるが、反面、親鸞についてのイメージを混乱させている」との言葉を紹介したが、大澤の言はそれとは真逆である。種々なる親鸞の「顔」「像」が描かれることを「イメージの混乱」といい、また「宗祖」なる言葉を推奨し、あまつさえそれを「大谷派なる宗門の祖」のごとくいうところには、かえって親鸞を囲い込もうとする閉鎖性すら感じさせよう。

親鸞、さらなる顔

大澤は親鸞に六つの顔を見ようとしたが、私はさらなる顔があってもよいのではないかと思う。例えば「近代教学者の描く親鸞像」である。第一部で触れたごとく近代教学とは大谷派が最重要施策として展開している同朋会運動を支える教学で、清沢満之に始まるとされるものである。

同朋会運動は昭和三十七年に当時の訓覇信雄宗務総長によって提唱されて始まったものであるが、実はその前段階というべきものがあった。先立つ昭和三十一年（一九五六）に、当時の宮谷法含宗務総長が「宗門各位に告ぐ」（宗門白書）という文書を発表していたのであるが、その中で宮谷は述べた。「明治のわが宗門に、清沢満之先生がおられたことは、何ものにもかえがたい幸せであった。先生の日本思想史上における偉大な業績もさることながら、大谷派が徳川封建教学の桎梏から脱皮し、真宗の教学を、世界的視野に於て展開し得たことは、ひとえに、先生捨身の熱意によるものであった。先生の薫陶を受けて幾多の人材が輩出し、大谷派の教学は、今日に至るまで、ゆるぎなき伝統の光を放っている。これは正しく宗門が誇るに足る日本仏教界の偉観である。真宗の教学を、世界人類の教法として宣布することは刻下の急務である。その為には煩瑣な観念的学問となって閉息している真宗教学を、純粋に宗祖の御心に還し、簡明にして生命に満ちた、本願念仏の教法を再現しなければならない。このとき如来と人間の分限を明らかにすることによって、絶対他力の大道が衆生畢竟の道であることを、現代に明白にされた清沢先生の教学こそ、重大な意義をもつものであることを知るのである」。大谷派はこれからは清沢教学をよりどころとして進むという決意の宣言であった。

もとより大澤も同書の第四章「『歎異抄』の親鸞」と「私の親鸞」において清沢満之に言及してはいる。しかし、それは清沢の代表的な弟子の一人であった暁烏敏の『歎異抄講話』の影響のさまについて論ずるに際しての呼び水のごときものに過ぎない。また清沢の薫陶よろしきを得てその後の大谷派の教学的営為を牽引した曽我量深についても、大澤は曽我が大正七年(一九一八)の講演で、自分はこれからは「親鸞聖人」ではなく「親鸞」と呼ぶと一大宣言をしたことを紹介している程度である(同右、一五五頁)。

なるほど近代教学は大谷派という一宗派の教学に過ぎないが、しかし清沢の時代にも世間の、特に青年層に少なからざる影響を与えたものであったし、曽我も大谷派の枠を超えて共鳴者を獲得したのであるから、その親鸞像は章を改めて取り上げられて然るべきであったとも思う。ただ、これは曽我教学が峩々たるものであり、その全貌が後継の徒といえども摑み切れていない現状に鑑みると容易ではなかろう。よって今はないものねだりとしておこう。

2、親鸞側近の人々の信仰——恵信尼と門弟たち——

自見の覚悟

私は二十七歳で住職になって四十七年になる。その間、法話や講義をする機会もあった。住職であれば当然のことであろう。しかし振り返ってみれば、「親鸞聖人が説かれたのは」などとしかつめらしく述べてきたことの多くが「自見の覚悟」であったと認めざるを得ない。

「自見の覚悟」とはいうまでもなく『歎異抄』「総序」にある言葉である。著者の唯円はいう。「全以自見之覚悟、莫乱他力之宗旨」（『真宗聖典』六二六頁）。「自見の覚悟」とは「自己の見解」（金子大栄『歎異抄』三六頁）、「自分勝手な理解」（早島鏡正『悪人正機の教え——歎異抄〈唯円〉——』一五頁）、「身勝手な考え」（広瀬杲『歎異抄講話』1、三頁）といった意味である。実に私は長年、自分の得手勝手な了解をもって親鸞の教えにもとったことを親鸞の教えだとまことしやかに語ってきたのであろう。親鸞には大迷惑だったに違いない。

しかし、一言弁解するならば、親鸞の教えは第一部に見たごとく往生の一事を取っても学者の間に異論があって、今もって一定していない。私のような凡人は、こっちを読めば「なるほど、なるほど」と思い、あっちを読めば「なるほど、なるほど」と感じることも少なくない。これでは、「お前は前にはこう話していたではないか。それなのに今はこういうのか」と批判されても致し方あるまい。

弁解ついでにもう一言いえば、唯円とて親鸞の教えをすべて正確に理解したわけでもなかろう。『歎異抄』は唯円による親鸞の言葉の聞き書きであり、親鸞の直説ではない。唯円の記憶違いや誤解も認められるかもしれない。

八木晃介は『親鸞　往還廻向論の社会学』において「『歎異抄』と『教行信証』」なる一章を設け、自身、長い新聞記者生活と大学教員生活を通じて聞き書きを重要な一つの取材・研究方法として採用し、また逆にインタヴューによる聞き書きの対象になったこともあったとしていう。

「いずれの場合にも、結果としての作品に〝帯に短し襷に長し〟の隔靴掻痒感をもつことが少なくありませんでした。それはコミュニケーション論の原則からしてある程度やむをえないことであって、所詮、意味はメッセージのなかにはなく、メッセージを利用する側にあるという仕組みによるものです。むろん、発話の側と受話の側との関係性や、その関係性を作り上げているシチュエーションが作用して、両者の間に根底的な誤解や曲解が生じることはさほど多くはないにしても、だからといって常に発話の側の意味と受話の側の意味とがショートするとはかぎらず、また、その保証もありません。むしろ、コミュニケーション・ギャップやディス・コミュニケーションはいつもついてまわる問題であると私自身はかんがえています」（三〇三―三〇四頁）。

そうしたことの一例として八木は『歎異抄』第十三条を取り上げ、そこには『教行信証』との深刻な乖離が認められるとする。ことほどさようで、親鸞の真意を十全に理解し語ることなど私ごとき者には所詮無理なのかもしれない。

恵信尼、信仰の形成

恵信尼は親鸞の妻であったから誰よりも親鸞の教えを熟知していたはずであり、その言動もそれにふさわしかったであろうと考える向きもあるが、実際はどうであったのか。

恵信尼の信仰は四つの観点から見ることができそうである。第一は幼少期のそれである。生家の三善家は算博士の家柄であったが、祖父にあたる為康は念仏者であった。それも往生極楽のための善業を念仏の信心一つとしていた点で、当時としては異例であった。為康はまた比叡山黒谷に隠遁して念仏を称えていた聖人たちと親しく、彼らへの経済的援助もしていた。そうしたことで三善家は法然とも親しくなったと考えられている。親鸞よりも一足先に恵信尼が法然の吉水の草庵に出入りしていたことはこの縁であろう。恵信尼が吉水の草庵に通う親鸞を見、ともに法然の説法を聞いていたことは今日、確実視されている（今井雅晴『恵信尼――親鸞とともに歩んだ六十年――』三四―三七頁）。この法然から学んだ専修念仏が第二である。

そして第三は、いうまでもなく親鸞と過ごした京都・越後・関東でのおよそ三十年の間に培われたものである。そして第四は親鸞が帰京した後、親鸞とは別居して家族とともに越後に移り、そこにて生涯を閉じるまでのこれまた三十年に及ぶ間に形成された信仰である。

恵信尼、晩年の信仰

このうち第四の、とりわけ晩年の信仰のあり様は、恵信尼自身が京都に住む末娘の覚信尼に送った書簡を手掛かりに辿ることが可能なだけに重要と思われる。まずは第七通（『真宗聖典』六二〇―六二一頁）、恵信尼八十三歳のときのものである。そこには恵信尼が五輪塔を建てたがっていることが示されている。これが親鸞の信仰と氷炭相容れないものだと考える論者はその扱いに苦慮してきた。

確かに親鸞の信仰においては起塔や造像は退けられよう。それらは本来、功徳を積む行為であり、浄土教の歴史においては『無量寿経』の「三輩往生段」（同右、四四―四六頁）に述べられていた。三輩往生とは、極楽浄土に往生する者をその生前の実践行によって上輩・中輩・下輩の三つに分類したもので、上輩は宗教的な功徳を修め得る出家者をいい、中輩は起塔や造像といった豊かさに裏づけられた功徳を積むことのできるいわばエリートの在家者、下輩はそうした功徳を積むことのできない一般の在家者をいう。ただしかし、ここでは往生のための実践行を三段階に評価してはいるが、三輩に共通した行としては念仏のみが説かれていることに注意しなければならない。阿弥陀仏の第十八願は古来「念仏往生願」と呼ばれ、往生の実践行として念仏を唯一のものとして正面に据えるが、それは下輩往生と重なる面があるといえるからである（藤田宏達『原始浄土思想の研究』五四一―五四三頁）。

もちろんこうしたことも受けてのことであろうが、法然もいう。「もしそれ造像起塔をもつて本願となさば、貧窮困乏の類はさだめて往生の望みを絶たん。しかも富貴のものは少なく、貧賤のものははなはだ多し。［中略］しかればすなはち弥陀如来、法蔵比丘の昔平等の慈悲に催されて、あまねく一切を摂せんがために、造像起塔等の諸行をもつて往生の本願となしたまはず。ただ称名念仏一行をもつてその本願となしたまへり」（『浄土真宗聖典』七祖篇、一二〇九—一二一〇頁）。こうしたことは『選択本願念仏集』の書写も許された親鸞にとっては先刻承知のことであったはずである。

しかし、間違いなく恵信尼は塔を欲したのである。この塔は寿塔だという説もある。これは自分の往生のためである。供養等だとする説もある。これは亡き夫親鸞の三回忌のためとされる。そしてこれらはいずれも親鸞の教えと齟齬をきたすと考え、恵信尼の行動に戸惑うのである。そこで「これは八十三歳になる親鸞の妻の、夫を偲ぶパトス（情念）から出たことと解するほかないだろう」（菊村紀彦・仁科龍『親鸞の妻・恵信尼』一三六頁）とする説も出てくることになる。

この隘路を切り開くうえで聞くべきは今井雅晴の言である。今井はいう。「恵信尼の信仰はどのような内容であったのか。それは親鸞とどこが同じで、あるいは似ていて、どこが異なるのか。そのような順序で考察すべきではないでしょうか。まして親鸞六十歳くらい、恵信尼五十一歳くらいのときから三十年も別居していた人間たちが、まったく同じ信仰であったというわけにはいかないのは自明の理でしょう。彼らは京都と関東・越後、異なる生活環境で異なる生活をしていたのです。まったく同じであるはずがありません。同じにしなければいけないという論理はありません」（『親鸞と恵信尼』一四一頁）。

今井は、「恵信尼は自分が越後の農村で生きた証しとして五輪塔を求めたのでしょう。そのことと信心の念仏とは矛盾しません。矛盾しないとして、恵信尼の心理を考察すべきでしょう」（『恵信尼』一九一頁）と述べているが、こうした見方こそが最も的を射ていよう。

恵信尼の極楽観

次に取り上げるのは第十通（『真宗聖典』六二三―六二五頁）、恵信尼八十七歳のときのものである。今、注目するのは次の文言である。「わが身は極楽へただ今に参り候わんずれ。なに事も暗からずみそなわしまいらすべく候えば、かまえて御念仏申させ給いて、極楽へ参り合わせ給うべし。なおなお、極楽へ参り合いまいらせ候わんずれば、なにごとも暗からずこそ候わんずれ」（同右、六二四頁）。

恵信尼の信仰はそのまま尊重するという基本を保持しつつ、ここで恵信尼の浄土観を見てみよう。まず指摘すべきは「極楽」の用例であるが、阿弥陀仏の浄土を表すに際し、親鸞がこの語を意識的に避けて「無量光明土」の語を重視したことについては先に述べた。

しかし、恵信尼は「極楽」の語を用いており、この点は親鸞との間にやや径庭があるといえなくもないが、しかし極楽のことを「なにごとも暗からず」としているのは、親鸞が阿弥陀仏の国土を「無量光明土」の語をもって強調していたことと重なるようである。ただ、恵信尼のいう「極楽」には親鸞のいう「無量光明土」ほどの深まりは乏しい。

この点について今井は、第十通には恵信尼の念仏の信仰と極楽浄土観が明確に示されているとしていう。「最晩年の恵信尼さまは、今、何を求めていたか。それは明るさです。手紙を京都へ持っていってくれる人が急に見つかったので、恵信尼さまは暗いなかで必死に書いています。おそらく、灯りをともしていなかったのではないでしょうか。暗くなければそれで十分という気持ちを、そのまま極楽浄土への期待に向けています。極楽浄土は明るい所とはいっておられないのです。恵信尼さまは、農村の女性として、極楽浄土に高望みをしていないのです」（『恵信尼消息に学ぶ』一一五―一一六頁）。

親鸞が極楽を「無量光明土」というとき、そこには「無明の闇を破す」と称されるほどの積極性が込められているが、恵信尼の「なにごとも暗からず」の押さえには静謐さと謙虚さが見て取れて深い感慨を禁じ得ない。

恵信尼はまた覚信尼に対して、「かまえて御念仏申させ給いて、極楽へ参り合わせ給うべし」と勧めている。さらには覚信尼の侍女の若狭のことを懐かしみ、同じく「かまえて、念仏申して、極楽へ参り合わせ給え」（『真宗聖典』六二四頁）と伝えてほしいと綴っている。行間に漂うのは惜別の情と再会への期待である。現代と異なり当時は老いの進んだ者にとって越後と京都といった遥けき距離を隔てての再会など到底不可能であったことを思えば、まさに今生の別れの予感のもとでの通信であったに違いない。恵信尼にとって極楽は有縁の者と再会できる世界と映じていたことが見て取れる。いや、恵信尼だけではない。極楽をかかる世界と見ることは、浄土教徒に共通した心情だったといってよい。浄土教徒はそれを「倶会一処」なる言葉で確かめてきた。この句を墓石に刻む宗風は今日でもある。

こうした受け止めは親鸞にもあった。先にも触れたごとく親鸞は有阿弥陀仏に宛てた書簡の末尾で、

「この身はいまはとしきわまりてそうらえば、さだめてさきだちて往生しそうらわんずれば、浄土にてかならずかならずまちまいらせそうろうべし」（同右、六〇七頁）と認めていた。また高田入道への返書では覚念房について触れ、「かくねんぼうのおおせられて候うよう、すこしも愚老にかわらずおわしまし候えば、かならずかならず一ところへまいりあうべく候う」（同右、六一一頁）と綴っている。

しかし、これは親鸞の真意であったのかというと、先に見たごとく否定的な見解が少なくない。ここではもう一つ、藤田宏達の見解も加えておこう。「もっとも、これらは対機説法ともいうべき書簡に示される文言であり、主著の『教行信証』「化身土巻」においては『阿弥陀経』は真門自力の方便の経典と見なされるから、「倶会一処」の世界は方便化身土と解すべきであろう」（『阿弥陀経講究』一三一頁）。ただし、藤田は続いて、「同時にそこに顕彰隠密の義を汲みとっていくことも求められるのである」として含みを持たせている。

倶会一処

「倶会一処」の受け止めについて恵信尼と親鸞との間には径庭がありそうであるが、しかし「倶会一処」に関しては今一つ問題が残る。

もともと「倶会一処」は『阿弥陀経』に由来する。「舎利弗、衆生聞者、応当発願　願生彼国。所以者何。得与如是　諸上善人　倶会一処」（『真宗聖典』一二九頁）とあるのがそれである。『真宗聖典』では「舎利弗、衆生聞かん者、応当に願を発しかの国に生まれんと願ずべし。所以は何。かくのごときの諸上善人と倶に一処に会することを得ればなり」と延べ書きしている。対応するサンスクリット本では、「まことに、シャーリプトラよ、衆生たちは、かしこの仏国土に向けて誓願をなすべきである。それはなぜであるか。そこでは、実に、このような善き人たちとともに会うことになるからである」（藤田宏達『新訂梵文和訳無量寿経・阿弥陀経』一八一―一八二頁）とある。

「上善人」は「善き人」（satpuruṣa）にあたるが、この語は原始仏教以来の sappurisa に対応するもので、すぐれた人、徳のある人、聖道に進んだ人を意味し（同右、二六四頁）、ここでは極楽に生まれて不退転あるいは一生補処の地位を得た菩薩を指している。

源信は『往生要集』において極楽の楽を十に分類し、その第七に「聖衆倶会楽」をあげるが、その内容を説明するに際して最初に引用するのが『阿弥陀経』のこの一文である（『浄土真宗聖典』七祖篇、八七一頁）。また法然は『阿弥陀経釈』においてこの「聖衆倶会楽」を引き合いに出し、「また、これらの聖衆に会うのみにあらず、またよくわれら無始よりこのかた、父母・師長・朋友・知識・妻子・眷属、前に去れる者あり、あに相い見えざらんや。〔中略〕相い見えんと欲すれば極楽世界に往生すべき者なり」と述べている。法然は直接「倶会一処」を解説しているのではないが、極楽において会うことができるのは菩薩の聖衆のみならず生まれ変わり死に変わりした有縁の者たちでもあると見ていたことがわかる（藤田『阿弥陀経講究』一三〇頁）。

いかにも法然らしい情のある言葉であり、世人の心情もまさにそうであろう。しかし、これは厳密には経文の拡大解釈といわなければなるまい。と同時に私が思うのは、われわれは、はたして次生に

おいても父母や妻子といった有縁の者たちと生前同様の、つまりは凡夫としての交わりをそのままも
ち続けたいのだろうかということである。

「極楽」

菊池寛に「極楽」という短編がある。こんな内容である。

——文化二年（一八〇五）二月、京の染物悉皆商近江屋の主人宗兵衛の老母おかんが亡くなった。
おかんは篤信の門徒で、殊に連れ合いの先代宗兵衛と死別してからというものは足繁く西本願寺へ参
詣し、傍目には一日も早く往生の素懐を遂げるのを待っているかのようであった。

おかんは薄闇の中を歩き続けた。どれだけ歩き続けたのか。やがておかんは大きな門の前に着いた。
八文字に開かれた入口から入ると、中は有難い経文と寸分違わなかった。おかんは生前弥陀の本願を
頼み奉り、かかる果報を得たことに感激し、幾度となく念仏を繰り返した。すると忽然と阿弥陀仏が
現れ、おかんを亡夫宗兵衛の坐っている蓮の台へと導いた。おかんは嬉しさと懐かしさのあまり泣い
て宗兵衛にすがりついたが、宗兵衛はさほど嬉しそうにも見えなかった。

一息入れると、おかんは夫と死に別れてから後のことを一つ一つ話した。初めのうちは宗兵衛もお
もしろそうに聞いていたが、幾日かするうちに話はあらかた尽きてしまった。

極楽の平穏な日々は過ぎて行った。五年も経ったころであろうか。「いつまで坐っとるんじゃろ」
と、ある日おかんはふと宗兵衛に聞いた。「いつまでも、いつまでもじゃ」と、宗兵衛は吐き捨てる

ようにいった。何事もない平穏な日々がまた五年ほど過ぎた。おかんは再び同じことを聞いた。宗兵衛も五年前と同じことを繰り返した。それからまた平穏な日々が過ぎた。おかんが極楽へ来てからかれこれ五十年も経ったであろうか。このごろではあの迦陵頻伽の鳴き声さえもうるさく耳につき出した。あれほど恋しかった宗兵衛の顔さえ何となく鼻につきかけてきた。

それからまた十年ほど経ったころ、おかんはふと「地獄はどんな所かしら」とつぶやいた。宗兵衛の顔にぱっと好奇心が湧くのが見て取れた。「そう？　どんな所だろう。恐ろしい所かも知れん。が、ここほどは退屈しないだろう」と宗兵衛はいった。

また歳月が過ぎた。極楽は相変わらず平穏であった。二人は地獄の話をする時だけ妙に緊張するのであった――。

「極楽」は菊池の作品としてはさほど有名ではないかもしれないが、ここには近代知識人がいだいた極楽に対するイメージの一端が端なくも示されているようである。何とも退屈な処。物憂い処。とても永くは住めそうにない処等々。現代人の受け取り方も似たり寄ったりであろう。しかし、このようなイメージは極楽の「衆生世間」としての性格を無視したいささか偏った見方といわざるを得まい。

それはともかく、『阿弥陀経』にいう「倶会一処」とは有縁の者たちとの生前同様の再会などではない。この経文を厳密に読めばそうしたニュアンスは認められない。「倶会一処」とは有縁の者たちとの再会などではなく、上善人すなわち菩薩の聖衆との邂逅なのである。しいて有縁の者との再会と見たいのであれば、生前のままの彼らではなく上善人となった彼らと相見えることだと私は考えるこもしれぬ。

とにしよう。かく解することができれば、倶会一処の世界はあながち方便化身土とはいえなくなるや

上善人は不在か

これは『阿弥陀経』にいう「上善人」とは直接関係のないことであろうが、曇鸞は『浄土論註』において、「上の三句は遍至といふといへども、みなこれ有仏の国土なり。もしこの句なくは、すなはちこれ法身、法ならざるところあらん。上善、善ならざるところあらん」（『浄土真宗聖典』七祖篇、一三八頁）と述べている。

これは『浄土論』の中で説かれる菩薩の四種荘厳功徳成就のうちの第四、いわゆる「示法如仏功徳成就」を注釈するに際してのものである。小谷はこの注釈は難解であるとし、深励の「若し此の第四句の無仏の国土に至って衆生を済度し給うと云う事があるまいならば、法身もまことの法身でなし、上善人もまことの上善とは言われぬと云う事［である］」の説明を参照していう。「浄土の菩薩は平等法身を証った法身であり、浄土の上善人は『大阿弥陀経』に説かれるように仏と同様に大慈悲をもって無仏の国土へも現れて衆生済度を行なう者である。にもかかわらず、もし浄土の菩薩や上善人が無仏の国土に趣いて衆生を済度しないということがあるならば、その菩薩の法身は法身たり得ず、上善人の上善は上善たり得ないことになる。それゆえ、この第四句に浄土の菩薩が無仏の国土に至って衆生済度を行なうことが示されるのである、と香月院は注釈する」（『曇鸞浄土論註の研究』三〇二頁）。

『阿弥陀経』によれば、「かくのごとき諸上善人」とは前の文脈からすれば「阿鞞跋致」あるいは「一生補処」の菩薩であり、サンスクリット本のいう「このような善き人たち」とは「清浄な菩薩」「退転しない者」「一生だけ［ここに］繋がれた者」でありよく合致している。

それはともかく、もしこうした上善人が曇鸞や深励のいうがごとく無仏の国土に至って衆生を済度する存在であるならば、それは「還相の菩薩」ということになろう。とすれば素懐を遂げて浄土に往生できたとしても、彼らは不在ということもあろう。「倶会一処」とはいうものの実にややこしかろう。

門弟たちの信仰

親鸞とその妻恵信尼の信仰は必ずしも一致していたわけではなさそうだったことを見たが、そうしたことは門弟たちとの間にもあったようである。

親鸞面授の門弟の中でも特に有力だったのは、後に「二十四輩」第一と称された性信、第二の真仏、第三の順信（信海ともいう）であろう。三人についてまず指摘すべきはいずれも武士だったことである。性信は常陸国・鹿島神宮の神主の一族であった。神主は当時は武士であり農村の支配者であった。真仏は豪族椎尾氏または大内氏の出身であった。順信も鹿島神宮の神主の出であった。三人だけではなく他の門弟も大半は武士であったことが判明している。

彼らの生活と信仰については今井雅晴が論じている（『親鸞の家族と門弟』一〇一―一三〇頁）。今井によれば性信は親鸞に厚く信頼されており、また親鸞の信仰の真髄を伝えられていたという。ただ、性信には『真宗聞書』なる著書があり、それに触れた親鸞の手紙もあるが、しかしこの手紙の信憑性には問題があり、さらに『真宗聞書』には何種類かの写本が伝わるが、どれが本当に性信が著したものかわからず、しかもそれらの写本が親鸞の教えを正しく伝えているかとなると否定的にならざるを得ないともされている。

加えて、性信は横曽根と通称される地域に住し、そこに報恩寺を営んで門徒を教化し、ために性信の門弟たちは横曽根門徒と称されたが、今井によれば性信と横曽根門徒は真言宗と親しく、親鸞の教えと真言宗とを融和させていたことが推定されるという。

また真仏は仏教についての十分な素養をもっており、下野国高田に専修寺を営んで門徒を教化し、その門徒は高田門徒と称されたが、彼らは善光寺如来を信仰していた。高田の地は善光寺如来信仰の拠点の一つであり、専修寺も善光寺如来を安置する如来堂がもとになって造られたものであり、真仏及びその後継者となった顕智はともに善光寺聖であった。善光寺如来は阿弥陀仏ではなく、日本の信州の長野に住む生身の仏として平安時代末から鎌倉時代にかけて広まったものであるという。

今井は、しかし、自分は高田門徒の信仰のあり方を非難するのではなく、むしろ親鸞の信仰を高田という地域での生活に生かしていった彼らの努力に敬意を表するという。

また順信は『信海聞書』を著したが、そこで用いられている用語は親鸞の著した『教行信証』『入出二門偈』『一念多念文意』『唯信鈔文意』等で使われている用語と一致するものが多く、『信海聞書』

が親鸞の著書をよく勉強して著されたことは間違いない。しかし、鹿島神宮の神主出身の順信と鹿島の門徒たちの信仰は鹿島信仰を無視することはできなかったはずであり、したがって鹿島門徒もまた親鸞の信仰と鹿島信仰とを融合させていた可能性が大だと今井は見ている。ちなみに、鹿島神宮が強大となったのは、やはり鹿島神宮の出で大化の改新で活躍した中臣鎌足と関係をもつがゆえであった。

3、国家権力と闘う親鸞像再考
――「承元の法難」を手掛かりとして――

解放の宗教

親鸞の教えを「解放の宗教」と見ようとする動きがある。平成四年（一九九二）ころには「解放真宗研究会」なるものも発足したようである。そうした人たちの旗手的存在は菱木政晴であろうか。菱木のことは第一部でも言及したが、菱木には『解放の宗教へ』という著書がある。それにもとづいて「解放の宗教」について概観しよう。

菱木は宗教を評価する基準として、「宗教が人びとの社会的な抑圧や差別や支配に対して、それを承認させたり正当化するようにはたらいているのか、逆に、それからの解放に根拠や希望を与えるようにはたらいているか」に求めるとし、前者を「支配イデオロギーとしての宗教」、後者を「解放の宗教」と呼ぶ（『解放の宗教へ』一七頁）。「解放の宗教」というネーミングは、今世紀〔草間註、「二十世紀」のこと〕の第三世界のカトリックなどに出現した「解放の神学」の運動を念頭に置いているという（同右、一九頁）。またいう。「解放の宗教の営みには、宗教が、社会的な抑圧からの社会的な解放のために、実践的・理論的な役割を果たすという「解放の宗教」の側面と、これまで社会的な抑圧を宗教的に正当化してきた（聖化してきた）支配イデオロギーとしての宗教を批判的に克服するという「宗教の解放」の側面の二つがある」（同右、三一—三二頁）。

かく宗教を定義したうえで菱木は、真宗に解放の宗教としての可能性を模索する。手始めに真宗の信仰と教学とを三つに分類する。「封建教学」「近代教学」「解放教学」である。このうち前二者は実際に存在したものであり、「解放教学」は今後目指されるべきものであるが、これこそが本来の真宗であるとする（同右、一九四頁）。

この三者の特色を菱木は表示しているが、それによれば、「封建教学」の「特徴」は「権威依存」であり、「傾向」は「江戸時代に成立・流布していたと思われる教学と帰属帰一を強調する妙好人的信仰」であり、「キー・コンセプト」は「死後の浄土、実体としての地獄・極楽」だという。また「近代教学」の「特徴」は「自覚・自証・実験」であり、「傾向」は「清沢満之に代表される自覚・自証・実験を重んじる実存的な信仰と教学。また、実証的な近代歴史学を背景とする客観的な教学研究」であり、「キー・コンセプト」は「仏と凡夫、如来と自己」である。それに対して「解放教学」の「特徴」は「批判」、「傾向」は「今後めざされるべき社会が信仰の課題となる運動と教学」、「キー・コンセプト」は「浄土と穢土」だとされる。

菱木は批判を特徴とする解放教学を目指すが、その場合の批判原理についていう。「「解放教学」においては、批判原理としての他者が要請されるが、それにはふたつの条件が満足されねばならない。

第一に、その「他者」は、個人に（のみ）対応する如来ではなく、それを包んで社会に関係する「浄土」でなければならない。第二に、その「他者」は、あの世であれ、この現実世界であれ、実体ではなく、批判原理でなければならない」（同右、一九七頁）。かくして菱木は「批判原理としての浄土」ということを提唱し、こうしたことはこれまでの仏教の教学概念にはないとしている（同右、二〇六頁）。

『教行信証』「後序」の解釈

菱木は以上を解放の真宗構築のための前提としたうえで、その教学的根拠を「無戒」「神祇不拝」「国王不礼」の三つに求める。その理由は、第一には、それらは『教行信証』「化身土巻」で体系的に説明されていること。第二には、それらは真宗教団が弾圧を受けて対社会的にその本質を示すとき、いつでも明確に「しるし」となってきたこと。第三には、現在及び未来においても、人権と平和を目指すにあたって、浄土教徒の運動論として有効だからであるとする（同右、二二四—二二五頁）。

このうち、いの一番に挙げられるのは『教行信証』「化身土巻」末の「後序」である。いわゆる「承元の法難」を記した親鸞自身の証言である。よく知られたもので、こうある。

「竊かに以みれば、聖道の諸教は行証久しく廃れ、浄土の真宗は証道いま盛なり。しかるに諸寺の釈門、教に昏くして真仮の門戸を知らず、洛都の儒林、行に迷うて邪正の道路を弁うることなし。ここをもって興福寺の学徒、太上天皇 諱尊成、今上 諱為仁 聖暦・承元丁の卯の歳、仲春上旬の候に奏達す。主上臣下、法に背き義に違し、忿を成し怨を結ぶ。これに因って、真宗興隆の大祖源空法師、ならびに門徒数輩、罪科を考えず、猥りがわしく死罪に坐す。あるいは僧儀を改めて姓名を賜うて、遠流に処す。予はその一なり。しかればすでに僧にあらず俗にあらず。このゆえに「禿」の字をもって姓とす。空師ならびに弟子等、諸方の辺州に坐して五年の居諸を経たりき」(『真宗聖典』三九八―三九九頁)。

極めて強い口調ではある。よって大方はこれを根拠に親鸞には天皇を頂点とする国家体制、並びにそれを翼賛する既成仏教を批判し、それらと闘う意志をもっていたと解釈している。それのみか現代においても天皇制批判を展開するに際してこれが拠り所とされることもある。文中とりわけ注目されてきたのは「主上臣下、法に背き義に違し」の一句であろう。この場合、「主上」とは実質的には後鳥羽上皇である。後鳥羽上皇とその君臣たちが正しい「仏法」に背き、義に違反したと解するのである。

これをもって末木文美士は親鸞を「闘う念仏者」(『親鸞――主上臣下、法に背く――』二八三頁)と表現し、さらに「親鸞は決してひ弱で逃避的な政教分離論者ではない。東国の門人たちには、権力者との争いを避けるようにと忠告しながらも、その本質においては、あくまでも正しい仏法が指導する国家を目指し、謗法者には仮借のない批判を浴びせかけるのである。原理主義的とも言える闘う念仏者、闘う仏教者であり、その点、日蓮とも共通するところがあると言えよう」(同右、二八七頁)としている。

また八木晃介は、自著の『親鸞　往還廻向論の社会学』の執筆動機は親鸞を権力との関係でとらえようとしたことにあるといい、親鸞が反権力を意識した契機は承元の法難であり、また越後と東国での「具縛の凡愚・屠沽の下類」との邂逅と彼らからの学びにあったとしている（三四二―三四三頁）。こうなると、「闘う念仏者」も親鸞の「顔」の一つとなり得ようか。

「後序」の成立過程

こうした親鸞像を最もラディカルに展開したのは古田武彦であろう。古田は「体制と戦い、体制的思想を否定し、それを反体制の側に転化せんとする親鸞の生涯の「戦いの論理」」（『親鸞思想――その史料批判――』二一二頁）という表現も用い、また「後序」について極めて独創的な見解を提唱した。

『教行信証』は親鸞畢生の大著であり、元仁元年（一二二四）、五十二歳のときに草稿本ができたと考えられている。東本願寺蔵のそれは親鸞真筆本で「坂東本」と称されているが、これは初稿本ではなく、六十歳以降に書写され、以後も晩年に至るまで改訂や加筆が行われたものであることが判明している。しかし、それゆえに同書のどの部分が最も早い時期に成立したかについては判然としなかった。

ところが、古田は「後序」を五つに分節し、前四箇所を最も早い時期に成立したものとする見解を提示した。四箇所とは「竊以……五年居諸」の箇所（古田は「承元の奏状」と名づける、以下同様）、「皇帝……見別伝」（「法然入滅の賛文」）、「建仁……本願」（「吉水入室の記録」）、「元久……決定往生之徴也」（「元久文書」）である。そしてそれぞれの執筆時を、承元四～五年（一二一〇～一二一一、親鸞三十八～三十九歳）、元仁元年（一二二四、五十二歳）、建仁元年（一二〇一、二十九歳）、元久二年（一二〇五、三十三歳）と推定し、「後序」はこれらをそのまま結合して成ったものだと結論づけた（同右、一四三―一四六・二一四―二一七頁）。

古田の主張はそれだけではない。古田は「竊以……五年居諸」の箇所は流罪末期の親鸞自身によって掲出された奏状の一部であると見た。その論証は並みの史家のなせるわざではない。坂東本における本箇所を精査し、この部分は当時の公式文書の記載様式に従っていると見たのである。そしていう。この四つの文書は「承元の奏状」という公式文書が基軸となり、他の三つの文書も公式文書に準ずる形式でこれに結合されている。よって、四つの文書は一定の意図をもって『教行信証』の末尾に結合・定置されているのであり、その中核は「承元の奏状」だ（同右、一五〇頁）、と。

承元の法難

「承元の法難」とはいかなるものであったのかを尋ねるとき、大方がまず参照するのは「後序」である。

この親鸞の言葉の意味するところについては後述するが、ここにはこの一件がいかなるものであったかという具体的な記述はない。しかし、この一件は当時の旧仏教や貴族の記録の中にも記されていて、例えば慈円は『愚管抄』巻六にいう。現代語訳にて掲げよう。

「建永の年ごろ、法然房という上人がいた。すぐ近くの洛中を棲みかにして、念仏宗を建て専修念仏と称し、「ただ阿弥陀仏とばかり唱えるべきである。そうでない顕密の勤めなど行ってはならない」と言い出して、正体のわからぬ愚癡無智の尼入道たちに受け入れられてよろこばれた。このことがさかんになり世に繁昌して興行するようになった。そのなかに安楽房という、もと高階泰経入道につかえた侍で出家して専修念仏の行人になった者がいた。その者が住蓮と一緒に組んで「六時礼讃」は善導和上の用いた行だと盛りたて、尼たちに帰依渇仰する者が出るようになった。それらが余りに言いはやされ、「専修念仏の行者になれば、女犯を好むも魚鳥を食うも、阿弥陀仏は少しもお咎めにならない。一向専修の仲間になって念仏だけ信じさえすれば、かならず臨終に迎えたまうぞ」といって、京も田舎もこのような状況になって行った。そのおり、院小御所の女房伊賀局が仁和寺の御室の道助法親王の母（坊門局・後鳥羽院の女房）と一緒になって専修念仏を信じて、ひそかに安楽房などという者を呼びよせ、念仏の法門を説き聞かせようと、仲間を同行させ夜さえ泊めさせることがあった。あれこれ言葉で云い尽くせないことで、終に安楽と住蓮は頸を切られ、法然上人は京都の中に居られないように流して追い出されてしまった」（名畑崇『歴史のなかの親鸞――真実のおしえを問う――』一〇八頁）。

これによれば、この一件は専修念仏集団側の風紀の乱れを発端としたものであることになる。下世話ないい方をすれば、一種のスキャンダルであり三面記事である。

一方、当の専修念仏集団はこれをどう見たか。古田はこれを五つに分類している。それによると、①弟子の非行が原因となって処断が法然にまで及ぼされたとなすもの。②さらに積極的に法然自身に〝邪義の弟子のために私は流罪されるのだ〟と語らせているもの。③弾圧者側が「無実」のことに口実をかまえて専修念仏禁圧を行ったとなすもの。④さらに積極的に、朝廷側の態度に対し抗議する意を含んでいるもの。⑤右の①③を合成しているもの、とである（『親鸞思想』一五四―一五七頁）。

親鸞の受け止め

では親鸞はどうであったのか。ここで「後序」の記述に戻る。親鸞はまず現下の宗教情勢について述べる。それは当時にあっては政治情勢と相通ずるものでもある。「聖道の諸教」は「行証久しく廃れ」ている。「諸寺の釈門」は「教に昏くして真仮の門戸を知らず」のあり様である。さらには、「洛都の儒林」は「行に迷うて邪正の道路を弁うることなし」である。一方、自らが身を置く「浄土の真宗」は「証道いま盛なり」とし、続いて記す。「ここをもって興福寺の学徒、太上天皇 諱尊成、今上 諱為仁 聖歴・承元丁の卯の歳、仲春上旬の候に奏達す」と。

奏状を前にした朝廷側の態度を示す一文が、有名な「主上臣下、法に背き義に違し、忿を成し怨を結ぶ」である。古田はこの一文に関して、ここには建永二年（一二〇七）二月九日に安楽が住蓮とども六条河原で処刑されるときに誦したと伝わる言葉、すなわち「見有修行起瞋毒、方便破壊競生怨。如此生盲闡提輩、毀滅頓教永沈淪。超過大地微塵劫、未可得離三塗身」が、善導の『法事讃』巻下（『真宗聖教全書』一、三経七祖部、六〇五頁）にもとづくものであることと密接な関連があると見る。

ちなみにこの一文を現代語訳にて示しておこう。「修行する者がいるのを見ると毒のごとき怒りの心を起こし、様々な手立てを講じてぶちこわし争い敵視する。この生まれながらの失明者のような一闍提の輩は、速やかにさとりに至る［阿弥陀の］教えを打ち壊して、とこしえに［迷いの淵に］深く沈む。大地を粉微塵にした数もの劫数を過ぎても、なお三塗の身を離れることができない」。

古田は右の善導の言葉を「闍提迫害文」と名づけ、この文は日本の専修念仏運動にとっては現下の切迫した事態を夙に善導が予告したものと見なされ、それは親鸞にとっても重大な意味をもつものであったとする（『親鸞思想』一五九―一六一頁）。興味深い指摘であろうが、ただ善導の文中の「瞋」と「忿」を直接の背景とし、その字句を巧みにちりばめ、きざみこんで当該文が成ったと見る（同右、一六一―一六二頁）のには同意できない。これはむしろ『無量寿経』の「五悪段」にある「主上不明、任用臣下。［中略］忿成怨結」（『真宗聖典』六八―六九頁）の文言を下敷きにしたと見る方がより直接的であろう（藤田宏達・桜部建『浄土仏教の思想』第一巻、二二一頁）。

古田はまた「猥」の用法にも注目する。「猥」は訴陳状中の慣用語であり、訴陳者の訴求する具体的行為の核心を指すものであり、「猥りがわしく死罪に坐す」とあることからすれば、親鸞にとって最も許し難かったのは住蓮と安楽の処刑であったとする（『親鸞思想』一五八―一五九頁）。

親鸞の文章素養

親鸞の文章素養が並々ならぬものであったことなどいわずもがなである。親鸞は日野有範の息子として生まれたが、日野家は藤原氏の一族で、儒学の研究を事とする学問の家柄であった。また比叡山での修学や東山の吉水での研鑽は、後に鎌倉幕府の一切経校合に招かれるにたる十分な知識を蓄えさせたことであろう。そうしたものが「後序」にもうかがえるようである。

例えば、「非僧非俗」（僧にあらず俗にあらず）なる表現は親鸞を語るに際してのキーワードの一つとされ、真宗学ではとりわけ深く考察される。それはそれで有意義なことではあるが、古田はこの語は中唐の大詩人白楽天の詩に直接の典拠を仰いでいると見る。「非荘非宅非一書　竹樹池亭方畝徐　非道非僧非俗吏」がそれである。また「経五年居諸」（五年の居諸を経たりき）の「居諸」も、同じく白楽天の「外寵信非薄　中懐何不攄　恩光未報答　日月空居諸」によるとする。

親鸞がこうした手法に出たのは、白楽天が日本でも平安時代から有名になり、その著作は当時の知識人の教養の基礎をなすものであったがゆえであり、親鸞は白楽天流謫の心緒になぞらえることによって流罪中なる自己の「非僧非俗」の境地を語れば閲覧者は容易にそれを理解するだろうとの計算からであったという（同右、二一七―二一九頁）。

それればかりではない。古田は「承元の奏状」中の「経五年居諸」の結句によって、閲覧者は確実に「恩光未報答　日月空居諸」の句を連想することをも計算して次に「法然入滅の賛文」が接続されたのだとし、親鸞がそこに含意しようとしたのは、「わたしは、師法然から受けた、深い「恩光に未だ報答せざる〔草間註、「せざる」の誤植か?〕まま、師の入滅に会い、その後の「月日が空しく過ぎる」のを見た」ということであり、その場合、「恩光」とは第三文書に示された「吉水入室」と第四文書に記された「選択書写・真影図画等」であるとする。そしてまたいう。「このような恩愛をうけながら、それに報答する機を得ぬまま、相離れ、ふたたび相見る時を得なかったのである。亡師孤独の中に、空虚、骨を嚙むような、親鸞痛哭の声を、わたしたちの耳は聞くであろう」。こうして古田は「教行信証は、〝入滅した法然に報答せんとして〟著作されたのである」との結論に至る（同右、二一九—二二〇頁）。

さらには、「愚禿」についても、「しばしば言及されるごとくである」と断りつつも、それが最澄の入山発願文にある「於是。愚中極愚。狂中極狂。塵禿有情。低下最澄」によるものだとし、「この願文の文面は、当代叡山の学流にとって、およそ常識的教養に属していたのであるから、親鸞の「愚禿」の称がこの文面を典拠としていることは、同時代人の疑わぬところであったろうとおもわれる」（同右、一七〇頁）と述べている。

こうして見ると、「後序」を作成するにあたり、親鸞には実に用意周到な戦略があったことがうかがえると同時にその博覧強記ぶりが見て取れる。「承元の法難」に関する古田の論述には他にも注目すべきものが多々あるが、今はこれ以上は触れない。

承元の法難についての新解釈

ところが、近年、「承元の法難」について新たな解釈が提起された。鎌倉時代政治史研究者である上横手雅敬の「「建永の法難」について」（上横手編『鎌倉時代の権力と制度』二三五—二六〇頁）と題する論文がそれである。「建永の法難」とは「承元の法難」の謂である。

本論文は無論専門的に書かれているため私には近づき難いところもあるが、上横手は冒頭に九百字ほどの「要旨」をまとめている。以下にそのまま引用しよう。

「元久二年（一二〇五）から翌三年（建永元）にかけて、興福寺は専修念仏を批判し、法然らの処罪を朝廷に訴えた。朝廷との折衝によって、法然の弟子の中で、偏執の著しい安楽・法本の処罰が決定し、明法博士の罪名勘申が行われたが、実際の処罰にはいたっていない。朝廷では専修念仏の偏執の勧進を非難する宣旨を出すことについて議論が行われたが、念仏そのものの停止でないことが強調されており、結局は宣旨も出されなかったようである。興福寺の要求は、ほとんど受け入れられていないが、興福寺側では少数の五師・三綱が交渉に出席するだけで、公家側に威嚇を与えていないのが原因であり、「八宗同心の訴訟」という状況からは遠いのが実情であった。

建永元年末から翌二年にかけて、後鳥羽上皇の熊野御幸の留守に、院の小御所女房たちが、法然門下の安楽・住蓮に帰依し、密通にまで及んだ。激怒した上皇は、安楽・住蓮を斬罪に処した。院小御所女房たちと上皇とは極めて親密な関係にあった。念仏僧に帰依した女房の中心は、小御所女房の筆頭で、上皇との間に道助入道親王を生んだ西御方（坊門局）であった。また安楽らの処刑は、正式の手続きを経た刑罰でなく、上皇の私刑であった。このとき専修念仏禁止令が出たかどうかについては疑問がある。この間、延暦寺・興福寺は何の動きも見せず、安楽らの処刑は、寺院勢力の動きとは無関係であった。

これと関係して死罪制度の推移を考えた。嵯峨朝以来、国家の刑罰としては行われなかった死罪が、保元の乱後、一時的、部分的に復活したが、その後も公家法では死罪は行われなかった。しかし武家法・寺院法には死罪は存在しており、公家・武家・寺院の相互交渉によって、犯罪人の引渡し、死罪の執行が行われることもあった。当時公家に死罪がなかった点から見ても、安楽らの処刑は正式の刑罰でなく、後鳥羽の私刑と見ざるを得ない」。

上横手論文におけるポイント

今井雅晴は上横手論文には親鸞が流罪に処せられたことについて二つの重要な指摘が見られるという。以下は『親鸞聖人の越後流罪を見直す』（三五―四六頁）、及び『六十七歳の親鸞――後鳥羽上皇批判――』（三三―四六頁）にもとづく。

重要な指摘の第一は、本件では「興福寺の学徒」が「奏達」したとされ、この「興福寺奏状」には「八宗同心の訴訟、前代未聞なり」とあったが、上横手の検討によって、「「八宗同心の訴訟」という状況からは遠いのが実情であった」ということが判明したということ。

第二点は、「主上臣下、法に背き義に違し、忿を成し怨を結ぶ。これに因って、真宗興隆の大祖源空法師、ならびに門徒数輩、罪科を考えず、猥りがわしく死罪に坐す。〔中略〕遠流に処す」の記述の解釈である。上横手は文中の「忿を成し怨を結ぶ」とは、後鳥羽上皇の熊野行幸の留守に安楽・住蓮に帰依し、密通にまで及んだ院の小御所女房たちと、そうさせた二人に対する上皇の激怒であり、「安楽らの処刑は、正式の手続きを経た刑罰でなく、上皇の私刑であった」と見ていることである。

とすれば、「法に背き義に違し」の「法」は「仏法」ではなく、刑罰の決め方についての「世俗法」のこととなろう。

当時の刑罰の決め方について今井はいう。①容疑者の特定、②公卿の会議が該当者を犯罪者と認定することの可否、及び量刑について専門家である儒学者たちに諮問、③儒学者たちが検討して公卿の会議に答申、④公卿の会議が答申をもとに決定し、天皇（上皇）に決裁を求める、⑤天皇（上皇）が決裁。親鸞はこの手続きを問題にしたというのが上横手と今井の共通認識である。

裁判の慣行の無視は他にもあった。「門徒数輩、罪科を考えず、猥りがわしく死罪に坐す」がそれである。その具体的内容については『歎異抄』の蓮如筆写本の奥書に詳しいが、死罪に処せられたのは安楽と住蓮を含む四人であった。上横手はこれまで死罪という観点から法難を考察した研究は見当たらないとし、自ら検討して前掲要旨のごとき結論を導いている。

今井もまた当時の慣例についていう。平安時代三百数十年、死罪の判決を下したことはあったが執行したことはなかった。執行すると遺族に恨みが残る。それを避け貴族仲間としての利益を守るのである。流罪も同様で、数年経つと赦免して京へ呼び戻し、しかも必ず元の地位に戻す。むろん本人・家族・一族・関係者の嘆願がなければならず、親鸞の場合もそうだったはずだ、と。そしてまたいう。「洛都の儒林、行に迷うて邪正の道路を弁うることなし」とは、「京都の儒学者たち、すなわち朝廷の法律家たちは後鳥羽院の超法規的行動に惑わされて、何が正しいか正しくないかの政治的判断をする能力がなかった」と読解すべきだ、と。

こうしたことから今井は、「後序」における親鸞の抗議の真意は国家体制批判などではなく、自身を含む専修念仏集団に対する上皇の私憤への非難、また処断の手続きを無視した違法なものだとの非難だったとしている。これは上横手の見解と同じである。

親鸞の流罪先が越後になった背景

前述のごとく親鸞は国家権力を批判した仏教者であり、「後序」の記述はそれを如実に示しているとされる。しかし「後序」の読解には異論も出ていた。そして私もこの異論の方に注目したい。

そもそも私が奇妙に思うのは、あれほど過酷な処分を下した後鳥羽上皇が親鸞の流罪先を越後にしてほしいという九条兼実や日野宗業の懇願を受け入れたことである。今井は流罪先が越後となったのは決して偶然ではなく、然るべき理由があったという。すなわち三善為教・宗業・兼実、それに上皇の四者の意向が強く働いたと見るのである。そのときの四人の心情を今井の見解（『恵信尼』六一—六七頁、「親鸞聖人の越後流罪——孤独の学びから、念仏布教へ——」、『山口真宗教学』第二十五号、二〇一二九頁）を参照して作家よろしく想像してみよう。

まずは為教である。為教は親鸞の妻恵信尼の父である。「わが婿親鸞殿が流罪に処せられることになった。わしとて痛恨の極みだ。流罪が免れぬのであればせめて流罪先は越後国になってほしい。かの地はわしの主兼実様の九条家の知行国であるし、わが三善家は為長様以来わしまで三代にわたって越後介を務めてきたから領地と権益がある。そなたも親鸞殿に付き従ってかの地に赴くことであろうが、越後であれば一安心だ」。

次は宗業である。宗業は親鸞の伯父の一人である。「甥の親鸞の身が心配だ。しかし流罪先が越後になりそうなのは幸いだ。かの地は九条家の知行国でもある。ここはひとつ兼実様にお願いして急遽わしを越後の権介に任命していただこう。さすればその権威で親鸞を援助することができる。有難いことに兼実様はわしのことを殊の外買ってくださっておられる。必ずや聞き入れてくださるだろう」。

次は兼実である。「このたび流罪と決まった者の中にわが家臣為教の娘婿がいるとか。為教は流罪先を越後国にしてほしいようだ。また宗業もそれを希望し、加えて自分を越後の権介にしてほしいといっている。わしもこたびの上皇様のご聖断は筋違いの感なきにしもあらずと思う。ここはひとつ上皇様に嘆願してみよう。宗業のことは上皇様もお気に入りゆえご承知くださるだろう」。

そして上皇である。「こたびの専修念仏の輩の処分のこと、ややこしくなったようだ。兼実の話では罪人の一人の親鸞とやらについて宗業は越後に送る前に自分を越後権介にしてほしいといっているようだがわからぬでもない。越後はわしとも縁の深い国だ。宗業がそこまでいうのなら認めようか。わしも短慮に過ぎたのかもしれぬ」。

ちなみに、越後での生活はどうであったか。『延喜式』によれば流人には日ごと一升の米と一勺の塩が与えられる。そして翌年の春になると種子が与えられ、秋になると米も種子も給与が停止されると規定していた。これを踏まえて、かつて野間宏はいった。

「親鸞もまた、その渡されたものを携えて越後へ行き、その地で未墾の土地を開き、籾種をまいて稲作をし、自身の食糧を自身の手で収穫する作業をつづけて生き残るという、まったくけわしい生存のたたかいをすすめなければならなかったのではないかと思うのである。親鸞は、叡山にあって堂僧として労働していたのであって、稲作についての知識がまったくなかったわけではないだろう。しかしそれを実際に自分がすすめることとなったとき、彼の前には破ることの不可能な壁がそびえ立っていただろうとも考えられる。しかし彼は、念仏門の広がっていたといわれる越後の農民に一つ一つたずねて、あるいは助けられて稲作の作業をすすめ、自分の食い代をつくるのに成功したとみることができる」（『親鸞』一二一頁）。

しかし、今井によれば、平安時代の後期には流罪に処せられるのは貴族もしくはそれに準ずる者に限られ、流人は流罪先では耕す農民付きの田が与えられたから田畑を耕して食糧を確保したり生活費を稼ぐ必要はなかった（「浄土真宗史研究の方向性」、『親鸞の水脈』特別号、一一頁）。加えて親鸞に同行した妻の恵信尼には実家の三善家が所有する越後の所領からの援助が期待できたし、三善家より侍女も付けられていた（『恵信尼』六七―六九頁）。何より親鸞は後鳥羽上皇と九条兼実のお声掛かり、越後権介日野宗業の甥であれば大切に遇されたに相違ないとされる（「親鸞聖人の越後流罪」二九頁）。親鸞の生活上の苦労など当地の農民のそれと比べれば何ほどのこともなかったようである。

承元の法難の時系列

話を戻す。親鸞の流罪先が越後になるにあたっては後鳥羽上皇の意向が反映されたと見たいが、専修念仏の徒の所業が自分を治天の君とする国家への体制批判だと見ているのであれば、こうした軟化はまず期待し難いのではないか。それは兼実や宗業には当然予想できたことであろう。とすれば上皇の激高の直接の動機は、小御所女房たちを出家させたことに対する一時の私憤だったと見るのが妥当ではなかろうか。

今井もまったくの想像だと断っていう。「女官二人の出家のときはカッとして流罪にしたけれども、宗業がそこまで言うのなら、「じゃあ親鸞を守ってやれ」ということになったのだろうと思います。後鳥羽上皇はそんなに偏屈な人間ではありません。『新古今和歌集』を編纂した藤原定家よりずっと和歌が上手でしたし、人の心が理解できない人間ではありませんでした」（『親鸞聖人の越後流罪を見直す』六五頁）。

こうした推測を補完するために、「承元の法難」への流れを赤松俊秀の『親鸞』を参照しつつ時系列的に整理してみる。

まずは延暦寺の法然への抗議である。延暦寺の抗議はもっと前から始まっていたらしいが、元久元年（一二〇四）の抗議においては、法然は十一月七日、『七箇条起請』を作成し、門弟の中に仏教者としての言動の範囲を逸脱する者がいることを認めて延暦寺側の怒りを鎮めた。

しかし、法然のこの低姿勢に不満を抱いた門弟の無思慮な言動により、「諸宗は一致して朝廷に禁止を要求するようになった。後鳥羽上皇はそれに対して、源空がその行き過ぎを認めた怠状を院庁に提出しているから、憤慨するに当たらないとして諸宗の要求を制止した」（同右、一〇七頁）。

ついで翌二年（一二〇五）十月、興福寺が九カ条の奏状を提出し専修念仏の禁止を要望した。奏状は笠置寺の貞慶が起草したものである。当時の朝廷は後鳥羽上皇のもとで法然の専修念仏に理解のある九条良経が摂政であったが、良経は双方の板挟みとなってどっちつかずの宣旨を出すことにした。憤慨した興福寺は一念義の行空と他念義の遵西の流罪を要求した。

朝廷でこの審議に関係した蔵人頭の三条長兼は九条兼実、良経に仕えていたので元久三年（一二〇六）二月十九日、貞慶に会い協議したが興福寺側は長兼を忌避し、良経に法然の処分を要求した。これは実現しなかったが、法然は行空を門弟外に排斥する。「興福寺側の要求が全面的には聞き入れられなかったのは、南都北嶺の暴力をさして意に介しない後鳥羽上皇の決断によるものと思われる」（同右、一一二―一一三頁）。

良経はこの直後急死し、摂政は近衛家実となり、改元して建永元年（一二〇六）となる。同年六月になると専修念仏の問題が再燃し、同月二十一日には禁止の宣旨を出すか否かの協議が行われたが決着しなかった。待ちきれなかった興福寺側は八月五日に督促。「最後の決断が容易に下らなかったのは、後鳥羽上皇がそれを押えたからであろう」「事態は最終段階に入りながら、どちらかといえば専修念仏側に有利であった」（同右、一一三頁）。

ところが、同二年（一二〇七）正月に形勢は急変する。前年の十二月九日に始まった後鳥羽上皇の熊野詣での間に件の事件が起きた。上皇は同月二十八日に帰京したが、「この事件を知って、専修念仏者に裏切られたとの感じを持ったのは、上皇としては当然であったろう」（同右、一一四頁）。

二月八日には専修念仏者の逮捕・拷問が相次いで行われ、翌九日には兼実の使者が専修僧を伴って朝廷に参上した。「おそらく兼実として救解の最後の努力をしたのであろう」（同右、一一五頁）。こうして専修念仏は停止されて、流罪と斬罪に処せられることになる。『歎異抄』の蓮如書写本の奥書によれば、流罪は法然並びに七人の弟子、すなわち親鸞・浄聞房・澄西禅光房・好覚房・行空法本房・幸西成覚房・善恵房、死罪は西意善綽房・性願房・住蓮房・安楽房の四人であったという（『浄土真宗聖典（原典版）』九二三―九二四頁）。

赤松はこのように論述し、ついで「後序」に触れ、述べる。「親鸞はこの文のなかで、専修念仏を禁止したのは、後鳥羽上皇以下の君臣が法に背き義に違い忿を成し怨を結んだものである、と極言している。院の女房と専修念仏僧が密通したことを激しく憤慨したあまり、一時の興奮にかられて、本心からは賛成でなかった専修念仏の禁止を急いで発令し、破戒の疑いがあるとはいえ、僧に極刑を科し、社会の上下から厚く敬われていた源空を流罪に処したのであるから、後鳥羽上皇がこのような非難を受けるのは当然である。親鸞はこの事件で権力者の気ままを身にしみて知った」（同右、一一七―一一九頁）。

承元の法難の真相

以上、承元の法難へ至る過程を辿ってみた。赤松の指摘も踏まえながら私なりにまとめれば、この一件は専修念仏の徒が国家権力や国家体制を批判したとして被った念仏弾圧などではない。法然をはじめ親鸞においても国家体制そのものを批判する意図などなかったと思われる。ただし、このことはその当座においてということである。親鸞における国家権力に対するスタンスとか護国思想とかが問題になるのはもっと後のことであろう。また後鳥羽上皇をトップとする権力者の貴族たちにも念仏は禁止しなければならないといった認識はなかったと推測される。

今井が再三指摘するように、皇族でも貴族でも武士でも念仏を弾圧すれば堕地獄だということは承知していた。それどころか彼らは様々な信仰をもっていたとしても最期は念仏を称えて極楽浄土に往生したいと願っていたのである。権力者が取り締まろうとしたのは念仏者一般ではなく、治安を乱す念仏者だったのである（「親鸞聖人の越後流罪」一四―一六頁）。

後鳥羽上皇とて同様であったろう。上皇の延暦寺や興福寺の訴えに対する一連の動きを見ればかくいえよう。にもかかわらずかかる処断に出たのは、赤松の言葉をもってすれば、「この事件を知って、専修念仏者に裏切られたとの感じを持ったのは、上皇としては当然であったろう」であり、また「院の女房と専修念仏僧が密通したことを激しく憤慨したあまり、一時の興奮にかられて、本心からは賛成でなかった専修念仏の禁止を急いで発令」したということが真相だったのではあるまいか。

ただ、ここで注意すべきは専修念仏停止令は、はたして出されたのかということである。大方は出されたとし、それをもって念仏への弾圧がなされた根拠とする。赤松もそのように見ているようであるが、上横手はそうは見ない。出されたとする論者のほとんどは実は根拠を示さない。赤松も然りである。上横手は、そんな中で念仏停止令の史料的根拠を明らかにしたのは平雅行だとするものの、しかしその史料的根拠は薄弱だと批判する。

上横手論文の末尾はこうである。「さてこのように、念仏者が斬られたのは、風紀に対する後鳥羽の私怨が原因であり、念仏停止令も出されたとはいえない。法然の配流について、今回は扱う余裕がなかったが、事実として疑う余地がないとしても、事情・背景については検討の余地があるであろう。そのように考えると、「建永の法難」とは一体何だったのだろうか」(「「建永の法難」について」、上横手編『鎌倉時代の権力と制度』二六〇頁)。

私は「承元の法難」はむしろ「承元の事件」とでも称する方が妥当かと思う。もっともこのようなことをいうと真宗側からは矮小化していると批判されることであろう。平成十九年(二〇〇七)は親鸞が越後に流されて八百年にあたった。真宗教団では「御流罪八百年」と称して法要が勤まり、また講演やシンポジウムなどが催され活発な議論が展開された。議論の子細は承知しないが、ただ親鸞の流罪を「法難」だと見ることは共通の認識であった。

いうまでもなく「法難」とは「教団が時の政治権力あるいは異教徒より受けた様々な迫害」の謂であり、被ったと感じた側の認識を示す言葉である。かかる認識は単に事の真相を明らかにしようとするよりも本質を明らかにしようという深みへ傾きがちである。真宗学者あるいは教学者といわれる人たちにその傾向は強い。もとよりそれも重要なことではあるが、まずは歴史的事実を史料にもとづいて考察することが肝要であろう。「承元の法難」の真相は、まだ不明の点が残っているようである。

後鳥羽上皇批判はいつ書かれたか

「後序」における親鸞の批判は、直接には後鳥羽上皇をはじめとする朝廷とそれを翼賛する既成仏教教団の所業を専修念仏に対する宗教的弾圧と見てのものだったのか、それとも単に一時の激憤にかられて法無視に走った後鳥羽上皇とそれを阻止できなかった周囲へ向けられた世俗的な非難であったのかはひとまず置くとして、これが書かれた時期についても問題がありそうである。

注目したいのは古田の説である。前述のごとく古田は「後序」中の「竊以……五年居諸」の箇所は流罪末期の親鸞自身によって掲出された奏状の一部であると見た。

近年、この古田説に再び注目したのは末木文美士である。末木は古田説はやや無理がありそのままは従えないとするものの、上皇批判の箇所は、土御門を「今上」としていることから、実際に奏上したかどうかはともかく、土御門在位中（一一九八―一二一〇）に執筆した文書がもとになり、後に「後序」の冒頭に組み入れられたということはあり得るとしている（『親鸞』一〇四―一〇五頁）。

しかし、当時これほどの文書を、しかも奏状として、さらには一介の僧が公けにすることなどできたであろうかという疑問も湧く。「実際に奏上したかどうかはともかく」と末木がいう所以であろう。その点で注目したいのは今井の見解である。今井は親鸞が後鳥羽上皇を批判できた背景について言及している。それによると、親鸞が『教行信証』を執筆した元仁元年（一二二四）は、後鳥羽上皇が承久の乱に敗れて隠岐に流されて三年後のことであり、すでに権力は握っていない。よしんば貴族たちが上皇の赦免を願い出ても、鎌倉幕府の北条義時や泰時は絶対に承知しない。武士の世に変わり、奈良・平安時代の貴族の常識は通じなくなっていたのである。加えて執筆場所は常陸国稲田郷である。そこは義時の義兄弟だった宇都宮頼綱の支配地である。こうしたことから上皇批判は易かったのであり、承久の乱の前ならばとても書けなかっただろうという（『親鸞聖人の越後流罪を見直す』七九―八〇頁、『六十七歳の親鸞』四五―四六頁）。これはしかし古田とは異なり、「後序」は『教行信証』執筆の最終段階で往時を振り返って付加された跋文ということを前提にしていることになろう。

こうしたことについて私は判定を下せないが、ただ思うことは、二つの見解は親鸞像を描く際の分水嶺にもなろうということである。すなわち、古田及び末木等の描く親鸞のイメージは国家権力と闘う仏教者である。一方、今井はかくは見ないのである。

4、親鸞と被差別民——「一切経校合」時の肉食を手掛かりとして——

親鸞の一切経校合

親鸞を国家権力と闘う念仏者と見ようとする場合、ネックとなることがある。親鸞が鎌倉幕府の要請に応じて一切経の校合に携わったとの記録があることである。

この記録は『口伝鈔』にある。この書は親鸞が折々に孫の如信に語ったことを曾孫の覚如が元弘元年（一三三一）十一月の報恩講において口述して高弟の乗専に筆記させたものである。乗専は翌年これを清書している。一方、覚如自身も康永三年（一三四四）にこれを筆写している。

ところが、乗専筆記本と覚如自筆本とでは、親鸞に校合を依頼した者が前者では北条泰時となっているのに対し、後者では北条時氏となっている。時氏は泰時の子である。しかしこれは泰時が正しいとされる（今井雅晴『五十六歳の親鸞・続々——一切経校合——』八一一五頁）。

一切経の校合は並みの僧のなしうることではない。泰時は適任者を探させた。そのあたりの経緯を『口伝鈔』はこう記す。「これを校合のために、智者学生たらん僧を屈請あるべしとて、武藤左衛門入

道　実名を知らず、ならびに、屋戸やの入道　実名を知らず　両大名におおせつけて、たずねあなぐられけるとき、ことの縁ありて聖人をたずねいだしたてまつりき。もし常陸の国笠間郡稲田郷に御経回の比か聖人その請に応じましまして、一切経御校合ありき」（『真宗聖典』六五七頁）。

親鸞が校合にあたるようになった時期について今井は、安貞二年（一二二八）、五十六歳のころとする。この年から突然のように親鸞の足跡が相模国に見られ始めるからであるが、それは鎌倉幕府に招かれて一切経校合に携わると同時に、併せて相模国各地で布教を始めたのだと推測されるからである（『五十六歳の親鸞・続々――一切経校合――』六三頁）。

親鸞は本当に鎌倉幕府の求めに応じて一切経の校合に携わったのか。今井はこれを史実であったと肯定していう。従来これが否定されてきたのは、親鸞は権力者に協力するはずはないという見方からであったが、しかし法然は関白九条兼実と親しかったし、越後流罪の折りに生活を守ってくれた伯父の日野宗業も朝廷の一員であった。また、親鸞を稲田に招いてくれたのは鎌倉幕府の有力者であった宇都宮頼綱であり、さらには親鸞の門弟たちも『親鸞聖人門侶交名牒』によればすべて地方の権力者たる武士であった。阿弥陀仏の教えはすべての人々を救うものであり、よって「権力者と戦う親鸞」像は誤りだ（同右、六二―六三頁）、と。

袈裟を着けたまま肉食した親鸞

『口伝鈔』の本箇所の内容は一切経校合のことだけではない。むしろその七倍もの分量は親鸞の肉食についてのものである。まずはあらましを示す。

一切経の校合があった折り、食事が振舞われ魚や鳥の肉が出された。そのとき他の僧たちは袈裟を脱いで食したが親鸞だけは着けたまま食した。そこで当時九歳であった北条時頼が不審に思い親鸞にそのわけを尋ねた。親鸞は「あの方々は肉を食べ慣れていて、これを食するときには袈裟を脱がなければならぬことを知っておられるのであろう。しかし自分はこのような食べ物にはたまにしかめぐり合わないので、度を失い、急いで食べようとするあまり袈裟を脱ぐのを忘れてしまったのだ」と答えた。しかし繰り返し尋ねてくるので、ついにはこう答えたという。以下は原文にて示す。

「まれに人身をうけて生命をほろぼし、肉味を貪ずる事、はなはだ、しかるべからざることなり。されば如来の制誡にも、このこと、ことにさかんなり。しかれども、末法濁世の今時の衆生無戒のときなれば、たもつものもなく、破するものもなし。これによりて、剃髪染衣のそのすがた、ただ世俗の群類にこころおなじきがゆえに、これらを食す。とても食する程ならば、かの生類をして解脱せしむるようにこそ、ありたくそうらえ。しかるに、われ名字を釈氏にかるといえども、こころ俗塵にそみて、智もなく、徳もなし。なにによりてか、かの有情をすくうべきや。これによりて袈裟はこれ、三世の諸仏解脱幢相の霊服なり。これを着用しながら、かれを食せば、袈裟の徳用をもって、済生利物の願念をやはたすと、存じて、これを着しながら、かれを食する物なり。冥衆の照覧をあおぎて、人倫の所見をはばからざること、かつは無慚無愧のはなはだしきににたり。しかれども、所存、かくのごとし」（『真宗聖典』六五八―六五九頁）。

ここには如来の制誡に背かざるを得ないわが身に対する深い懺悔と同時に、食べられる生き物にも解脱を得てほしいという慈悲とが共存している。

この一件が史実なのかは不明である。概して史家は興味を示さない。伝承と見るからであろう。一方、覚如はどうだったのであろうか。親鸞や本願寺の権威高揚に努めるに際し、幕府の一切経校合に親鸞が請われて参加したとするのは格好の材料であったろう。しかし肉食の記述はその七倍の長きにわたる。加えてその内容も特異である。これを詳述した覚如の真意はどこにあったのであろうか。

古田武彦はこの話には「思想上の重要な問題点」があるとする。それは親鸞には魚・鳥への慈悲があったというだけでなく、小利口に袈裟を脱ぐ僧たちの偽善への怒りがあったのだということである。にもかかわらず覚如はそれに気づかず、時頼のことを「幼少の身として、感気おもてにあらわれ、随喜、もっともふかし」と評し、親鸞が「一天四海をおさむべき棟梁、その器用はおさなくより、ようあるものなり」と讃えたとしたことを皮肉り、「世俗的な感覚の持ち主、覚如は、「さすがに権力の座につく方は子どものころからちがったものだ。」――そんな調子のいい結論へもっていって、この話を結んだのである」としている（『親鸞』一五二頁）。

この結論に着目すれば、これまた鎌倉幕府へのおべっかであると同時に、親鸞を権威づける効果を狙ったものだともいえよう。しかし、「思想上の重要な問題点」について、古田とはまったく異なった見方をする学者もいる。

猟漁民との交わり

一切経校合時の食事の記述を古田とは別の角度から重視するのは河田光夫である。河田によると（「親鸞と狩人」、『親鸞の思想と被差別民』二一五—二三七頁）、仏教が浸透するにつれ殺生肉食は悪だとする考え方が強まり、それは猟漁民を穢れた悪人として差別する観念上の拠り所となった。しかしその一方で、生き物は人間につかまって食される、あるいは神前に供えられたりすることを通して解脱できるという考えが生まれてきた。河田はこれを「殺生肉食善根論」と呼ぶ。

この「殺生肉食善根論」は一見身勝手な理論のように見える。しかし、猟漁民以外の一般人とて骨や皮でできた製品を用いることはある。殊に僧は字を書くことが多いが、墨も筆も生き物を材料としている。また肉食もしている。現に親鸞の時代は大半の僧が肉食していたことは自明であった。自ら肉を食らい生き物由来の製品の恩恵を受けていながら、直接の生産者たる猟漁民だけを悪人と差別するのも確かに身勝手なことである。

「殺生肉食善根論」は生き物との一体感をもっていた猟漁民の信仰であり、親鸞の「悪人正機説」は親鸞が彼らと接してそこに人間的な輝きを見たという現実に根差しているのであり、幼い時頼への言葉もそうしたことの影響だと河田は見る。

河田の主張を今少し詳しく見てみよう。『口伝鈔』の中で親鸞は、「袈裟はこれ、三世の諸仏解脱幢相の霊服なり。これを着用しながら、かれを食せば、袈裟の徳用をもって、済生利物の願念をやはたす」といっていた。河田は、これは往生の原因をアミダ仏の本願におく親鸞思想から出てくる論理ではなく、猟漁民の世界に存在した信仰の影響に違いないと踏んで論証に取り掛かる。

まずは「殺生肉食善根論」の検討であるが、それに類する観念を『神道集』巻十「諏訪縁起」に求める。信濃国諏訪神社に魚肉が供えられているのを見て訝った寛提僧正に大明神が夢中にていう。「野辺に住む、けだもの我に縁なくは、憂かりに闇に、なお迷わまし」「業尽有情、雖放不生、故宿人天、同証仏果」。

この文は変形しながら全国の狩人の世界に普及したとされる。『神道集』は南北朝時代初期の成立であるが、諏訪神社にはすでに鎌倉時代に「殺生肉食善根論」が成立していたのであり、似た観念は仏教においても同時期に成立していたことが『沙石集』などからうかがえるという。

かかる観点から親鸞の言葉には親鸞が猟漁民の世界と深く関わったことが推測されると見る河田は、続いて親鸞の念仏集団と狩人との関係へと考察を進める。河田は西念寺蔵本『親鸞門侶交名牒』に記された門弟の居住地名を手掛かりにして、鎌倉時代に狩場であった下野国那須野やその周辺にはかなりの門弟がいたといえるとし、そこに集まる信者あるいは門弟の中に狩人がいたことは確実だとする。河田が次に着目するのは弁円のことである。弁円はもとは山伏で、親鸞に危害を加えようとするものの逆に化を被って門弟となった明法房のことである。その経緯は『親鸞伝絵』に取り上げられ、よく知られるものとなった。

『親鸞伝絵』は四幅の掛け軸に仕立てられて真宗寺院では報恩講において繙かれ、古くは絵解きされたものである。通常、三幅目の最上段が弁円に関する絵で、そこには二人の人物、すなわち親鸞の尊顔に触れて後悔の涙を流す弁円とそれを温かく受け入れている親鸞が描かれている。ただし、これは私の所属する東本願寺の場合である。

河田が着目するのはこの絵である。『親鸞伝絵』には諸本が残るが、原初形態を留めているとされる専修寺蔵本では弁円の後ろに片膝をついた人物が描かれている（九八頁）。河田はこの人物は身につけている着物や道具から狩人に相違ないとする。そして山伏が狩人を連れていることは自然のことであり、親鸞の門弟に山伏がいたこと自体が親鸞と狩人との関係の可能性を強く示唆しているという。ちなみに、弁円については近年今井雅晴がまとまった論考を発表しているが（『親鸞聖人と山伏弁円と板敷山』）、狩人云々の事情については特段触れていない。

なお、河田は親鸞と海夫（漁民）の関係についても考察している（「親鸞と海夫」、『親鸞の思想と被差別民』一一五—一四八頁）。それによると、親鸞と海夫の関係を直接語る史料はないものの、前述の西念寺蔵本『親鸞門侶交名牒』を手掛かりにして親鸞の門弟と海夫の居住地を照合すれば、門弟自身や彼らが組織した信者の中に漁民がいたことはほぼ確実だという。

猟漁民に対する差別の成立

ところで、殺生せざるをえない猟漁民等を悪人と差別する風潮の成立には仏教が深く関わったのではないかという見方がある。そこでやや脇道に逸れるが、そのあたりの事情を見ておきたい。なお、以下は拙稿「インド仏教における平等と差別——殺生に関わる職業をめぐって——」（『印度哲学仏教学』第六号、二一三—二二七頁）のほぼ転載である。ただし、原則、註は割愛し、また小見出しを付加する。

原始仏教における平等の観念

釈尊もしくは原始仏教はインド社会を顕著に特色づける階級的差別観念を批判し、四姓平等を主張したとされる。このことは原始仏教文献に徴して疑う余地がない。その平等論がいかなるものであったかについてはすでに先学の研究があるからここでは屋上屋を架するがごとき論証は控えるが、しかしその平等論が人間の尊厳を生まれではなく行為に求めるという立場を前提としていたこと、及び究極的には解脱・涅槃が万人に開かれているという宗教的立場に依拠し、それゆえ具体的にはサンガ内において実現されるべき性格のものであったことは指摘しておかなければならない。

右の二点は原始仏教の平等論の重要なポイントであるが、私見によれば、この二つが意味をなすためには自らの行為を取捨選択し得る自由が万人に認められていること、及びサンガの門戸が万人に開放されていることが不可欠であろう。しかし、実際には例外があったというべきである。

後者については、サンガへの入団が無条件に許されていたわけではなく種々の制限があったという「遮難」の問題を指摘することができる。前者については、確かに「その生まれよりも行為を問うことが力説されてくると、あらゆる人間にとって同一の条件が与えられ、機会の均等が与えられてくる」ことにはなろう。しかし、これは楽観的な解釈ではなかろうか。人間にとっての行為ということを考えたとき、それが職業と分かち難い関係にあることは今も昔もさして変わらないことと思われるが、しかし現代と比べ古代インドにおける職業の最も著しい特色は、それが原則として世襲であったということであろう。

次に一言するように原始仏教では決してすべての職業を是認していたわけではなく、ある種の職業は賤しいもの、好ましからざるものと考えていた。しかし、それを生業とせずしては糊口を凌ぐことのできない人々もいたはずである。例えば『十誦律』巻二十五では、長老迦旃延にその仕事を止めるように咎められた猟師がいう。「先世以来、此を以て業と為す。今若し作さざれば、那んぞ自活することを得ん」。また『根本有部毘奈耶雑事』巻二十三では、自分の留守に妻が不貞を働くのではと気をもむ猟師の夫が思う。「我れ若し［狩りに］去かざらんには、既にして別の業無ければ、餬口の交無し」。

彼らにはたとえ己が行為を問われることがあっても、同一の条件や機会の均等が与えられること、すなわち転職もしくはサンガへの入団等の仏教が是とする道を選ぶことなど、必ずしも易きことではなかったであろう。かかる観点に立つとき、仏教の平等論は新たな差別の現実を生み出す方向に機能する可能性を孕んでいたのではないかとも思えてくる。そのあたりの事情を一考する。

原始仏教の職業観

宗教が教えにもとづいて信者の職業に規制を加えることがある。インドについていえば、ジャイナ教が不殺生の戒律を厳守するために多くの職業を制限したことはよく知られている。

これに対して原始仏教は、世の中の様々な職業は単に職能的な区別に過ぎず、職業による貴賤の差別は認められないという立場を取っていたから、ジャイナ教ほどには厳格ではなかった。しかし原始仏教文献を渉猟すると、ある種の職業は「負」のイメージを与えられている。例えば木工業や掃除業は「賤しい職業」であり、籠作りや陶工・織物工・皮革工・理髪師の技術は「賤しい技術」といわれる。また、屠羊者・屠豚者・漁師・猟鹿師・盗賊・死刑執行人は「悪業をなす人」と称され、屠羊者・屠豚者・捕鳥者・捕獣者・猟師・漁師・盗賊・刑吏・獄吏は、「他を苦しめ、他を苦しめる業務を行う人」と呼ばれる。また、武器の売買、生き物の売買、肉の売買、酒の売買、毒の売買は在家信者のしてはならない仕事とされる。

これによって原始仏教が殺生・死・飲酒・排泄物等の汚れと見なされる行為もしくは事物に関わる職業を賤しいもの、悪しきものと考えていたことが知られるが、古代インドにおいてはまた職業と生まれとは不分離の関係にあったから、かかる職業に携わる人々は一様に賤民と蔑まされた。例えばいう。

「ここに、ある人は賤しい家に生まれる。すなわちチャンダーラ（旃陀羅）の家や、ヴェーナ（竹細工人）の家や、ネーサーダ（猟師）の家や、ラタカーラ（車大工）の家や、プックサ（掃除夫）の家や、貧しい［家］に生まれる。それらの家は飲食物乏しく、生計が困難で、食物を得るのに苦労する。彼は醜く、見るに耐えず、奇形で、病が多く、片目であったり、手が曲がっていたり、足に障害があったり、半身不随であったりする。彼は、食物・飲料・衣服・乗り物・花飾り・芳香・塗料・臥床・住居・灯火具を得ることができない」。

チャンダーラをはじめとする五つは、原始仏教文献にしばしば言及される賤民の名称である。これらに生を受けた人々がおおむね貧困であり、それゆえ病気や身体障害を被ることも少なくなかったことはおそらく事実であろうが、原始仏教文献に散見されるこの定型文は、かかる現実を直截に述べたに留まらない。それを「賤しい生まれ」とか「賤しい家」と、あまつさえ「仏」の名をもって述べているところに、原始仏教が当時の差別的通念を必ずしも否定していなかったことが読み取れよう。

チャンダーラに対する差別

それのみか原始仏教文献には賤民、とりわけチャンダーラに対する差別的文言も少なくないのである。例えばいう。

「比丘らよ、五法を成就する優婆塞は、優婆塞のチャンダーラである。優婆塞の垢である。優婆塞の最下劣である。五とは何か。無信である。無戒である。瑞相を望むことである。瑞相を信じて善を信じないことである。また、ここ〔仏教〕より他に供養されるべき人を求め、彼に仕えることを先とすることである」。

「比丘らよ、二十一の規則違反によって生活の資具を得てはいけない。〔中略〕このようにして得られた托鉢食は、わが教説のうえではチャンダーラの残食に等しく、これを食べることは正法を奉ずる弟子たちにとってはチャンダーラの残食を食べるようなものである」。

あるいはまた前生の菩薩や仏弟子の口から、次のごとき言葉が発せられている。「王よ、チャンダーラから生まれた者は、人間のうちの最低の生まれの者、最も劣った二本足である。非常に悪しき行為により、われわれはかつてチャンダーラの胎に住んだ」。「象飼い、あるいは馬飼いや、牛飼い、さらにチャンダーラ、死体焼き人、汚物清掃人に、財さえあれば女はなびく」。

律蔵の中にも無視し得ない記述が見られる。『根本有部毘奈耶』巻六によると、傷んだ鉢を修理するように注意を受けた比丘が、修理するよりも重症の比丘が死んだらその鉢をもらってすまそうと考えたことに対して、仏は、「然り。諸苾芻はまさに此の極悪の旃茶羅心を生ずべからず。此の心を起こさんには越法罪を得ん」と述べているし、『十誦律』巻三十一では、不見擯羯磨をなす際にいう言葉の中に、「汝と共事共住せず、汝を厭悪すること旃陀羅の如し」というのがある。同じく『十誦律』巻二十六では、犬の肉を食べた比丘に対して仏が咎めているが、その理由は、「汝等若し貴人の辺に至らんに、若し貴人来たりて汝を看、若し沙門釈子狗肉を噉うと聞けば、則ち汝を棄捨し去らん、汝は旃陀羅の如しと」とされている。

殺生に関わる職業への対応

原始仏教では、ある種の職業及びそれに携わる人々を貶めていたが、その姿勢は後世に看過し得ない影響を残したと考える。そこで以下、原始仏教が忌避した職業のうち殺生に関わるものについて見てみよう。

まず、生き物の命を奪う猟漁に従事している人々に対して仏教がいかなる対応を示したかというと、これを三つに分けることができる。

一つは転職の勧めである。しかし、これは家族を抱えた者にとっては容易ならざることであったがゆえに、経典の説相もやや現実離れの感がある。例えば『ジャータカ』第三五九話には、大鹿(前生の菩薩)を捕らえたある猟師が、懸命に夫を助けようとする牝鹿の情にほだされて罠を解く話が載っている。大鹿は猟師に宝石の一山を与え、「友よ、これ以後は生き物を殺すことなどはなさいますな。これでもって家を建て、子供たちを養い、施しなどの善行をなさい」と諭すのである。

同じく第五〇一話によると、金色の鹿が説法するのを夢に見た王妃が、それを連れて来てくれるように王に頼む。かかる鹿の存在を父親から聞いていたある猟師が罠を仕掛けて捕らえるが、鹿が老いた両親を養っていることを知らされて罠を解く。鹿は自分の毛の一部を猟師に渡し、自分の代わりに王妃に説法すべく詩を授ける。それを聞いた王妃は、「猟師よ、農業・商業・金貸し・落ち穂拾いによって妻を養いなさい。再び悪[い仕事]をしてはならない」といい、様々な財を与える。

第五〇一話の猟師は、貰った財を妻子に与え、自分は出家するに至るのであるが、猟師の身から出家した「善語」や、漁師の子の身から出家した「サーティ」をはじめ、殺生の生業を捨てて出家した人たちも当然いたであろう。『根本有部毘奈耶』巻九は、世尊が勝慧河で漁をしていた五百人の漁師に対して、そなたたちは過去世に悪業をなしたために漁師のごとき賤しい生まれとなったのであり、今また殺生を生業としていたのでは死後はどこへ生まれようかと述べ、獲物を河へ放たせる話を伝えている。悔い改めた彼らは舎利弗のとりなしによって出家するのである。サンガへの入団の勧めは、殺生に関わる人々への第二の対応形態である。

屠殺や猟漁を生業とする人々は社会的には賤しいと見なされていたが、彼らに対してもサンガの門は開かれていた。しかし、実際に賤民階級から入団した人々の数がさほど多かったとは思えない。『ジャータカ』第三五六話によると、サーリプッタ（舎利弗）は猟師や漁師に戒（sīla）を授けようとする癖があったが、「その者たちは、長老への畏敬の念からその言葉に逆らうことができずに戒を受けたが、受けた後でも守らずに、なおもそれぞれの生業を続けた」という。ここに現実を生きる生活者の生の姿を見るといえば感傷に過ぎるであろうか。彼らの多くにとって出家は所詮見果てぬ夢ではなかったか。

また『十誦律』巻二十五では、迦旃延にその生業を咎められたある屠児が、代々のこの仕事以外に自分には自活の道がないことを訴えている記事がある。迦旃延はその悪しき仕事が昼なされることが多いと聞き、夜だけでも五戒を保つよう勧める。屠児はその報いによって、夜には女と戯れ昼には犬に食いちぎられる身となったとされるが、ここにも殺生の現実と不殺生の理想との間で揺蕩う生活者の、のっぴきならぬ姿が見て取れよう。

『ジャータカ』第三五六話中の、猟漁を生業とする者に対するサーリプッタ像はいささかお人好しとも思えるが、様々な階級や職業の人々に接していたであろう比丘の中には、やがて賤民を遠ざける者も現れた。無視、これが第三の形態である。例えば『相応部』九・三によると、カッサパ姓の尊者が猟師を諭そうとしたところ、ある神が尊者を哀れんで、猟師は知恵に乏しく心なき者であるから理を語ったところで理解できまいと警告したという。学者はここから、猟師に対しても教えを説こうとする動きがすでに最初期の仏教のうちにも現れていたが、しかし猟師を除外しようとする動きの方が支配的となったのであり、ここに伝統的・保守的仏教の部分的には閉鎖的であった社会性を認めることができると指摘している。従うべきかと思う。

そして、かかる態度は、やがて比丘の近づいてはならない家としての「五不応行処」の制定となる。『十誦律』巻四十九によれば、賊家・栴陀羅家・屠児家・婬女家・沽酒家であるが、他の文献にもとづけば、唱令家や王家等も同様の扱いを受けている。釈尊自身が凶賊アングリマーラや娼婦アンバパーリー、またビンビサーラ王等と積極的に交わったことが思い起こされるが、しかしかかるタブーは大乗仏教にも知られるほどに強かったことを思えば、『根本有部毘奈耶雑事』巻二十五が、旃荼羅や卜羯娑（pukkusa）や猟師等を出家させてはならぬとしたのも、むべなるかなであったろう。

不律儀

殺生に関わる職業を忌避するという原始仏教の職業観は、その後の仏教においてもほぼ忠実に継承されたが、それを端的に示すのは「不律儀」（「悪律儀」ともいう）の観念であろう。この場合、「不律儀」とは、悪を離れる抑止力をもたない者のことで、これに十二、あるいは十五、あるいは十六を数える。今、その原語を知るために『倶舎論』のサンスクリット本で示すと次のごとくである。

「ここにおいて、それらの不律儀（asaṃvarika）とは、例えば屠羊者（aurabhrika）、屠鶏者（kaukkuṭika）、屠豚者（saukarika）、捕鳥者（śākunika）、捕魚者（mātsika）、捕鹿者（mṛgalubdhaka）、盗賊（caura）、死刑執行人（vadhyaghātaka）、看守（bandhanapālaka）、縛龍（nāgabandhaka）、犬殺し（śvapāka）、罠を仕掛ける者（vāgurika）である」。

不律儀に数え挙げられたものは、殺生を余儀なくされる賤民階級の職業であったといってよいであろうが、『倶舎論』巻十五は、不律儀の無表を得る原因に二つあるとする。一つは殺生を代々の生業とする家に生まれた者が家業を継いで殺生をする場合であり、二つは他の家に生まれたにもかかわらず殺生を生業にしようと決意することである。

不律儀については夙に友松円諦が注目している（「優婆塞所遮の職業について」、『大正学報』一五、三三一―六六頁）。友松は不律儀に言及している文献が説一切有部のものに偏していることからこれを有部の手にかかるものとし、またその成立の背景を単に不殺生の教えに反するという宗教的なものに留めることなく、社会的な理由、例えば社会秩序の維持に腐心した為政者たる王や、原始仏教以来の教団の支持者であり、殺生に関わる者たちの経済的進出を危惧した商人、とりわけ金融業者や貿易業者たちと、彼らの信仰を利用して自らの教線拡張を図ろうとした教団との利害の一致に求めている。この見解は刺激に満ちているが、しかし、例えば『雑阿毘曇心論』巻三では、十二の不律儀を列挙した後に、

「若しは王、若しは典刑、若しは聴訟官も、害心有れば、悉く不律儀に堕するの義あり」とあり、『倶舎論』のサンスクリット本でも、「王と裁判官、訴訟に関係する役人たちも、まさしく不律儀である」とあるのはどのように解すべきか。

それはともかく、ここで注目したいのは、不律儀の観念が有部で成立したものであるとしても、これらの職業を挙げて好ましくないものと蔑視もしくは差別する傾向が原始仏教にまで遡り得るということである。私見によれば、不律儀の教説は原始仏教文献に見られる次の表現に由来するものと推測される。

「比丘らよ、他を苦しめ、他を苦しめる業務を行う人とは誰か。比丘らよ、ここに、ある人は屠羊者・屠豚者・捕鳥者・捕獣者・猟師・漁師・盗賊・刑吏・獄吏、あるいはその他の残酷な生業に従事する者たちである」。

というのは、『集異門足論』巻九では、「自苦等の四補特伽羅」について論じているが、その中で、「云何が他を苦しめ、勤めて他を苦しめ、自らを苦しむるに非らず、自らを勤めて苦しむるに非らざるの補特伽羅なるや」の説明として、「若しは屠羊、若しは屠鶏、若しは屠猪、若しは捕鳥、若しは捕魚、若しは猟獣、若しは作賊、若しは魁膾、若しは縛龍、若しは司獄、若しは煮狗、若しは罝弶等」とあり、これが『大毘婆沙論』巻百十七に示される「十二不律儀」と完全に一致するから、「十二不律儀」の教説は、阿含経に説かれていた自苦等の四補特伽羅説にもとづいて有部でまとめられたものと考えられるのである。ちなみに、四補特伽羅が有部の阿含経にも説かれていたことは、有部に帰せられている『サンギーティスートラ』によって確認される。

これらの職業が不律儀とされたのは、無論それが殺生と関わるものであったがゆえであるが、しかからば、かかる境遇から抜け出すためにはどうしたらいいかという問題についてのアビダルマ論師たちの言葉はつれない。例えば『大毘婆沙論』巻百七でいう。「諸もろの不律儀は、四縁に由りて捨す。一には別解脱律儀を受くると、二つには静慮律儀を得ると、三つには二形生ずると、四つには衆同分を捨するとなり」。

別解脱律儀を受くるというのは、五戒・八斎戒・十戒・具足戒等を受けることであり、静慮律儀を得るというのは、色界繋の禅定に入って随心転の無表を得ること。また二形を生ずるというのは、男子に女根が生じ、あるいは女子に男根が生じて両性を具有することで、かかる人は意志の力が弱いために善にも悪にも徹し切れないのであり、衆同分を捨するとは死ぬことである。二形生というのは現実にそうあることでもなかろうから、受戒や禅定という宗教的実践のできない者が悪律儀を離れる道は死しかないといってよい。その意味で、『十誦律』巻二が、不殺生戒の説明に際して死の讃歎に三種あるとし、その一つに、殺牛・殺羊・養鶏・養猪・放鷹・捕魚・猟師・囲兎・偸賊・魁膾・呪龍・守獄の仕事にある「悪戒人」に対して、比丘が、これ以上罪を作るのを止め、早く死ぬように勧めることを挙げているのは注意すべきである。

同様の見解は『大智度論』巻十三にも見られる。すなわち、ある人が屠殺業の家に生まれ、成人してその家業を継がなければならなくなったが、殺生を厭うて自殺した。これについて論の作者は、この肉体は老病死の藪であり必ず壊れるものであるからこれをまっとうしたとて何ほどのことがあろうか。命を失っても戒を持する方が遥かに優れていると述べている。また『大荘厳論経』巻八では、ある旃陀羅が罪人の処刑を命じられたが、彼は、「有学の優婆塞にして見諦の道を得、〔中略〕十力世尊の所にて禁戒を受持し、乃し蚊蟻子に至るまでも猶お害心を起こさず。何に況んや人に於いておや」とする者であったため、命令を拒んで殺されてしまい、他の五人の兄弟たちも命に従わなかったために殺されてしまったという話を示し、「四大破すべきも、四不壊浄は終に壊すべからず」という立場を表明している。いずれも同工異曲といってよい。もって、殺生にかかわらざるを得ない人々の救済ということが、閑却乃至軽視されていたことを知る。

殺生是認論

冒頭に述べた私見は現代的に過ぎるという批判を被るかもしれない。釈尊あるいは原始仏教は、おそらく己の平等思想を私見のごとくに解されることを肯んぜないことであろう。生まれによるのではなく行為によるという考え方は、差別的制度を理論的に認めてしまう可能性ももっていると注意を促す学者もいる。すなわち、平等を主張するこの論拠は、本来宗教的・倫理的脈絡で解すべきもので、誤って社会的脈絡において解釈すると差別を証明する論理ともなってしまうというのである。これは重要な指摘であると思うが、私の関心はむしろ差別的制度を論理的に認めてしまうこの「可能性」が、仏教の歴史の中で顕在化することがなかったのかどうか、もしくは人間の平等を謳う一方において、差別の現実を温存強化する方向に機能することがなかったのかどうかというところにある。そして瞥見したところ、その傾向はかなり早い時代から見られるのである。

かくして、原始仏教あるいは部派仏教では、殺生を職業とせざるを得ない人々への現実的対応が十分ではなかったといい得るが、その間隙を埋める役割を果たしていたのは、六師外道のごとき仏教から見れば異端と称される人々ではなかったかと思わせる節がある。例えば『ジャータカ』第四九一話によれば、王の命で金色の孔雀（前生の菩薩）を捕らえた猟師が自己の生業について、「ある人々はいう。神々は存在しない。この現生は虚無に帰す。善業悪業の結果も同様である。布施は愚者の教説である。それゆえ、私はその聖者（arahant）たちの言葉を信じて鳥を捕らえるのです」と告白している。孔雀は無論かかる見解が誤りであると説くが、ここには悪とされる殺生の生業を正当化すべく理論武装していた猟師の存在がうかがわれて興味深い。

ここに述べられている「聖者たち」の言葉には、例えばプーラナ・カッサパやアジタ・ケーサカンバリンなどの主張と共通したものが見られる。いうまでもなく彼らは仏教側からは「外道」と称されていたが、しかし仏教興起時代の一流の知識人であり、かつそれぞれの教団を率いた宗教者であったことは、これを認めるにやぶさかであってはなるまい。仏教においては殺生を生業とする人々をその現実のままに救う道は開拓されてはいなかったが、この「聖者たち」はそれを果たしていたかの感がある。少なくともこの猟師は彼らの言葉によって殺生の罪悪感から解放されていたのである。

ちなみに、『マハーバーラタ』の中に、猟師が自己の職業を種々の理由をもって正当化している箇所がある。すなわち、①ヴェーダ聖典及び昔の伝説が屠殺乃至肉食を承認している。②祭祀においては獣を犠牲に供する。③農業においても生き物を殺す。④穀物の種子の中にも生命があるが、人々はそれを食べている。⑤肉食は世人の習いである。⑥弱肉強食ということは世界の冷たい現実である。⑦人々は歩きながら、あるいは坐しつつ、あるいは横臥しつつ、しばしば生き物を殺す。「昔、驕慢な人々は実に不殺生ということを説きましたが、この世において実に何人が生き物を殺さないでしょうか。再生族の最上者よ。このように良く熟考してみますと、不殺生を守る人は一人も存在しません。行者は［観念的に］不殺生を楽しんでいるが、しかし、実は殺生を行っているのです。ただ［殺生しても、なるべく殺さないように］努力しているから殺生は比較的に僅少だというまでなのです」（中村元『宗教と社会倫理』五四―五九頁）。

大乗の『大般涅槃経』巻十九（『大正蔵』一二巻、四七四上―四七七頁上）には、父王を弑逆した罪におののく阿闍世を慰めるべく、大臣たちが様々な理由づけをもって殺戮行為が許されることを弁ずる一段があるが、そこに紹介されるいわば殺生是認論が六師外道の教説であることは看過すべきではない。釈尊がそれらの説を容認しなかったことはもちろんであるが、しかし釈尊自身が開陳する殺生是認論が、必ずしも彼らの見解にすべて反対するというわけではなく採用している部分もあることを思い起こす必要があろう。

ともあれ、以上のごとき事情を勘案すると、なるほど原始仏教は平等を説きはしたが、それは善業・解脱・涅槃等における平等としての色彩が濃く、加えてその理念の実現をサンガという超世俗空間に求めるという宗教性が強かったために、殺生というがごとき現実に留まらざるを得ない人々はおのずと切り捨てられていき、現世における差別はむしろ温存強化されていくという逆説的な構造をもたらすに至ったといえるのではないか。そしてそれは、賤しい家への生まれは前世の悪業の報いとする通俗的業論や不殺生の理想などと相俟って、差別の現実を個人の責任へと転化し、これを社会的・政治的角度から見るという視座はもちろん、これを自身の問題として主体的に受け止めるという姿勢すらも育てなかったものと思われる。

親鸞と被差別民

インド仏教における差別の考察に手間取ったが、今一度親鸞に戻ろう。前述のごとく河田光夫は親鸞が猟漁民との関わりをもっていたことはほぼ確実だとしていた。河田は高い精度でそれを実証しているといえよう。

加えて河田は、親鸞が『唯信鈔文意』に、「屠は、よろずのいきたるものを、ころし、ほふるものなり。これは、りょうしというものなり。沽は、よろずのものを、うりかうものなり。これは、あき人なり。これらを下類というなり。〔中略〕りょうし・あき人、さまざまのものは、みな、いし・かわら・つぶてのごとくなるわれらなり」(『真宗聖典』五五三頁)と記している点にも注目している。

この言葉の前段も重要である。こうある。「自力のこころをすつというは、ようよう、さまざまの、大小聖人、善悪凡夫の、みずからがみをよしとおもうこころをすて、みをたのまず、あしきこころをかえりみず、ひとすじに、具縛の凡愚、屠沽の下類、無碍光仏の不可思議の本願、広大智慧の名号を信楽すれば、煩悩を具足しながら、無上大涅槃にいたるなり。具縛は、よろずの煩悩にしばられたるわれらなり。煩は、みをわずらわす。悩は、こころをなやますという」(同右、五五二―五五三頁)。また河田が省略した箇所には、「「能令瓦礫変成金」というは、「能」は、よくという。「令」は、せしむという。「瓦」は、かわらという。「礫」は、つぶてという。「変成金」は、「変成」は、かえなすという。「金」は、こがねという。かわら・つぶてをこがねにかえなさしめんがごとしと、たとえたまえるなり」(同右、五五三頁)とある。

かく親鸞が記すにあたって参看したのは、宋の元照(一〇四八―一一一六)の『阿弥陀経義疏』、及び弟子の戒度がそれを釈した『阿弥陀経聞持記』の言葉であり、ともに『教行信証』「信巻」に引用されている。「元照律師の云わく、〔中略〕念仏法門は愚智・豪賤を簡ばず、久近・善悪を論ぜず。ただ決誓猛信を取れば、臨終悪相なれども十念に往生す。これすなわち具縛の凡愚・屠沽の下類、刹那に超越する成仏の法なり。「世間甚難信」と謂うべきなり」(『真宗聖典』二三八頁)。「『聞持記』に云わく、不簡愚智　性に利鈍あり、不択豪賤　報に強弱あり、不論久近　功に浅深あり、不選善悪　行に好醜あり、取決誓猛信臨終悪相　すなわち『観経』の下品中生に地獄の衆火一時に倶に至ると等、愚縛凡愚　二惑全くあるがゆえに、屠沽下類刹那超越成仏之法可謂一切世間甚難信也　屠は謂わく殺を宰どる、沽はすなわち醞売、かくのごときの悪人、ただ十念に由ってすなわち超往を得、あに難信にあらずや、と」(同右、二三八頁)。また「能令瓦礫変成金」の語は、唐の慈愍(六八〇―七四八)の八句の偈文を同じく唐の法照(?―八二一)が『五会法事讃』に引用したものをさらに聖覚が『唯信鈔』に引用したものである。

『唯信鈔文意』のこの箇所のもつ問題については宮城顗が真宗学の立場から論じている（『宗祖聖人親鸞――生涯とその教え――』(下)、九八―一一九頁）。また近年では小川一乗が論じている（『親鸞の成仏道――「証」の二重性と「真実証」――』一四四―一五二頁）。しかし、今ここでの関心はそうしたことよりも、親鸞が実際に「屠沽の下類」と称された人々と関わりがあったか否かということである。この点に関しては時に疑問も呈されるからである。『唯信鈔文意』の言葉が先人に依っているということもかかる印象を与えるのかもしれない。しかし河田は前述した歴史学の立場からの実証に留まらず、こうもいう。

「親鸞が内面的自己追求の結果、思想を確立してみたら、偶然にもぴったりする人々がいたので、それを比喩に使って説明したと言うならば、人間の思想形成をあまりに甘く見ているというべきである。目で見るもの、耳で聞くもの、肌で触れるものを媒介せずに人間の観念は決して展開しない。体験せずにすべてを想像しつくす能力は、人間にはない。特に自分より下層の、より差別されている人々の苦闘と、そこから生まれる人間的な輝きは、その実態はもちろん、そういうものが存在することすら想像できないものである」（『親鸞の思想と被差別民』二三四頁）。重い、かつ深い言葉であろう。

殺生に関わる職業に就いている人々、被差別民の救済というインド仏教以来の問題は、日本の親鸞に至って最も切実なものとなったといえようか。

5、戦時下の大谷派僧侶——曽我量深・竹中彰元・河野法雲——

曽我量深に関する近年の論考

真宗門徒、とりわけ僧分にとって曽我量深を知らないものはいまい。私事でいえば、私が大谷大学に入学した昭和四十二年（一九六七）、曽我は学長であった。したがって私は曽我の謦咳に接していたことになる。しかしその記憶はない。わずかに残っているのは一度だけ講義を聴いたことである。それも卒寿を過ぎた老人が腰かけもせず演壇を前に一時間ほど話し、会場は満席で熱気に包まれていたという雰囲気だけである。学長当時、曽我は大学院でしか授業をしていなかったようであるから、この講義は何か特別なときのものであったと思われる。

それはともかく、曽我は昭和四十六年（一九七一）に没しているから、大学院で直に授業を受けた最後の世代でも今や八十歳くらいであろう。したがって曽我についてコメントする場合、多くはその著作を通してする以外にはないのが実情である。とは言い条、著作は膨大であり、加えて難解、時に晦渋ですらあるから、曽我の教学を知るには今や手引書が不可欠であろう。

そんな一つになろうと思うのは『曽我教学――法蔵菩薩と宿業――』である。これは平成二十八年（二〇一六）に水島見一が大谷大学教授を退職するにあたっての記念論文集として発刊されたもので、水島をはじめ十三名の筆に成るものであるが、執筆者の大半は曽我の没後に生まれている。さらにいえば、曽我が亡くなった当時成人に達していたものは水島を含めわずか四人に過ぎない。収録されている論文のタイトルと執筆者は、次のごとくである。

曽我量深の法蔵菩薩論と親鸞の回向の思想（長谷正當）

清沢満之と曽我量深の師資相承――『大無量寿経』の伝統――（延塚知道）

曽我量深の思想――象徴世界観を中心に――（村山保史）

悪の自覚道（伊東恵深）

願心の荘厳――曽我量深の象徴世界観――（亀崎真量）

法蔵菩薩降誕の意義（上島秀堂）

曽我量深における唯識教学（鍵主良敬）

暗黙知として獲得される「宗教的なもの」の教育的意義――曽我量深の「感応の道理」にみる教育の道理――（冨岡量秀）

曽我量深　晩年の思索――第十七願と第二十願との対応――（藤原　智）

信に死し願に生きん――三一問答における曽我量深の思索――（佐々木秀英）

曽我量深出現の意義――宿業の実験――（安西　廉）

宿業因縁に乗托する他力の大道——田舎寺での悪戦苦闘に聞く——（橋本彰吾）

「曽我教学」（水島見一）

いずれも曽我教学の核心的テーマに関する最新の論考であり、それゆえ曽我教学を知る格好の手引書にもなろうが、それでもやはり私などには難しいものである。

それに対して令和三年（二〇二一）四月に発刊された『教化研究』第一六七号は近づきやすい。本号は「特集　曽我量深没後五十年」と銘打って真宗大谷派教学研究所の所長・所員・研究員・嘱託研究員・助手を中心に編纂されたものであるが、研究論文のみならず寺川俊昭大谷大学名誉教授や本多弘之親鸞仏教センター所長ら、曽我の薫陶よろしきを得た学者たちの講演録やインタビュー、さらには曽我の出版物を一手に引き受けた彌生書房の津曲奈穂子社長の寄稿などもあり親しみやすい。

ただ、それらを読んでまず感じるのは、曽我に対する批判的言辞がほとんど見受けられないことである。曽我の生涯は百年に近く、その長きにわたる教学的営みは讃仰するにふさわしいものではあるが、私見によれば曽我はその人生において二度躓いた。戦時下と最晩年である。

真宗教学懇談会

前者に関しては名和達宣が「曽我量深における戦争という経験」と題して論じている。この論文において名和は「真宗教学懇談会」における曽我の発言を取り上げる。この懇談会は昭和十六年（一九四二）二月に東本願寺で開催されたもので、その議事録は『教化研究』第一四五・一四六号に収録されている。

ただしかし、懇談会の全貌が最初に公開されたのは曽我の没した直後に刊行が始まった『曽我量深研究誌　行信の道』の第四輯（昭和四十八年）においてであり、『教化研究』のそれは再録である。名和は、「『行信の道』には、戦時中の言説をはじめ、『選集』から漏れた史料が、さながら「補遺篇」のごとく拾い集められている。現在、曽我における〝戦争という経験〟を追跡していく上で、第一の糸口となる史料集である」（『教化研究』第一六七号、九九頁）としている。

それはさておき、この懇談会は大谷瑩潤が当時の緊迫した国家と宗門の情勢に鑑みて個人的に呼び掛けて開催されたものである。しかし大谷の経歴を知らされれば、これが私的なものだとは到底思えない。一種政治的な意味合いを有していたことは想像に難くない。大谷は明治二十三年（一八九〇）、東本願寺第二十二世大谷光瑩の十一男として誕生した。いわゆる大谷派連枝であり、戦後は国会議員も務めた人物である。

懇談会は他の連枝や宗務総長・参務をはじめ、大谷大学等の教学に関わる機関の重鎮など約三十名より構成されており、その中には曽我量深も含まれていた。この懇談会は三日にわたって開催され、①「神祇観（本地垂迹、大麻、靖国神社問題）」、②「浄土教ノ厭欣思想ニ就テ（国体観）」、③「真俗二諦（臣民道）」、④「時代相応ノ真宗教学ニ就テ」、の四つの攻究題目について侃々諤々の議論が展開され、時に激して落涙する場面もあったようである。

参加者の発言の様子については、名和の分析にもあるように暁烏敏が回数及び所要時間において抜きん出ているが、懇談会が計画される裏には暁烏から大谷への画策があったようだと聞けば（同右、一一五頁）、あるいは暁烏は「昭和一三（一九三八）年より、政府から、真宗仏教に立つ指導者として諸種の依頼を受け、彼はそれを天皇国家の大命として拝受して励んでいる」（福島和人『親鸞思想――戦時下の諸相――』八二頁）と聞けば納得できようか。

二番手は河野法雲であるがこれもうなずける。河野は大谷大学学長も務めた学者であるが戦時教学に与せず、大谷派の戦争協力には従わなかったと目される人物である。懇談会ではアンチ暁烏であった。三番手は安井広度と金子大栄である。そして曽我はといえば、回数、所要時間とも七番手ほどで多くはない。曽我より金子の方が多弁であったのは意外である。

曽我の発言内容

懇談会での曽我の発言のうち注目すべきものは四つほどある。以下、それを見てみよう。

①「皆さんは宗教的宗教的といふが、日本の神さまが宗教的でないといふが、然らば仏教の仏さまも宗教的か、耶蘇のゴッドと同じか、自分は阿弥陀仏は吾々の先祖であると思ふ。所謂宗教的といふのは全智全能だから因位修行がない。だから弥陀は因位の修行があるから所謂宗教的な神とは異なる。日本の神と弥陀とは似てゐる。弥陀は吾々の祖先だと思ふ。天照大神も吾々の祖先で似てゐる」（『教化研究』第一四五・一四六号、二七九頁）。

懇談会は神祇観に関する攻究から始められたが、その最初が本地垂迹についてであった。

本地垂迹とは、「超歴史的な本体が歴史的世界に姿（迹）となってあらわれる（垂）こと。具体的には、仏あるいは菩薩が、人々を救うために、この世にいろいろに姿をあらわすことを意味する。［中略］日本では神道の神についていわれた。即ち神は、本地としての仏が、この世に迹を垂れたものとされた。神仏習合の一種である」（中村元監修『新・仏教辞典』四八七頁）というものである。

「本地垂迹」の語は覚如が『御伝鈔』の中で用いている。覚如は親鸞が京都・六角堂に参籠した折り、夢に救世菩薩が現れて「行者宿報設女犯」の偈を告げたと記し、また「救世菩薩はすなわち儲君の本地なれば、垂跡興法の願をあらわさんがために、本地の尊容をしめすところなり」（『真宗聖典』七二五頁）という。文中の「儲君」とは聖徳太子の謂である。

ちなみに、本願寺派では昭和十五年（一九四〇）四月、聖典中のいくつかの文言を拝読・引用する際には削除乃至は訂正すべきとした。その経緯については信楽峻麿「真宗における聖典削除問題」（『親鸞大系』歴史篇第一一巻、三―三五頁）に詳しいが、それによると右の一段は拝読せずとされた。聖徳太子が救世菩薩の垂迹では不遜と自粛したためであることはいうまでもない。こうした行動を取ったのは浄土真宗系諸派の中ではひとり本願寺派のみであったが、しかしそれは必ずしも他の宗派が親鸞の徒としての確固たる信心と矜持をもっていたからではない。関心をもちながらもそれぞれの思惑の中で静観していたからである。

例えば大谷派では同年六月の第十八回宗義会において長霊観なる議員よりかかる言葉の粛正を実行する意志があるかとの質問がなされたが、安田力宗務総長は「言葉の粛正に関して既に調査はしてゐるが世間に発表する事の可否に就ては充分熟慮したい」と答えるに止めている（『教化研究』第一三九・一四〇号、一九六一一九七頁）。

曽我の言葉に戻ろう。曽我はここで阿弥陀仏と天照大神の関係という本質的にはおよそ無関係な問題について論じていう。阿弥陀仏は吾々の先祖・祖先であり、その点で天照大神も似ている。両者が似ているのはそれのみならず、ともに因位の修行がある。これは耶蘇のゴッドなどの西洋の神の概念とは違う。彼らは全知全能であって因位の修行はない。阿弥陀仏も天照大神にもそうした概念はあてはまらない、と。

名和は曽我が「日本の神と弥陀とは似てゐる」としたことについて、「この発言は、日本主義的であるに違いないが、「同一」とは言わないところに、際どい一線は越えまいとする姿勢を読み取ることができるのではないか」（『教化研究』第一六七号、一〇二頁）と論評しているが、やや好意的に過ぎまいか。暁烏は間髪を入れず、「天照大神の祖先と弥陀の祖先と異るのか」と疑問を呈する。暁烏にしてみれば煮え切らない態度に見えたのであろう。しかし、曽我の答えは「比較しては考へない」の一言であった。

②「「大悲［草間註、「慈」の誤植か?］救世聖徳皇、父のごとくにおはします、大悲救世観世音、母のごとくにおはします」の聖徳皇のかはりに天照大神の名を、観世音のかはりに弥陀を立ててよい」（『教化研究』第一四五・一四六号、二八〇頁）。

この発言は直前に安井広度が、阿弥陀仏の本願に摂取門と抑止門とがあるが、これは一如の相が弥陀釈迦は慈悲の父母というように二つにあらわれたのである。この一如の相が抑止門としてあらわれたのが天照大神と見て、吾々はこの二人の慈悲の父母で救われるという風に考えるとした発言を受けてのものである。

曽我はいう。仏法にいう絶対というのは今日一般の人が考えているのとは違う。一如の顕現が仏法の絶対であり、一如の顕現は無量である。それらがいくつあっても絶対といわれる。私も安井さんのように聖徳皇のかわりに天照大神を、観世音のかわりに弥陀を立ててよいと思う、と。

曽我は畳みかけていう。父と母は二つあるが絶対である。子より見れば一体である。仏法では父を権とし母を実とする。智と慧とを権と実に配当する。権と実とは仏法では上下はない。絶対不可思議である。西洋流の絶対をいうから本地と垂迹に上下があることになる、と。

安井といい曽我といい苦しい弁明ではあるまいか。殊に曽我の場合は「権」と「実」などを持ち出すからしかつめらしく思えてくるが、この論法ではあらゆるものが済し崩し的に認められることになろう。

③「個人では加藤さんのやうなものでも、歴史的には神になれる。弥陀の本願でもさうでないか。十悪五逆のものでも救はれる。死ぬときはみな仏になるのだ。国家のために死んだ人なら神となるのだ。神になるなら仏にもなれる。弥陀の本願と天皇の本願と一致してゐる」(同右、二八六頁)。

この言葉は加藤智学の意見を受けてのものである。加藤は靖国神社に関する協議の中でいう。「先般教務所に会議のあつたとき、某所長が戦死を出したうちのある人から息子は浄土にいつてゐるかと尋ねられたから、間違ひなく行つてゐると答へたがそれでよいかと尋ねられた。その時私はいけぬと答へた。なんぼ戦争にいつても信心のない人は浄土に参れない」。

この発言の後、金子・河野・大須賀秀道・柏原祐義・暁烏らを交えて議論は白熱する。当代一流の学者にして念仏者たちの真剣勝負の議論ではあろうが、暗然たる思いを超えて苦笑すら禁じ得ない。まず河野が加藤を援護する。ついで金子が「余り僧侶の方があればどこに行つたといふことでなしに、吾々は感情として死んだ人にはみな仏にした方がよいのではないでせうか」と発言する。

金子の発言を受けて議論は仏ということに移る。曽我の③の発言はその直後のものである。ついで大須賀がいう。「真宗でも死んだものにはみな釈の字をつけて仏として仏事法要をして仏として拝んでゐる。その点から云つて仏としてもよいと思へる。アハツハアー」。

その後の議論はそのまま掲げよう。

金子　加藤さんは個人主義である。（以下、議論激して来る）

曽我　歴史の力でなり得るのだ。天皇の御稜威でなるのだ。加藤さんの説は傲慢だ。日本の国家の中で党をつくることになる。仏の意味を知らぬ。死んだものはみな仏だ。

柏原　天皇の御稜威に乗托することが弥陀仏の本願と如何なる関係にあるのか。

暁烏　天皇の本願と阿弥陀仏の本願と同様であると思ふ。対立せば問題となる。

河野　天理教徒はどうか。

曽我　天理教徒も天皇の御稜威によつて消える。

暁烏　先生［草間註、河野のこと］は仏教が入るまで空虚といふがさうでない。大御心がある。万世一系の徳がある。それが仏心の顕現と思はれる。そこが今回の戦が聖戦となる。天皇の仰せに順ふことによりて神となるので、変な事は言はれないぞ。

曽我　然り。浄土真宗もさうだ。悪人でも救はれる。仏に一心帰命するものがみな救はれる。如何なる悪人でも神をたのむものが神となる。

④「仏には仏国の歴史があり、神国には神国の歴史があるが、そのまま一如を感ぜられる。私は開山の教行信証の総序を拝読すれば、いかにして二つの文字、天皇の勅語と臣民の総序とどうしてこんなに同一になるであらうか。教行信証の総序こそは教育勅語に対する仏教徒の領解である」（同右、二九二頁）。

この発言は天照大神の神国と阿弥陀仏の仏国との関係についての議論の中でなされたものである。冒頭で曽我はいう。「仏国と神国と歴史を異にしてゐる。大経は仏国の歴史、古事記は神国の歴史なり、これを一つにしてはいけない。然し乍ら仏国と神国とは本来一つである。もと一つのものが歴史的に二つに分けられてゐる。分かれてゐるそのままが一如である」（同右、二九二頁）と。「仏には仏国の歴史があり、神国には神国の歴史があるが、そのまま一如を感ぜられる」（同右、二九二頁）とはこのことをいう。

驚くべきは、その一如をいうに際して天皇の勅語と教行信証の総序とが同一だとしていることである。しかし、同趣旨の発言を曽我はすでに昭和十年（一九三五）のころからしていたと名和は指摘している（『教化研究』第一六七号、一〇七―一〇八頁）。

ここまでくると、もはや論評する気さえ失せよう。仏と神、天皇と阿弥陀仏、阿弥陀仏の本願と天皇の本願（御稜威）、大御心と仏心、教育勅語と『教行信証』の「総序」、そうしたものとの間にいかに整合性をもたせ得るかと汲々としているさまが浮かぶ。

戦時下の曽我への評価

こうした曽我の発言に対して名和はいう。「現代の観点より見れば、時代錯誤・謬説としか言いようのない見解を示すのである」（『教化研究』第一六七号、一〇三頁）と。しかし、ついでこうもいう。「ただし筆者は、以上のような言説を、懇談会のみに視線を注いで判断（批判も擁護も）すべきではないと考える」。

真宗教学懇談会のことはこの号の巻頭言で楠信生所長も触れている。楠はその折りの曽我の発言は「現代の感覚からすれば痛恨の内容である」（同右、六頁）とはいうものの、さらに言葉を継いでいう。「法相を学び、同時代の仏教研究に厳しい一石を投ずる教相の開顕をされた曽我先生をして、時流に呑み込まれて行った理由は何であったのか。民衆と共に生き、思想の潮流に押し流されない選びを生きる困難を荷うことは、曽我先生の学恩を被った者の使命である」。

また藤原智は同号所収の「曽我量深の「還相回向」理解をめぐって」の中で、曽我が昭和十八年（一九四三）八月に鹿児島別院でこう語ったという。

「この我等を御稜威（法）のもとに帰一したまふ、これ浄土である。ここに我等が穢を捨て浄土に帰入する。これ往相・御稜威を仰ぎこの我を清めるはたらきは還相回向である。立派な国民の勇ましい相を見るがこれは還相回向である（中略）第一線に征で立つこれ皆還相回向である」（同右、四一頁）。藤原はこれを「現代からすれば信じがたい発言となる」というが、同時に「戦時下以外に如来の回向と御稜威を同一視する発言はなく、その時代特有の表現と見るべきであろう。しかし、それが曽我の歴史の一断面であることも、また事実として確認しておかねばならない」（同右、四二頁）ともいう。

私は戦時下の曽我については「躓き」という表現を取りたいが、『教化研究』第一六七号の論者たちはどうもそうではないらしい。批判めいたこともいうが、しかし最終的には決して咎めない。それどころか曽我の言動から逆に学ぶべきことがあるとすらいいたいようである。

例えば速水馨はいう。「親鸞思想の危険性が指摘される中、戦時下の曽我量深を取り上げることにどのような意味があるのか。私にとってそれは戦争責任だけを検証することではなく、その言葉や行動を指弾することでもない。曽我量深という人そのものに出会うことだと見定めた。曽我を論じる人は多いが、いつも戦時下の姿が抜け落ちていると感じてきた。戦時下の言葉を尋ねると、そのままでは素直に受け取れない発言が多くあるのも事実である。しかし、言葉に力があり、時代を背負う覚悟や原初的な激しさが露わになっているというのが私の実感である。戦時下の言説を棚上げにしたままでは、曽我量深そのものに出会えないと思うようになった」（同右、九四頁）。

また名和はいう。「曽我は「体（南無阿弥陀仏）」は変わらないが「義（宗義）」は時代によって違ってくると述べる。この観点からすれば、戦時中に「歴史観」として語られた内容は、まさに時代に相応した「義」に当たるのではないか。時代の濁流のなかにあえて身を浸し、その泥のなかで喘ぎながら、同時代に生きる人々と共に救われる道を希求して発した言説、それこそが曽我における「時代相応の教学」であったにちがいない。そして「体」は変わらないとは、いかに濁流に飲まれ、いかなる時代状況になろうとも、ただ念仏――南無阿弥陀仏は歴史を貫くという確信を表しているだろう」(同右、一一四頁)。

名和は「時代の濁流のなかにあえて身を浸し」といったが、「あえて」とはどういうことなのか。言葉尻を捉えるようではあるが、「あえて」とは「自分の置かれた立場や状況から見て、損失や危険を伴うことを承知の上で、成功した際の効果を期待して、思い切ってその事を実行する様子」(『新明解国語辞典』第七版、七頁)である。曽我の言動は方便であったとでもいいたいのであろうか。

戦時下における曽我の宗門内ポジション

真宗教学懇談会における曽我の発言は今日からすれば到底いただけないが、それを曽我の個人的な責任にのみ帰することは妥当ではなかろう。そこにはやはり戦時下という「時」の問題と曽我を取り巻く宗門の事情とが影響していたと見なければなるまい。しかし、それでも「躓き」はあくまで躓きである。

曽我の経歴を摘記すれば、三十歳で真宗大学教授に就任。三十七歳のとき大学の京都移転にともなって辞任し新潟県の自坊に帰る。四十二歳のとき再び上京して東洋大学教授となり、併せて『精神界』の編集に主任として携わる。五十歳で大谷大学教授に就任。しかし五十六歳の昭和五年（一九三〇）、侍董寮より宗義違反の嫌疑をかけられて大谷大学教授を辞し、以後は宗門を離れて全国を巡回するようになる。下世話ない方をすれば曽我は宗門から干されたのである。ちなみに、侍董寮とは現在の董理院のことで、宗義に関する重要事項を審議し、宗義に関する言説についての正否を判ずる機関である。また金子大栄も同三年（一九二八）、宗義違反の嫌疑で大谷大学教授の職を辞し、僧籍も返上して宗門から離れていく。にもかかわらずである。同十六年（一九四一）二月、両者は真宗教学懇談会に参加することになる。それは一に宗門の打算によってのことであった。

打算というのはこうである。当時の宗門は昭和十五年（一九四〇）四月に施行された宗教団体法により、時局に応じた新たな宗制を政府に提出することが求められていた。そしてそのためにも国の提示する国体論や国策に矛盾しない時代状況に応じた教学表現を求めていた。大谷派でもそれに応える必要があったが、主流の高倉学寮系の学者では難しく、そこで曽我と金子が呼び戻されたのである（名和、『教化研究』第一六七号、一〇〇頁）。二人に白羽の矢が立ったということである。

曽我は前年二月の懇談会参加の後、同年七月には侍董寮出仕に就任し、十一月には大谷大学教授に復職する。さらに翌年七月、初めて安居本講の講者となり『歎異抄』を講ずることになる。一方、金子もまた同十七年（一九四二）、大谷大学教授に復職し、さらに翌年、侍董寮出仕となる。両者の宗門復帰、それも要職への就任は懇談会での論功行賞であったといえばうがちすぎであろうか。

ちなみに、安居は江戸初期より続く宗門における最も権威のある学事の場であり、それゆえその本講の講者となることは栄誉の極みであった。曽我は後に回想している。「昭和十七年（一九四二）七月十一日はわたくしの生涯忘るることのできない感銘深い日である。それはわたくしが生来はじめて宗門安居本講の講者として本山白書院においてこの『歎異抄』を開講せし日だからである」（『歎異抄聴記』序）。

しかし、こうした経緯については西田真因も論評している。「曽我先生や金子先生は歴史的には昭和初期に教団を追われ、戦中に復帰した。或る意味では復帰が早過ぎたとも言える。そのために、戦時下の大谷派教学を担わざるを得なかった。逆に言えば、教団は非常時の教学を担わせるために両師を復帰させたのであろう。それは悲劇的なめぐり合わせとしかいいようがない。もし戦後の復帰であったならばまた別の評価もされたであろう」（同右、解説、五二九頁）。

確かに曽我は、戦時下の大谷派教学を担わざるを得なかった人であった。それは大谷派教学を時局に相応した教学に整える責務を負わされたということである。拒む選択がなかったわけではあるまい。しかし、曽我は自らを疎んじた宗門でも見限ることができなかったのである。その点は曽我の師であった清沢満之と似ていたといえようか。

清沢が宗門の革新に並々ならぬ決意で取り組んだことはよく知られている。清沢は『教界時言』なる雑誌を発刊してその意図を訴えたが、その中にこう述べた。「試に問ふ大谷派なる宗門は何の処に存するか、京都六条の天に聳ゆる巍々たる両堂と全国各地に散在せる一万の堂宇とは以て大谷派と為すべきか、曰く否、是等は火以て燬くべきなり、水以て流すべきなり、何ぞ以て大谷派とするに足らんや、宗門なるものは水火を以て滅すべきものに非ざるなり、然らばかの三万の僧侶と百万の門徒とは以て大谷派と為すべきか、曰く否、〔中略〕大谷派なるものは抑も何の処に存するか、曰く大谷派なる宗門は大谷派なる宗教的精神の存する所に在り、」（「大谷派宗務革新の方針如何」、『清沢満之全集』第七巻、一〇三頁）。

清沢の言葉から私は「現前僧伽」と「四方僧伽」を想起する。現前僧伽とは現実に目の前に見える具体的な教団をいい、四方僧伽とは観念的に捉えられた時空を超えた理念としての教団のことである。「京都六条の天に聳える巍々たる両堂と全国各地に散在せる一万堂宇」及び「三万の僧侶と百万の門徒」より成るのは現前僧伽としての大谷派である。それに対して「大谷派なる宗教的精神の存する所に在り」の方は四方僧伽としての大谷派である。もとよりこの二つはまったく別なものではない。現前僧伽は誤りを犯しやすいが、そのとき四方僧伽はそれを批判し正す規範となるものである。現実に存するのは現前僧伽である。

大谷派の革新を願った清沢ではあったが、その努力は水泡に帰す。それのみか明治三十年（一八九七）二月、清沢は宗門より除名処分を受けることになる。処分は翌年四月に解かれたが、清沢は家族を伴って愛知県の自坊に投じた。

しかし、清沢は再び宗門に身を置くことになる。同三十二年（一八九九）六月、前年に三人の連枝とともに本願寺を出て東京に逗留していた東本願寺第二十三代新法主（大谷光演）の命に従って上京し、法主の補導になるのである。以後、死去するまでの丸四年間、清沢は宗門を離れることはなかった。

このように、曽我にしろ清沢にしろ宗門とのスタンスは一定ではなかった。宗門に対する感情も複雑なものがあったであろう。しかし、二人とも宗門を見捨てることはなかった。それはひとえに宗門への恩義のゆえであったと思われる。

曽我量深、最晩年の躓き

戦時下の躓きについては擱筆するが、曽我の戦後の教学的営みは端倪すべからざるものであった。にもかかわらず、最晩年において曽我は再び躓くことになる。それについても触れておこう。

昭和四十五年（一九七〇）九月四日、曽我は新潟県三条市の三条別院で講演をしたが、その際「そうしてそのいくら真宗二百二十万の人がいくら大きい声を出して南無阿弥陀仏称えたからというて、それは特殊部落みたいなもの、何も自慢にならぬ。そう思います。そうでしょう、誰れだって私の言うことをみな承知承諾せられるに違いありません」（『部落問題学習資料集』八三頁）と述べ、その講演録が同年十月一日発行の宗教雑誌『中道』に掲載され、問題視されたのである。宗派は曽我が宗務顧問並びに侍董寮頭の地位にあり、教団の多年にわたる指導的立場にあること等に鑑み対応にあたることになる。

その経緯を大谷派発行の『部落問題学習資料集』にもとづいて摘記する。十月十六日、ある教務所長から管内の住職より曽我の講演に差別発言があったとの指摘を受けた旨の電話連絡があり、即日、係の者が曽我宅を訪問した。曽我は驚き、深い懺悔と陳謝の意を表明した。そして曽我は十月二十五日に侍董寮頭を辞し、翌十一月二日には宗務顧問の辞職願を提出、さらに同月四日付で自己批判書を発表した。これは四百字ほどのものであるが、その中で「私がそんな差別的言辞を使ったということは自分が機の深信を欠いていることを曝露したお恥しいことであります。そういうことは或る程度までは自分にわかっているのだが、口先だけの説法になっていて自分の生活になっていないことを曝露したのでありましてまことにお恥しいことである」(『部落問題学習資料集』九六頁)と述べた。

侍董寮頭は辞したものの、侍董寮出仕だけは宗門に対する最後のご奉公として勧告には従わなかったが、その後病床についたため、翌年五月二十八日、長男が招致され侍董寮出仕の辞任を要請された。長男は一度は承諾したが、帰宅後危篤の曽我の意志を確かめ難いとして辞表の提出を保留した。しかし当局は当日、行政処分を発令して侍董寮出仕を免じた。曽我は危篤を続け六月二十日命終する。二十二日に自宅葬が執行されたが、宗門当局の参列はなかったという。

前述のごとく、『教化研究』第一六七号の巻頭言において楠信生は曽我の真宗教学懇談会での問題発言に言及したが、ついで最晩年の差別発言についても取り上げていう。「先生は生涯、無差別平等なる救済と自証を志向されてきた。自身に絶望し、慚愧の念に生きた日々もあった。にもかかわらず、である。ただ、この事実から教えられることは、人間の深い差別心は人間の努力によって超克することはできないということである」(六頁)。

ここでも楠は曽我の発言を正面切って問うことはしない。あくまでもそれが自身にとっていかなる意味をもつかと自問するのである。こうした内省的な姿勢は真宗に特徴的なものかもしれない。しかし、それだけですむのだろうか。

二つの躓きは同質ではない。差別発言の方は俗にいう「口が滑った」の類であろう。しかし、口が滑るのはそれが意識の下にあるからに他ならず、また曽我が重視した唯識でいう熏習のゆえであろう。

王來王家眞也は、「今思うと、曽我先生の講話が『中道』誌上に掲載されるにあたっては、編集の目も入ったわけですから、この事件は編集者の責任もあるにちがいありません」（「同朋会運動と曽我量深先生」、『教化研究』第一六七号、九一頁）と恨み節のようなことを述べているが、編集者は近年流行りの忖度をしなかったのであろう。また曽我もゲラ刷りを目にすることがなかったのであろう。係の者が自宅を訪問したとき曽我は驚いたということからも、そう推測できるのではないか。もし講演録が発刊される前にゲラ刷りを見ていたら曽我はどうしたであろうか。

そんな空想をするのは他でもない。曽我は戦後、それまでの講演録・講義録・執筆記事等を刊行するに至るが、その際収録することを固辞したり、編集委員の責任において戦時色を除くことを条件にしたり、はたまた編集の側が自主的に修正したりということがあったと聞くからである（藤原智「曽我量深の著作概観」、『教化研究』第一六七号、一八六―一八七頁）。

それはともかく、差別発言は曽我の晩節を汚し真宗門徒を失望させた。曽我の発言によって傷つき虐げられた人々を前にしてさえ、「この事実から教えられることは、人間の深い差別心は人間の努力によって超克することはできないということである」などとしかつめらしい態度が取れるものであろうか。

話を戻そう。差別発言は瞬間的に発せられたものである。それに対して戦時下の発言はそうではない。熟考するにそれなりり時間が与えられていての発言である。その意味では、当時の曽我の本音であり大真面目なものであったと見てよい。戦時下の曽我の発言の数々は、時局に強いられた不本意ながらのものなどでは決してなかったと思う。

曽我教学の基本的性格

またまた戦時下の問題からは逸れるが、最後に曽我教学の基本的性格について私なりに述べてみたい。

再三触れたように、曽我の教学は大谷派においては絶対視され、今日批判されることはまずない。親鸞教学を云々するに際して曽我教学をフィルターとすることは、今や大谷派に属する学者には必須のことになっているとさえいえよう。

しかし、この方法論は学問的に妥当であろうか。私は曽我教学をもって直ちに親鸞教学と見なすことはできないであろうと思う。かくいうときの親鸞教学とは、その著作から直接導き出せる親鸞思想と歴史学の観点から実証的に導き出される親鸞像との双方向から織り成されるものをいう。

親鸞にアプローチする場合、いろいろな道があろうし、またあってよい。親鸞には六つの顔があるとするのも然りである。しかし、こと思想に、それも学問的にアプローチしようとする場合には、道は二つであろう。一つは文献学的な方法にもとづくものであり、二つは宗教哲学的な方法にもとづくものである。前者は私的な関心を極力抑制して文献を正確に読み込むことであり、後者は宗教的関心もしくは求道的関心をもって臨むことである。しかし後者の場合でも文献学的な検討を踏まえなければならない。それは基本であろう。その手間を省けば恣意的なものとなる危険性がある。

藤田宏達は『大無量寿経』を講究するに際してこう述べている。「『大無量寿経』の研究方法については、大別して、客観的・実証的な立場を主とする方法と、主体的・実践的立場を主とする方法との二つに分けてみることができよう。前者は文献学と歴史学の方法論的基礎に立つ近代的な研究であり、後者は宗祖の信仰・教学を前提とする伝統的な研究である。どちらも欠くことのできない重要な領域であり、両者の接点をより深く見出していくのが、現代の学問的状況における緊要な課題と考えられる」（『大無量寿経講究』「序」一頁）。

小谷信千代は、近代教学を奉ずる人々に共通して認められるのは実証的考察を重視せず、文献研究を軽視し、自己の領解のみを重視する傾向を帯びた学びの姿勢だと見ている（『真宗の往生論』「はじめに」iii頁）。そうした人々は曽我を絶対視して無批判に従うことがほとんどである。曽我への批判は大谷派においてはタブーとなっている感さえする。

その曽我はこういった。「親鸞聖人のみ法というものは、今日我々が完成しなければならぬと思う。これは我々の責任であるといっても差支えないと思います」（『往生と成仏』二六頁）。「完成しなければならぬ」というからには、曽我にとって親鸞の教学はいまだ未完成であったということになる。いまだ発展しなければならぬものであったということになる。思うに曽我の一生はこの信念に貫かれていたといってよく、それは親鸞に宗教的関心もしくは求道的関心をもって相見えたということであり、主体的・実践的立場に立って親鸞の言葉を聞き取ったということである。

ただ、その場合、曽我の聞き方は極めて独特であった。こんな言葉がある。「今日の所謂仏教学者達が研究して居るやうな、そんなものは仏法でもなんでもない。さう云ふものがどこに生命があるか、生命のない、ひからびたもの、昔の暦を研究して居る。現に今日生きて動いて居るものが仏法です」（『曽我量深選集』第一〇巻、二五四頁）。またいう。「聖典は一字一句も忽せにしてはならぬが、又一字一句に拘泥してはならぬ。忽せにしてはならぬことと、拘泥してはならぬことと矛盾撞着してゐるやうであるが矛盾撞着しない。［中略］一字一句に拘泥しては貫く精神が解らぬ。さうかといつて言葉を粗略に読んではならない。ではどうしたら良いかといつても説明する訳にはゆかぬが、これは長い間に自然に解るものである」（『曽我量深選集』第六巻、三八―三九頁）。どちらも含蓄のある言葉ではある。

しかし、次の言葉は大方の度肝を抜くのではあるまいか。「我が信ずるものは、仏説であろうとあるまいと、どちらでもいい。我が信念を仏説というべきものである。我が信ぜざるものは、仏説であっても何の値打ちもない」。

この言葉は広瀬惺が紹介したもののようであるが、それを受けて小谷は「この言葉を引用される広瀬師の頭には、親鸞の言葉ではなく、曽我師の言葉のみが仏説として存在していると思われる。親鸞の言葉を正しく読むことを二の次にして、曽我師の言葉を鵜呑みにしてなされる師の教学研究には、大きな陥穽があり危険性がある」（『曇鸞浄土論註の研究』四五六―四五七頁）と批判する。

曽我教学の基本的性格を端的に捉えているのは藤原智である。こういう。「真宗教学に立場を置く曽我の思索は、基本的には親鸞の思想を明らかにしようと営まれたものと言えよう。しかし、曽我の論考を尋ねていくと、それは親鸞の思想を明らかにするというだけではなく、さらに親鸞の思想を手掛かりにしつつ阿弥陀仏の救済とは現在の自己にとっていかなる事柄として把握されるのか、という質の思索であることに気付く。それゆえ、その表現は極めて個性あふれるものとなる」（「曽我量深の「還相回向」理解をめぐって」、『教化研究』第一六七号、三〇頁）。

曽我教学は歴史的人格としての親鸞の教学とイコールとは限るまい。それは曽我にとってのあるべき親鸞教学なのであろう。よって、われわれは親鸞教学を尋ねるにあたっては無批判に曽我教学に依るべきではない。拳々服膺する必要はない。曽我と違った親鸞理解があってもいい。

竹中彰元の反戦言動

曽我量深の戦時下での発言は宗門を生き残らせるために国策にかなう教学を構築することを宗門より期待されてのことという一面があったのであり、そこにはジレンマがあったかもしれない。しかし私はそうした見方には立たない。なぜなら宗門人の中には極めて少数ながらも戦争に異を唱えた人たちがいたことを知らされているからである。例えば竹中彰元なる人物がいた。

竹中については山内小夜子が『教化研究』第一二九号（二一〇―二二七頁）において、「仏法に活き、仏法のために活躍す――竹中彰元師の事績――」と題した論文を発表して紹介している。以下はそれにもとづく。

竹中は慶応三年（一八六七）、現在の岐阜県不破郡垂井町岩手にある大谷派明泉寺に生まれた。曽我より八つ年上である。ちなみに同地は軍師として知られた竹中半兵衛の出身地であり、明泉寺は半兵衛の祖父の弟を開基とし、半兵衛の妹が再興したという。

竹中は十八歳で父親を失い明泉寺住職となるが、かたわら本山特命布教師として活躍する。ただ、この時期の竹中の思想がうかがえる資料はほとんど残っていない。竹中は大正六年（一九一七）、法主の彰如より「彰」の一字をもらい、それまでの「慈元」を「彰元」と改名した。しかしその経緯もはっきりしない。同十四年（一九二五）には住職を辞するが、その後昭和十二年（一九三七）の日中戦争が始まるまでの期間の思想的変遷もこれまたはっきりしないようである。

ともあれ、そうした中で竹中の反戦言動が生まれる。同年九月十五日、竹中は中国戦へ出征する軍人を見送るために村民五百人と垂井駅に向かう途中、一人の村民に対し、さらには同年十月十日に寺院での法要の席で六人の僧侶に対し反戦言動を行った廉で同月二十六日逮捕され、十二月十三日有罪判決を受ける。なお、大谷派もこの判決にもとづき、翌年十一月十八日、軽停班三年とした。軽停班とは衣体・堂班を五年未満の間停止することという。

竹中の言動については、それを記録した官憲側の二つの資料しか残されておらず、竹中自身の言葉は残っていない。その二つの資料から山内は竹中の言動を要約している。「竹中彰元は、高揚した雰囲気の中で、五百人の村人つまりご近所の世間様を相手に、経済的な視点をもって戦争の非を語り、仏法の立場から戦争は罪悪であると語った。さらに同行である僧侶に対し、この戦争に対する「自らの決心」を問い、戦争は悲惨の極みであり、戦争は最大の罪悪である、さらにこの戦争は侵略戦争であると語った」（同右、二一八頁）。

竹中は敗戦直後の昭和二十年（一九四五）十月二十一日、七十九歳の生涯を閉じた。孫の駒月照子の記憶では、病床の耳元で「おじいちゃんの言うた通りやったね。今に表彰されるかもしれんね。それまでがんばらないかんよ」と語ると、うなずくように笑っていたという。ちなみに大谷派では平成十九年（二〇〇七）、明泉寺で開かれた「復権顕彰大会」に熊谷宗恵宗務総長を送って竹中に対する宗派としての謝罪声明を読み上げている。

本論文の最後に山内は「嘆願書」について取り上げている。これは竹中が逮捕されたとき、「明泉寺檀徒」の名で岐阜県地方裁判所検事局宛てに作成されたもので全文が紹介されている。山内は、「その「嘆願書」には、門徒の目から見た彰元の人となり、また東本願寺教団や地域社会への功績、そして門徒にとってどういう存在であったのかが、実に活き活きと書かれている。「嘆願」という名の文章だが、それにとどまらない内容を表現している文章となっている」（同右、二二〇頁）と評している。

さらにはこうもいう。「この「嘆願書」には翼賛的文言がつらねられている。だからといって直ちにこの文言が、国におもねいたものと判定するのは早計であろう。同じ文書の中に堂々と庶民の知恵と仏法をもって国を相対化する視点が随所にちりばめられている」（同右、二二二―二二三頁）。

あの戦時下に門徒から嘆願書を書いてもらえた竹中は、実に幸せな人であったと私は思う。同時にそれは日ごろの教化が並々ならぬものであった証でもあろうと思う。竹中のごとき僧侶がいたことを真宗僧侶の端くれとして肝に銘じておこう。

河野法雲

戦時下の大谷派僧侶ということに関しては河野法雲にも言及しておきたい。河野は慶応三年（一八六七）、真宗大谷派称名寺（現・岐阜県羽島郡笠松町円城寺）に生まれた人である。明治三十年（一八九七）に真宗大学教授、大正十三年（一九二四）に大谷派講師、昭和九年（一九三四）に大谷大学学長就任と、学僧として順風満帆な歩みであった。しかるに同十一年（一九三六）八月六日、学長を辞任する。実質は更迭であった。

河野は前年、宗門の機関紙『真宗』十一月号に「宗祖聖人の神祇観」と題した論文を掲載したが、その中に「仮令、権社の神、例えば天照大神又八幡神社の如きと雖も、迹門の前には輪廻の果報迷界の有情なれば、欣浄の徒何の必用ありて彼等に事んや」との記述があり、これが本山当局より不穏当と判定されたのである（福島栄寿「日中戦争期、真宗大谷派「教学」の問題」、『教化研究』第一三九・一四〇号、三八九頁）。更迭後、河野は宗門における一切の職を辞して自坊に帰り、宗門の戦争協力に従うことがなかったという。こうしたことから河野は「戦争反対を貫いた僧」と評価されこともある（高橋恒美「石だたみ」第六一号、二一―三頁）。

河野の神祇観について見るにはすでに昭和五年（一九三〇）に刊行していた『真宗の神祇観』を参看する必要があろうが、私には今その手立てがない。しかし趣旨は「宗祖聖人の神祇観」と径庭がなかろうと見て、ここではこちらを資料として用いる。

親鸞と本地垂迹説

河野論文（『教化研究』第一一九・一二〇号、三五八―三六五頁に再録）の趣旨を私なりに撮要してみよう。冒頭、河野はいう。「真宗の神祇観は凡て宗祖已来列祖皆本地垂迹説を以てし、即仏陀を本地とし神祇を垂迹として而も此二、一体不離なり。たゞ表裏示現の形を殊にすれども、共に摂化利生の方便として、或は仏菩薩となり或は天神地祇と現じ、以て結縁和光、遂に仏道に引入せしめ給ふと云ふのである。して見れば真宗の行者たるもの信心決定の身となり、苟も口に念仏を称ふる程のものは、神祇冥道をあなづり疎末にしてはならぬと云ふのが、祖師の思召である」（同右、三五八頁）。

これは総論といってよい。親鸞が本地垂迹説を是認していたと見る河野は、さらに「聖人も其思想を其儘取りて依用されたことは明了な事実と思ふ」（同右、三五九頁）、「宗祖は当時一般思潮として本迹説を飽まで信じ給ひ」（同右、三六〇頁）と明言する。

徴証として示すのは、『御消息集』（広本）第九通（『真宗聖典』五七一頁）、『教行信証』「証巻」の「しかれば弥陀如来は如より来生して、報・応・化種種の身を示し現わしたまうなり」（同右、二八〇頁）の一文、さらには「浄土和讃」の「已上大勢至菩薩　源空聖人御本地也」（同右、四八九頁）、「高僧和讃」の「源空勢至と示現し　あるいは弥陀と顕現す」（同右、四九八頁）、「正像末和讃」の「救世観音大菩薩　聖徳皇と示現して」（同右、五〇七頁）等である。

しかしこれらを徴証とする河野の主張は妥当なのであろうか。以下に順次検討してみよう。まずは『御消息集』（広本）第九通である。確かにこの消息の冒頭において親鸞は、「まず、よろずの仏・菩薩をかろしめまいらせ、よろずの神祇・冥道をあなずりすてたてまつるともうすこと、このこと、ゆめゆめなきことなり」と述べている。ここでは、しかし、仏・菩薩と神祇・冥道とは並置されているだけで本地垂迹を前提とした言葉と見ることはできない。親鸞はついでいう。われわれは長い間自力では生死を出ることができなかったにもかかわらず、諸仏・菩薩の勧めによって今、遇い難い弥陀の誓願に遇うことができたのであり、よろずの仏・菩薩をないがしろにするとは、その深い恩を知らないことであると、仏・菩薩を讃嘆するのみである。

そして次に神に言及するが、それとても仏法の信者を天地の神々は影の形に添うがごとく護ってくれるがゆえに捨ててはならぬと戒めているだけで、ここでも本地垂迹については何も語られていない。ちなみに親鸞は金剛の真心を獲得すれば必ず現生に十種の益を獲るとし、その第一に「冥衆護持の益」（同右、二四〇頁）を挙げている。また「現世利益和讃」では「南無阿弥陀仏をとなうれば　堅牢地祇は尊敬す　かげとかたちとのごとくにて　よるひるつねにまもるなり」「天神地祇はことごとく善鬼神となづけたり　これらの善神みなともに　念仏のひとをまもるなり」（同右、四八八頁）と詠んでいる。中世に生きた親鸞は念仏者を守護する神祇の実在は信じていたに違いない。しかしそれを本地垂迹とは見ていない。そもそも親鸞には本地垂迹説はなかったといってよい。

では、「しかれば弥陀如来は如より来生して、報・応・化種種の身を示し現わしたまうなり」はどうであろうか。河野は「此文に徴するも本地の弥陀が種々の身を現ずるには或は日本の神祇ともなり得ること必然なり」（『教化研究』第一一九・一二〇号、三五九―三六〇頁）とする。これまた本地垂迹をもっての解釈であるが、これも成り立たないであろう。

ただしかし、この一文は一筋縄ではいかないようである。そこで本文の真意を正しく理解するにあたって、まずは二種の訳文を見てみよう。「阿弥陀如来は一如の法性法身からあらわれて、因行に酬いては報身を現じ、衆生の機類に随うては、応身化身種々のすがたを示し給うのである」（山辺習学・赤沼智善『教行信証講義』九七七頁）、「阿弥陀如来は色もない形もましまさぬ一如の法性法身から方便法身とあらわれて願行をおこし、これに酬いて報身を現じ、さらに衆生の機類に随うて応身化身の種々のすがたをあらわしたもうのである」（梅原真隆『教行信証』（三）、一一三頁）。両書とも報身・応身・化身について註を施しているが、どちらも仏教本来の仏身観にもとづく解釈であり、本地垂迹的な説明は見られない。両書以外の他の訳文も同様であり、いずれも素直な読み方で特に問題はなさそうである。

にもかかわらず、この一文が一筋縄ではいかないようだということを了解するためにこの前段の言葉を見てみよう。「しかるに煩悩成就の凡夫、生死罪濁の群萌、往相回向の心行を獲れば、即の時に大乗正定聚の数に入るなり。正定聚に住するがゆえに、必ず滅度に至る。必ず滅度に至るは、すなわちこれ常楽なり。常楽はすなわちこれ畢竟寂滅なり。寂滅はすなわちこれ無上涅槃なり。無上涅槃はすなわちこれ無為法身なり。無為法身はすなわちこれ実相なり。実相はすなわちこれ法性なり。法性はすなわちこれ真如なり。真如はすなわちこれ一如なり」（『真宗聖典』二八〇頁）。

畳みかけるがごとき同類語の繰り返しであるが、親鸞がいおうとしているのは浄土に往生した衆生の証果は弥陀の妙果たる無上涅槃と何ら変わらないという点にある。ところが親鸞は続いて、「しかれば弥陀如来は如より来生して、報・応・化種種の身を示し現わしたまうなり」と語るのである。これは付加、それも唐突の付加との印象を拭えない。「一筋縄ではいかない」と評したい所以である。

これについては夙に深励や宣明（一七四九―一八二一）も注目しているし、昭和期には稲葉秀賢も論じているが、近年、小谷信千代はそれらを参看しつつこれを還相回向と関連させて詳細に論じた（『親鸞の還相回向論』一〇六―一一一・一四六―一四九頁）。

小谷は稲葉の指摘を受けて、右の一段と対応関係にある『浄土文類聚鈔』の次の記述に着目する。「煩悩成就の凡夫、生死罪濁の群萌、往相の心行を獲れば、すなわち大乗正定の聚に住せん。正定聚に住すれば、必ず滅度に至る。必ず滅度に至れば、すなわちこれ常楽なり、常楽はすなわちこれ大涅槃なり、すなわちこれ利他教化地の果なり。この身すなわちこれ無為法身なり、無為法身すなわちこれ畢竟平等身なり、畢竟平等身はすなわちこれ寂滅なり、寂滅すなわちこれ実相なり、実相すなわちこれ法性なり、法性すなわちこれ真如なり、真如すなわちこれ一如なり」（『真宗聖典』四〇七頁）。

これを先の『教行信証』の叙述に比すと、ここには「すなわちこれ利他教化地の果なり。この身すなわち」という文言が付加されている一方で、「しかれば弥陀如来は如より来生して、報・応・化種種の身を示し現わしたまうなり」が欠けていることがわかる。

小谷はここには親鸞の「配慮」があると見る。配慮とは私流にいえばこういうことのようである。——「しかれば弥陀如来は如より来生して、報・応・化種種の身を示し現わしたまうなり」と聞けば、親鸞は如来が種々の身を示現することを還相回向と見ていると誤解されるやもしれぬ。そうではない。証果を得れば衆生も如来によって如来同様に種々の身を示現する利他教化の益を与えられるのであり、それが還相回向なのである。還相を回向する主体は如来であり、回向されて報・応・化種種の身を示現するのは衆生である。先の『教行信証』には混乱を招きかねない構文上の不手際があったようだ——。やや乱暴な物言いになろうが、このように配慮して親鸞は後年『浄土文類聚鈔』を執筆するにあたって右の二点の変更を施したのだと考えられる。話を河野に戻すと、当該文をもって親鸞が本地垂迹説を保持していた証左とする見解は認め難い。

さらに見てみよう。河野は「已上大勢至菩薩　源空聖人御本地也」「源空勢至と示現し　あるいは弥陀と顕現す」「救世観音大菩薩　聖徳皇と示現して」の和讃を根拠に、親鸞と本地垂迹説との接点を見た。

確かにここには「本地」という語が認められるし、源空に関しては他にも「本師源空の本地をば世俗のひとびとあいつたえ　綽和尚と称せしめ　あるいは善導としめしけり」（同右、四九八頁）と

「本地」の語を用いている。

同様の観念は他にもまだある。「久遠実成阿弥陀仏　五濁の凡愚をあわれみて　釈迦牟尼仏としめしてぞ　迦耶城には応現する」（同右、四八六頁）、「世世に善導いでたまい　法照少康としめしつつ功徳蔵をひらきてぞ　諸仏の本意とげたまう」（同右、四九五頁）、「源信和尚ののたまわく　われこれ故仏とあらわれて　化縁すでにつきぬれば　本土にかえるとしめしけり」（同右、四九七頁）、「阿弥陀如来化してこそ　本師源空としめしけれ　化縁すでにつきぬれば　浄土にかえりたまいにき」（同右、四九九頁）等である。

しかしここにはいわゆる「本地垂迹」は認められない。しいていうならば、親鸞においては仏教内における本地垂迹の思想は見ることができるものの、神仏についての本地垂迹説の受容は見られないのである（普賢晃寿「中世真宗の神祇思想――『諸神本懐集』を中心として――」、『親鸞大系』歴史篇第六巻、三九九頁）。

河野論文の趣旨

私は親鸞にはいうところの本地垂迹説はなかったと思う。ただ、親鸞は前述のごとく念仏者を守護する神祇についてはその存在を肯定しこれを粗末にしてはならぬとし、しかしその一方で神祇不拝の立場も打ち出している。これは自家撞着ではないのか。私は然りと思う。親鸞の神祇不拝は不徹底であろう。そしてそれは普遍を求めた親鸞と自ら中世に生き同時代人と交わった親鸞との二面性から生じた揺らぎだったのかもしれない。

それはともかく、河野も自家撞着ではないのかとの問いを立てるが、しかし「これには二種の見方があつて、敢て苦労するに及ばず」と楽観する。河野の主張を見てみよう。

二種の見方とは「安心門」と「王法門」である。安心門にもまた二種ある。「従本垂末門」と「摂末帰本門」である。前者は安心を決定し得たのは本地の弥陀が枝末の諸神諸仏等と垂れて結縁したおかげと見ることで、そこには彼らへの崇拝が伴うことになる。後者は垂迹の枝末を捨てて本地の弥陀に帰入することで、この場合には諸神諸仏を崇拝することが堅く誡められることになるという。そして自身の更迭の理由となった問題の記述へと続く。

「若再応安心の帰一門の時には、仮令、権社の神、例せば天照大神又八幡神社の如きと雖も、迹門の前には輪廻の果報迷界の有情なれば、欣浄の徒何の必用ありて彼等に事んや、又垂迹の本意は、結縁の群類を願海に引入せん為なれば、弥陀一仏の本願に帰すれば事足れり。何ぞ迹門の末に帰して、本を忘れ、錯て、現世の寿福を祈る如き事あらば、是即雑行雑修となりて、本仏の悲懐にも契はず、また迹門の神慮にも相応せざるが故に安心門の帰一を云ふ時は堅く之を誡る所以なり」（「宗祖聖人の神祇観」、『教化研究』第一一九・一二〇号、三六四頁）。

河野の論文はここから最終第四章に入る。最終章は明治に入って神仏分離が行われたことを受けてのものである。河野は「世俗門と教理とを一混してはならぬ」といい、世俗門の王法は時とともに変遷するものの宗門の教義は不変であるとし、それをあくまでも本地垂迹説と押さえて高く評価する。

明治新政府は本地垂迹説を捨てて神仏分離を断行したのであるから、河野自身もそれを捨てて弥陀一仏に立ち返り神祇不拝に徹すればよかったのにと私などは思うが、しかし河野はその道を選ばない。神仏を分離し神道を非宗教と位置づけたことによって、神の性質が宗教的な神から「報本反始」の道徳の神に変わったと見る。「報本反始」とは聞き慣れない言葉であるが、「天地や祖先の恩と功とに報いる」（諸橋轍次『大漢和辞典』巻三、二二〇頁）ことである。それを踏まえて河野はいう。「一向専修の行者は弥陀一仏に帰して、未来報土の往生を遂るを以て宗門の第一義諦とするゆへ、〔中略〕飽まで弥陀一仏の本願を信じて、其上に世俗門に在つて、時の宜しきに順応して王法を守り人道を行ふのが真宗門徒の本分なれば、世俗門の前には報本反始、祖先崇拝を実行すべきなり」（『教化研究』第一一九・一二〇号、三六五頁）。これは真俗二諦論である。

ちなみに、柏原祐泉は河野を評して、祖先崇拝としての神社拝礼を合理化するうえで宗学的に最も努力した一人といっている（「近代真宗の神祇問題」、『親鸞大系』歴史篇第一一巻、一六三頁）。

こうした河野の基本的態度に鑑みるとき、本地垂迹説を踏まえてはいるものの、当時の時流の中でかほどに過激な文言が、しかもあの段落にあることに私は釈然としないものを感じる。転調を感じる。挿入されたもののごとく浮き上がって見えるのである。しかも河野は、学長を更迭された五年後に東本願寺で開催された「真宗教学懇談会」に参加し、その際にも「明治以後は神も明治以前の神とは同じものとする必要はなく今日は報本反始の神であり、昔は宗教神道としての神である。〔中略〕今日は先祖崇拝でよい。〔中略〕今日は本地垂迹を必ずしも必要でなく、道徳上の神として敬神崇祖でよいと思ひます」（『教化研究』第一四五・一四六号、二七六―二七七頁）などと本論文と同趣旨の発言をしており、やはり不可解さが残る。一体、河野はあの箇所で何をいいたかったのだろうか。

なお、柏原はまた河野の神祇観を踏まえて、「ここに到っては全く神社祭祀の行儀の忠実な実行をさえすすめるのであって、真宗的不拝は個人の内面的な深奥に逼塞することを強いられた」（「近世真宗の神祇問題」、『親鸞大系』歴史篇第一一巻、一六三頁）と述べている。ここにも河野が真俗二諦論者であったことが示されている。

6、真宗と利他――『歎異抄』第四条を手掛かりとして――

現代の課題としての「利他」

最近、『「利他」とは何か』なる書籍を手にする機会があった。本書は令和三年（二〇二一）三月に発行され、その後もしばしば増刷されているからベストセラーといってよい。伊藤亜紗・中島岳志・國分功一郎・若松英輔・磯﨑憲一郎の共著と聞けばさもありなんと思えてくるが、五人は東京工業大学にある「未来の人類研究センター」のメンバーとして共同研究を行っており、「利他」はそのテーマの一つであるという。

「利他」はもともとは仏教語である。仏教に縁のある人は「自利利他」という言葉を知っていようが、自利利他は仏教の目指すところを簡潔にまとめたものである。これまた仏教でよく聞く言葉に「上求菩提、下化衆生」というのがある。「上は菩提を求め、下は衆生を化す」と読み、前者は自利、後者は利他と解される。

こうした背景をもつ古臭い「利他」が現代の最先端を行く若手論客によって取り上げられるのはい

ささか奇異でもあるが、コロナ禍の中でいかに他者と関わるかということを問うに際して、キーワードとなるのは「利他」だと見定めてのことのようであり、必ずしも仏教的な文脈で語られているわけではない。ただ、親鸞に触れることの多い中島は『歎異抄』第四条に説かれる「聖道の慈悲」と「浄土の慈悲」について言及している。

第四条はいう。「慈悲に聖道・浄土のかわりめあり。聖道の慈悲というは、ものをあわれみ、かなしみ、はぐくむなり。しかれども、おもうがごとくたすけとぐること、きわめてありがたし。浄土の慈悲というは、念仏して、いそぎ仏になりて、大慈大悲心をもって、おもうがごとく衆生を利益するをいうべきなり。今生に、いかに、いとおし不便とおもうとも、存知のごとくたすけがたければ、この慈悲始終なし。しかれば、念仏もうすのみぞ、すえとおりたる大慈悲心にてそうろうべきと云々」(『真宗聖典』六二八頁)。

中島は、まず志賀直哉の「小僧の神様」、及びマルセル・モースの『贈与論』、マーシャル・サーリンズの『石器時代の経済学』を手掛かりにして、与えたことがどこかで自分にかえってくるという期待のもとにする行為は利己的な利他の枠を超えておらず、はたして純粋な贈与や利他というものはあり得るかと問題提起する。

そのうえで、自身のインドでの体験、及び仏教説話の「わらしべ長者」を引き合いにして、「思わず」とか「ふいに」としかいいようのないもの、後ろから押す力、意思に還元されない何か、何かオートマティックな力によってなされる行為にこそ利他の核心があるのではないかと見、それを仏教の説く「業」と関連させて二つの慈悲へと論点を移す。

中島は、「善いことをしようと思ってする聖者の行いが聖道の慈悲」であるが、それは見返りを求める自利の心へと変容してしまうことがあると指摘する一方、「浄土の慈悲」は阿弥陀仏の見返りを求めない一方的な利他心であり、「浄土からおのずとやってくる」ものだとし、それが親鸞のいう「他力」であると押さえる。

ついで中島は、「私」というのは縁起的現象としての存在であり、私を超えた業の力によって成り立っているのであり、業こそが無限の過去からやってくる力であり、私はそれによって規定されていると述べる。ここで中島がいいたいのは、近代社会は人間の意思にいろいろなものを還元し過ぎたきらいがあり、意思によってすべての行為が行われているということについては疑う必要があるということでもある。

中島の論文は、「利他はどこからやってくるのか」という、いささか面食らう論題になっているが、その論旨は親鸞から導き出されている。こういう。人間は「業」というどうしようもない力に支配されているが、それを真に認識できれば人間の限界、自己の限界という無力に立つことができる。しかし、それには自力の限りを尽くさなければならない。無力というものに立った人間におのずとやってくるのが「他力」である、と。

「おのず」というのは親鸞がしばしば用いる「自然」ということを念頭に置いてのことであろうし、「他力」は「如来の本願力」、中島の用いる「阿弥陀仏の大願業力」のことであるが、中島はそれを

「オートマティカルなもの」「止まらないもの」「仕方がないもの」「どうしようもないもの」「不可抗力としてやってくる、人間の意思の外部によって成立している力」などとも呼び、これを利他の問題と関連させ、こう結論づけている。「利他はどこからやってくるのかという問いに対して、利他は私たちのなかにあるものではない、利他を所有することはできない、常に不確かな未来によって規定されるものである」（『「利他」とは何か』一〇七頁）。

広瀬杲による第四条の解釈

中島は、『歎異抄』第四条に説かれる二種の慈悲を根拠にして人間には真の利他はないとした。確かに聖道の慈悲は利他として一貫せず自利に変容する可能性があるし、浄土の慈悲は阿弥陀仏の慈悲であればもとより人間の意思によってもち得るものではない。とすれば、われわれは「他のために」という行為を断念しなければならないのか。中島の主張には聞くべきものが少なくないが、この点が曖昧ではなかろうか。

私は第四条で最も重要なのは、「浄土の慈悲というは、念仏して、いそぎ仏になりて、大慈大悲心をもって、おもうがごとく衆生を利益するをいうべきなり」の一文ではないかと思う。しかし、中島はこの一文に関しては特段触れていない。

それはさて置き、『歎異抄』は私にとっては大変難しいものであるが、特に第四条は手ごわく、いろいろな解説書などを読んでも今一つ釈然としないことがあった。ところが、ごく最近、小谷信千代によって注目すべき見解が示された。それについて見る前に従来の読解例を見ておこう。取り上げるのは広瀬杲の場合である。広瀬はこう意訳している。「浄土の慈悲というのは、念仏して、ただちに仏となる身となって、阿弥陀の大いなる慈悲のこころにより、思うがままに生きとし生けるものを恵み導くことをいうのです」(『歎異抄講話』1、二二五―二二六頁)。

第四条に対する広瀬の読み方のポイントは三つあるようである。まず「慈悲に聖道・浄土のかわりめあり」というときの「聖道・浄土」という言葉。それから「かわりめ」という言葉。それに「念仏して、いそぎ仏になりて」という言葉をどう解釈するかということである。

まず聖道・浄土ということであるが、広瀬は聖道の慈悲とは「かわいそうだ」「何とかしたい」「助けたい」といった、およそ人間であれば誰でももっている自然な心情に他ならないとする。この点は中島も同様である。ただ、そうは思っても、大方は思うだけで、そこからさらに具体的な行動を起こすということはあまりない。ゆえに手をこまねいてはおれない誠実な人は聖人と呼ぶにふさわしく、その心は聖道の慈悲と呼ばれ得る。

しかるに、この聖道の慈悲というのは限界をもっているがゆえに、この慈悲に誠実であればあるほど挫折感や絶望感に襲われてしまいがちである。そのとき断念できれば問題はないが、それでもなお誠実であろうとするときには、一体自分はどうしたらいいかという問いが出てくる。人間が人間らしくあることとは、慈悲を尽くして生き抜くことができるかどうかの一点にかかっているとすると、それができないときには一体自分はどうしたらいいのかという問いが出てくる。

この問いに答えたのが「慈悲に聖道・浄土のかわりめあり」という言葉である。この場合、「かわりめ」というのは「相違」ということではなく、他のものに転換する「変わり目」のことである。すなわち、聖道の慈悲から浄土の慈悲への変わり目を潜らずしては慈悲の成就はなく、したがってまた人間の成就もない。その変わり目を潜って開かれてくる念仏の道こそが、真の人間成就の道だと教えるのが第四条の趣旨だと広瀬はいう。

聖道の慈悲に挫折してどうしたら自分は助かるのかと問いがひっくり返ったとき、そこに答として与えられてくるのが念仏者になるということであるが、それはただ今より成仏を期す人生を歩む人間になるということでもあるから、「念仏して、いそぎ仏になりて」というのである。そのとき末通る大慈大悲の如来の本願の世界が開けてくる。この本願の世界に触れたとき、初めて自らの分限を知り、無限の慈悲を夢見る迷いから醒めるとともに、有限の慈悲を有限と知りつつ尽くし切っていける生き方を得るに至る。つまり、浄土の慈悲というのは念仏申す身となった者のうえに成就してくる慈悲だ、というのが広瀬の了解のようである。

聖道の慈悲に挫折した親鸞

『歎異抄』は親鸞の言葉とされるから、第四条も親鸞の実感に違いない。とすれば、親鸞には聖道の慈悲に挫折するという体験があったことが推測される。

それは確かにあった。四十二歳のときのことだったという。親鸞は上野国の佐貫で「衆生利益のために」浄土三部経を千回読誦しようとしたことがあった。ところが四、五日して止めてしまう。それは南無阿弥陀仏の名号の他に何の不足があって経典を読誦するのかと思い返したためであった。そして常陸国に向かった。

このエピソードには後日譚がある。それから十七、八年経った寛喜三年（一二三一）の四月十四日、親鸞は風邪を引いて床に就いた。高熱にもかかわらず妻の恵信尼の看護も拒んで臥せっていたが、四日目の明け方、苦しい息の中で「今はもうそうしよう」という。

驚いた恵信尼が仔細を尋ねると親鸞はいった。寝込んで二日目から自分は夢の中で『大経』（『無量寿経』）を読むに忙しい。眼を閉じれば経文が一字残らずくっきりと見える。これはどうしたことか。念仏の信心より他に何か心に掛かるものがあるのかと訝しく思っていると、あの佐貫での一件を思い起こした。自分の中にはそのときと同じ自力の執着心が残っていたのであり、それを思い切ろうとして「今はもうそうしよう」といったのだ、と。

ところが、この三部経読誦中断について平雅行が興味深いことを述べている（「若き日の親鸞」、『真宗教学研究』第二六号、一〇七―一二六頁）。平は歴史学の立場から親鸞が佐貫で浄土三部経を読誦しようとした年は全国的に旱魃があったことを突き止め、親鸞の「衆生利益のために」というのは具体的には雨乞いのためであったと推測する。つまり旱魃に苦しむ佐貫の民衆を前にして、何とか彼らを救いたいと思って雨乞いの読誦をしたというのが真相だったというのである。

しかもさらに重要なことは、その読誦は親鸞の自発的な行為ではなく、民衆の依頼によるものであったと考えられることである。旱魃に苦しむ民衆が雨乞いを依頼した。彼らの窮状を見かねた親鸞はそれを承諾して三部経の読誦を始めた。しかし内面的な葛藤の挙句、途中で思い直して読誦を中断し、佐貫を去って常陸へ向かったのだろうというのが平の推測である。

平の推測はさらに進む。親鸞が高熱にうなされながら『大経』を読誦しようとした寛喜三年も、日本中が未曽有の大飢饉に見舞われた年であった。このときも親鸞は何とかして民衆を救いたいと思って『大経』の読誦を始めた。親鸞はこのとき聖道の慈悲に賭けていたはずである。しかし、結果は挫折であった。その挫折の淵で「今はもうそうしよう」「浄土の慈悲しかない」と覚悟を決したのだ、と。そして最後に平はいう。

「『歎異抄』第四条とは、こういう来歴をもった条項です。極限状況のなかから生まれた言葉です。それを、私たちのような暖衣飽食の徒がこざかしい批判をしても始まりません。もしもそれを口にしたければ、自力の慈悲の限界まで自らを追いつめるべきです。〔中略〕『歎異抄』第四条は、結論に意味があるのではありません。結論はどちらでもよい。それよりも、聖道の慈悲と浄土の慈悲とのはざまで悩み抜く、その心の揺れが大切なのです。〔中略〕ありうべき「慈悲」の姿とは、恐らくそのこと自体をいうのだと思います」（同右、一二四―一二五頁）。

第四条に対する他の解釈例

今、第四条の解釈例として広瀬のそれを取り上げた。広瀬は大谷派の代表的な真宗学者である。一方、本願寺派の代表的な真宗学者の梅原真隆はこう訳している。「浄土門すなわち凡夫目当の教でいうところの慈悲は、まず自分が念仏申す身になり、浄土にまいらせていただけば、すぐに仏とおなじ証果をひらくことであるから、そのうえで大慈大悲の心をもって、おもう存分にまよえるものを救おうとするのである」(『歎異鈔——附　現代語訳——』六五頁)。

広瀬と梅原の解釈は異なる。広瀬の解釈はやや理屈に走るきらいがあるが、それは広瀬が大谷派の近代教学にもとづく現世往生説に立っているからであろう。現世往生の立場からすればこれが精一杯の解釈であろう。それに対して梅原は伝統的な来世往生説の立場からの解釈である。

第四条にいう「いそぎ仏になりて」とは、はたして「ただちに仏となる身となって」ということだったのであろうか。それとも文字通り「すぐに仏になって」ということだったのであろうか。この課題に正面切って取り組んだのが小谷である。

小谷の見解

小谷は令和四年(二〇二二)六月に『法然・親鸞にいたる浄土教思想——利他行としての往生——』なる書を出版した。本書の目標について小谷は、「「還相」つまり「浄土から仏として現世に帰って衆生救済に尽くす」という教説が、浄土教において展開され親鸞の「還相回向論」に至る過程を明らかにすること」(六頁)だという。

実は私は小谷より本書を頂戴したのであるが、その際献本の挨拶状が添えられていた。それを読むと執筆意図がより明確になる。そこで失礼を顧みずに紹介させていただく。

「二種回向」は真宗の教義の要とされますが、「還相回向」を分かり易く説明した書を寡聞にして知りません。念仏を称えて人生を終えた人が、命終とともに浄土に往生するとき、安楽浄土には留まらず、利他教化のために如来に回向されて穢土に還来すると説かれる意味が簡潔に説明された書を知りません。真宗で七七日の中陰の法要は、亡くなった念仏の信者を、浄土で往生し仏と成る存在として受け止める法要であるべきですが、そのことを明確に説明した書に出会えませんでした。つい先日まで生活を共にした家族が死んで「仏に成る」ということはどういうことか。誠実な念仏の信者であったとはいえ、凡夫に過ぎなかった父や母が「仏に成る」とはどういうことか。仏になって浄土から「帰って来る」とはどういうことか。真宗末寺の住職として門徒の葬儀の度に、そのことをはっきり説明できないのをはがゆく思ってきました。親鸞の説く「還相回向」の意味を明らかにしようと思い、先ずは親鸞にいたる浄土教の教理史を調べてみることを思い立ちました。そして、最澄に始まり法然にいたる叡山浄土教の流れに預かる諸師の文章の中に「浄土より帰って衆生を利他教化する」ことを述べる語がしばしば見られることに驚きました。それらの言葉を参考にして、親鸞が「浄土より帰って利他教化する」ことをどのように理解していたかを考えてみることにしました。そうするとこれまで疑問に思っていた「いそぎ仏になりて」という『歎異抄』の言葉がようやく分かるようになり、凡夫が「仏となる」という意味が明らかになってきました。初七日、二七日と日が経ち、あとに残された者たちが亡くなった人を偲んで念仏を称えるとき、その人が生前に称えていた念仏の姿が思い出されます。その人の苦労が偲ばれ、人生の苦であるという真実が教えられます。このようにして、逝去した人は人生の真実を「利他教化」し「教える存在」(仏)となります。それが浄土で「仏と成る」ということの意味だと思います。死者を浄土に導き仏にする働きをするのは阿弥陀如来です。如来は、死者を浄土で仏とするだけでなく、人生の真実を教えるためにわれわれを教化する存在として還来させる働きもします。親鸞はその働きを「還相回向」と了解したものと考えられます」。

同じく真宗末寺の住職である私には極めて感銘深い言葉である。しかし、そうした個人的な感情は今はどうでもいい。肝心なことは、この結論を得るまでに費やされた小谷の文献学を重視した客観的・実証的な論証の労苦である。

それはともかく、こうして見ると、第四条における「いそぎ仏になりて」の解釈として広瀬のそれは近代的・合理的な思考にもとづくものであって、親鸞の意に適うものではないといえよう。また「『歎異抄』第四条は、結論に意味があるのではありません」とする平のコメントも同様であろう。第四条は結論に重要な意味があるのである。

善鸞異義事件

親鸞には経典読誦に見られたごとく聖道の慈悲に挫折した体験があったが、そうした体験は他にもあったと想像される。小谷はそれを善鸞異義事件のうえに見る。これはすでに旧著の『親鸞の還相回向論』において論じられていたことである。

この事件は通常、こういわれている。親鸞の帰洛後十数年して関東の門弟たちの信仰が乱れてきた。それを正すため親鸞は実子の善鸞を自身の名代として派遣した。しかしそれは奏効するどころか混乱に拍車をかけ、あまつさえ父の親鸞をも誹謗するほどになった。ついに親鸞は「いまは、おやということあるべからず、ことおもうことおもいきりたり」（『真宗聖典』六一二頁）と述べて善鸞を義絶したという事件である。

義絶を通知した親鸞の書状は「善鸞義絶状」と呼ばれ、建長八年（一二五六）五月二十九日付である。親鸞八十四歳、善鸞は五十四歳のころと推定される。ただ、本当に義絶というところまでいったのかということに関しては学者の間に異論がある。その理由の一つはこの義絶状が親鸞の自筆ではなく、高田派第三代の顕智によって半世紀も後の嘉元三年（一三〇五）に書写されたものだからである。歴史学者の今井雅晴はこの手紙について、「善鸞の敵方の人間が、善鸞は親鸞に勘当されていて跡を継ぐことはできないのだ、と善鸞の方をおとしめるために書かれたと思われるのです」（『親鸞の家族と門弟』四三頁）、「私は書写した顕智が偽物を作ったといい切るつもりはありません。〔中略〕もともと善鸞のことにかかわる親鸞の手紙なり何なりがあったのかもしれませんが、顕智が書写したのはそのとおりの文章ではないであろうと思うのです」（同右、四四頁）と述べている。こうしたこともあって今井は義絶そのものがあったかどうか、はなはだ疑問だとしている（『親鸞とその家族』九五頁）。

善鸞異義事件と還相回向

話を戻す。小谷は善鸞義絶という体験による無念さと挫折感によって、親鸞は還相回向の教説の意味をより深く理解したとする（『親鸞の還相回向論』九七頁）。

見たごとく善鸞異義事件の真相をめぐっては歴史学者の間に見解の相違がある。事件を語る史料には当事者の善鸞によるものは無論、親鸞自筆のものもないからである。史料批判を重んじる歴史学者からすれば、この事件の真相には慎重にならざるを得まい。

しかし、親鸞の晩年において実子善鸞との間に何らかの確執が起きたということだけは確かであろう。そしてそれが親鸞に大きな挫折感をもたらしたであろうということは十分首肯できる。下世話な表現をすれば、「息子一人をどうにもできなかった」という悲嘆である。

小谷の所論を見てみよう。親鸞の著作に『浄土三経往生文類』なる書がある。この書は往生を大経往生（難思議往生）・観経往生（双樹林下往生）・弥陀経往生（難思往生）の三種に分類してその真仮を判定したもので、親鸞の往生観を知るうえで重要なものであるが、略本・広本の二種がある。

今、注目すべきは両書の執筆年代と内容とである。略本は建長七年（一二五五）親鸞八十三歳のときのものであり、広本は康元二年（一二五七）八十五歳のときのものである。広本は略本に加筆を施したものであり、加筆された内容は還相回向、加筆した箇所は大経往生段の末尾であった。

このことから、加筆は建長八年に起こった善鸞異義事件と関係があるのではないかとの見方がなされていたが、小谷もそれを受けて検討を加え、前述のごとき結論を得たのであるが、新著ではさらにその事情を考察している（『法然・親鸞にいたる浄土教思想』一九七―二〇五頁）。見てみよう。

善鸞異義事件が親鸞に並々ならぬ痛手を与えた証左として、小谷は建長七年ごろからの親鸞の著述の変化に注目する。建長七年といえばすでに事件の兆しが見られたころである。変化とは例えば末法観である。親鸞の受容した末法観は当初は正像一千五百年説であったが、同年著作の『皇太子聖徳奉讃』になると正像二千年説に変わっている。これは末法に入ったとされる年次を自分と離れた遠い過去として受容していたのを、より自分の時代に近づけたということであり、それはこの事件によって末法の現実相をより痛感させたからであろうと小谷は見る。そしてその末法観が親鸞の往生思想にも影響したのが『浄土三経往生文類』の加筆だと見る。

小谷はいう。「善鸞事件を経験し、現生では息子を指導することもできず教団の混乱に困惑する門弟たちを救うこともできない自己の愚かさと無力さとを痛感したことが、親鸞に、念仏によって浄土に往生して正覚を得て仏となり、衆生を教化する存在となって穢土に還来することを教える「還相回向」の教えの重要さに改めて気づかせた」（同右、二〇三―二〇四頁）。

「いそぎ仏になる」

聖道の慈悲というのは実感としてわかるというものである。具体的な事実に出会えば出会うほど末通らないものであることも、かといって放っておけないことも、またそのジレンマの中で右往左往するしかないことも実感としてわかろう。

ところが、浄土の慈悲の方は現代人の思考ではなかなか実感できないのではないか。それはおそらく「浄土の慈悲というは、念仏して、いそぎ仏になりて、大慈大悲心をもって、おもうがごとく衆生を利益するをいうべきなり」という言葉を、「浄土の慈悲というのは、まず自分が念仏する身となって、早く浄土に生まれて仏となり、そこで仏としての大慈大悲心を起こして衆生を思うがままに救うことである」といった具合に理解するからではなかろうか。あまつさえ、この場合の「浄土に生まれて」というのが来世往生のことだとすると、利他は未来もしくは来世でのこととなり、現代人には実感が伴わないことも出てこよう。

先に『歎異抄』第四条の解釈について広瀬のそれを紹介した。これは現代人にはわかりやすそうである。しかしこれは妥当な解釈であろうか。浄土の慈悲とは「大慈大悲心」とされるから、これは仏の慈悲である。阿弥陀仏の慈悲といってもよいだろう。とすれば、それは念仏に帰し、念仏申す身となったとしても、凡夫がもち得るはずのないものである。念仏に帰し、念仏申す身となったからといって、思うにまかせない聖道の慈悲が末通る浄土の慈悲になるわけでもなかろう。浄土の慈悲は凡夫には見果てぬ夢である。

第四条において問題となるのは「いそぎ仏になりて」の一句の解釈であろう。ところがこの一句について小谷は新説ともいえる見解を提唱した。小谷によれば、この語を語るとき親鸞の念頭にあったのは『浄土論』の「菩薩、是の如く五念門の行を修し自利利他す。速やかに（傍線、小谷）阿耨多羅三藐三菩提を成就することを得るが故に」であったとしていう。「そう理解すれば、親鸞が『歎異抄』

（第四条）で語ろうとするのは次のようなことであると考えられる。すなわち、往生を願う行者は、如来によって回向された他力の念仏を称え、それによって浄土に往生する時、自利利他の行は如来の回向によって自ずから成就し速やかに仏となる。そうなる時、浄土から穢土に還来して「大慈大悲心をもて、おもうがごとく衆生を利益する」ことが可能となる」（『法然・親鸞にいたる浄土教思想』二八八頁）。

そしていう。「「いそぎ仏となりて」という語は、現生で仏となるために何事かを急いで実行すべきことを述べた言葉ではあり得ない。〔中略〕往生成仏を説くからといって、急いで死ぬことを勧める言葉であり得ないことは言うまでもない。仏となるのは、現生で正覚を得ることによってでもなく、ただ死ぬことによってでもない。それは弥陀の本願力に乗じて往生することによってのみ達成される。〔中略〕「いそぎ仏となりて」という言葉が、仏の大慈悲心を得て衆生を摂取して浄土に往生させたいとの願いを示す語であることが知られる」（同右、二九〇―二九一頁）。達見であろう。

「いそぎ浄土へまいりたきこころのそうらわぬ」

「いそぎ」という言葉は『歎異抄』第九条にも見出せる。第九条は同書の中でも特によく知られた条文である。唯円が親鸞に、念仏を申しても踊り上がるほどの心も起きず、また「いそぎ（傍線、草間。以下同）浄土へまいりたきこころ」もないのはどうしたことかと問う。親鸞は自分も同じであるが、それは煩悩の所為である。しかし、他力の悲願はかかる煩悩具足の凡夫のためであり、いよいよ頼もしく思えると述べ、さらに言葉を継ぐ。「また浄土へいそぎまいりたきこころのなくて、いささか所労のこともあれば、死なんずるやらんとこころぼそくおぼゆることも、煩悩の所為なり。久遠劫よりいままで流転せる苦悩の旧里はすてがたく、いまだうまれざる安養の浄土はこいしからずそうろうこと、まことに、よくよく煩悩の興盛にそうろうにこそ。なごりおしくおもえども、娑婆の縁つきて、ちからなくしておわるときに、かの土へはまいるべきなり。いそぎまいりたきこころなきものを、ことにあわれみたまうなり。これにつけてこそ、いよいよ大悲大願はたのもしく、往生は決定と存じそうらえ。踊躍歓喜のこころもあり、いそぎ浄土へもまいりたくそうらわんには、煩悩のなきやらんと、あやしくそうらいなまし」(『真宗聖典』六二九—六三〇頁)。

ここには凡夫の姿が赤裸々に示されている。少しの不調でも死の恐れをいだくこと。この世は苦悩の世界でも捨て難いこと。安養の浄土を恋しいとも思わないこと。娑婆の縁が尽きるときには名残惜しくとも力なくして終わること。急いで浄土にまいりたいなどとは露ほどにも思わないこと。かかる姿である。

要するに「いそぎ浄土へまいる」ということは人間の側にはないということである。「いそぎ仏になる」ということも人間の側の論理ではない。あくまでも回向によるのであるからいずれも仏の側の論理なのである。

お遍路の詐欺

ここで再び中島の主張に戻る。前述のごとく中島は、与えたことがどこかで自分にかえってくるという期待のもとにする行為は利己的な利他の枠を超えておらず、はたして純粋な贈与や利他というものはありえるかと問題提起し、そこから聖道の慈悲と浄土の慈悲へと論を進めたが、「贈与」というのは「金銭・物品などをおくり与えること」（『広辞苑』第七版、一七〇〇頁）である。

ただ、利他の内容は贈与に留まらない。もちろん中島もそれを承知のうえでのことであろうから、本当は「布施」なる語を用いたかったのかもしれない。しかしこの語は現代においてはふさわしくないとの思いがあったのであろう。私はあえて「布施」という、これまた古い仏教語をキーワードにして利他ということを一考しようと思う。

まずはあるエピソードから始める。数年前のことであるが、テレビのモーニングショーで七十代の女お遍路が詐欺を働いたということが取り上げられていた。

四国には「四国八十八箇所」というのがある。弘法大師の遺跡を中心として定められた八十八の札所のことである。そしてその巡拝者を「お遍路」と呼ぶことはよく知られている。

その四国で七十代の女お遍路が身の上話をして詐欺を働いたというのであった。「夫に死なれてしまいました。そのうえ息子には自殺されました。とほほほ」と嘘をついては涙を誘い、七十人ほどの人から百五十万円を超える金を騙し取ったという。

七十人もの人が騙されたというのは驚きであるが、実は四国にはお遍路は大切にもてなさなければならないという風習があり、そこで例えばお絞りを用意してあげるとか、庭に接待木を植えることなどがなされるのだそうである。接待木というのはお遍路が食べることができるようにと植えられた生り物の樹のことで多くは蜜柑の木である。そしてお遍路を大切に遇することは自分自身が功徳を積むことだという考え方があるのだという。この風習のために七十人もの多くの善男善女が騙されたのであろう。

詐欺女を非難することは的外れ

私たちはこの話を聞いてどう思うであろうか。人の善意につけ込んだ何と悪い女なんだという人もいよう。「警察に突き出せ」という人もいよう。「金返せ」という人もいよう。もっともなことである。これは立派な詐欺ゆえ、この女は逮捕されればしかるべき罰を受けることになる。

しかし、別な見方もできるのではなかろうか。確かにこの女は嘘をついて金を騙し取った。立派な詐欺罪ゆえ、法律のうえからはもちろん倫理や道徳のうえからも咎められる。弁解の余地はない。

しかし、この女に金を渡した人たちは「騙された」「金返せ」と正面切ってはいわなかったのではないか。なぜかというと、単なる女ではなくお遍路という女に、それも結果的には嘘をつかれたとはいえ、金を渡すときにはその身の上に深く同情して渡したに違いないのだから、それはお遍路を大切にした仏教的な行為の果てのことということになるからである。

さらには、お遍路を大切にするという仏教的な行為は相手のためではなく自分に功徳を積むためだという考え方に立てば、たとえ騙されたとしてもそれはそれで致し方ないことと潔く、あるいはしぶしぶでも諦めるべきではないか。もしそう思えないとするならば、渡した人の行為は世俗的な行為ではあっても仏教的な行為ではなかったことになろう。四国の善男善女はきっとそのように考えたのではないかと私は思いたい。

本当の布施は不可能

「布施」と聞くと、現代人はもっぱら仏事の際に僧侶に渡す金銭のことしか頭に浮かぶまい。先ほど中島はこの言葉を避けたのではないかといったのはそのためでもある。

とはいえ、仏教で布施が推奨されたそもそもの動機は、出家者や教団への生活必需品の贈与を推奨するということであったことは容易に想像がつく。原始仏教における在家信者への一般的な教えとしては施・戒・生天の「次第説法」というのがある。これは出家者や教団に布施をし、戒を守って生活すれば死後には天界に生まれる功徳が得られると説くものであった。ゆえに布施は本来、在家的なものであり、有り体にいえば見返りを保証しつつ推奨されたがゆえに広まったのである。

しかし、布施の概念は次第に拡大する。何かを与える行為はすべからく布施とされ、その相手も内容も広がる。例えば『雑宝蔵経』巻六（『大正蔵』四巻、四七九頁上—中）には「財物を損せずして大果報を獲る」七種の布施が説かれている。眼施・和顔悦色施・言辞施・身施・心施・床座施・房舎施である。順次、優しい眼差しを向けること、笑顔で接すること、優しい言葉をかけること、尊敬すること、善良な心で接すること、座席を与えること、建物に招き入れて歓待することとでもいえようか。

またこれは昔、瀬戸内寂聴がいっていたことである。インドの死者の家でのこと。枯れ木のごとく横たわった老人の枕元で少女が壺に入れた水を終日掻き回している。「何してるの」と聞くと、「田舎育ちのおじいちゃんが水の音を聞きたいというので聞かせているの」とのこと。寂聴は「私は涙が出ました。少女が自分で考えて優しさだけでやっているのです」といっていたが、これなども布施といってよい。

布施は大乗仏教になると「波羅蜜」の一つとなり、菩薩行にまで高められた。こうなると容易ではない。本当の布施には三つの条件が揃わなければならないからである。これを「三輪清浄」といい、次のごとく説かれる。「若し菩薩・摩訶薩、布施を行ずる時、三輪清浄なり。何等を三と為す。一は我施者たりと執せず。二は彼受者たりと執せず。三は施［物］及び施の果に著せず。是れ、菩薩・摩訶薩、布施を行ずる時、三輪清浄なり」（『大般若波羅蜜多経』巻四百二十四、『大正蔵』七巻、一三二頁上）。

要するに、まず布施をする人が清らかでなければならないということである。恩着せがましくなったり条件をつけたりしてはならないということである。「金を出す人は口も出す」という言葉があるが、こういうことでは不可だということである。二つ目は布施を受ける人も清らかでなければならないということである。もらったからといって卑屈になってはならないということであろう。負い目を感じてはならないということであろう。三つ目は布施される金品が清らかでなければならないということである。例えば盗んできた金品を与えたのではダメということである。昔、義賊というのがいた。金持から金品を盗んで貧乏人に与える盗賊のことで、鼠小僧次郎吉などが有名である。近年では雲霧仁左衛門も入ろうか。しかしこれでは不可というのである。本当の布施は、施者も受者も施物も本来

「空」であると見て執着心を離れて行われなければならないというのである。

これを現下の問題に適用すれば、施者は浄土の慈悲をもって行わなければならないということになる。浄土の慈悲は見返りを求めない一方的な利他心である。仏の慈悲である。こうしてみると、本当の布施は一般にはおよそ不可能となる。

宗教評論家の批判

もう二十五年ほど前になるが、宗教評論家のひろさちやがこんなことをいっていた。

「あるとき、浄土真宗のお寺で講演をしたあと質疑応答の時間があって、ターミナル・ケアについてのわたしの意見を求められました。わたしは、そこが浄土真宗のお寺だという安心感もあって、ターミナル・ケアだとかホスピス運動といったものは、キリスト教のものでしょう、わたしは仏教者があいう運動をやるのは好きではありません、と答えました。すると、会場には浄土真宗の寺院の関係者で熱心にホスピス運動（浄土真宗ではビハーラ運動と言っているようです）をやっておられる人がいて、すごい剣幕で抗議をされました。そのとき、わたしの頭の中にあったのは、《慈悲に聖道・浄土のかはりめあり。……しかれば、念仏まうすのみぞ、すえとをりたる大慈悲心にてさふらふべき》といった親鸞聖人のお言葉でした。せっかく親鸞聖人が、念仏だけでよい、その他のことはどうだっていい、と言ってくださったのです。どうだっていいというのは、ホスピス運動をやってもいいのです。でも、やらなくたっていい。どうだっていいのです。しかし、やってしまうと、そのほうがいいように思えます。自分はいいことをやっているのだ、となります。そうすると、念仏がおろそかになるのです」（「親鸞聖人を語る　二、人間の無力さの自覚」、『大法輪』平成九年五月号、三六頁）。

ここでホスピス運動とビハーラ運動について触れておく。いのちや医療を取り巻く今日的な課題の一つにターミナル・ケア（終末期のケア）がある。その施設を造ったり、そのあり方を考える運動は「ホスピス運動」と呼ばれ、一九六〇年代にイギリスを中心に始まった。その影響のもと、日本でもホスピス運動は七〇年代から表面化し、八〇年代初頭にはホスピスが開設された。ホスピスはキリスト教を基盤にしたものであるが、日本は仏教の伝統の長い国である。そのため日本人によりふさわしいターミナル・ケアのあり方を仏教の智慧の中に求めようと、昭和六十年（一九八五）、田宮仁によって「ビハーラ運動」が提唱された。仏教各宗の中でこの運動に最も理解を示したのは浄土真宗本願寺派であった。

ちなみに、この運動の核として、平成四年（一九九二）に新潟県長岡市の「長岡西病院」に「ビハーラ病棟」が開設された。私はこれに僧侶の立場で関わり、入所者及びその家族と十年ほど交流した体験がある。

ひろは続いてこうもいった。「神戸の大震災のとき、大勢の若者たちがボランティアに参加しました。仏教者、宗教者のうちにボランティアに参加した人が大勢おられます。それはすばらしいことです。わたしも敬意を表します。でも、わたしは、キリスト教の教義においてボランティア活動は是とされるかもしれない。しかし、仏教の教義からすれば、そんなことはどうだっていいことなんだ、と思ってしまうのです。それで、わたしは非難を受けることが多いのですが、法然上人や親鸞聖人は、――念仏のみ――と言っておられるのです。念仏できさえすればいい。ほかにはなんの必要もないのです。わたしはそう信じています」（同右、三六―三七頁）。

いずれも『歎異抄』第四条を拠り所として真宗におけるボランティア活動を否定的に見た発言である。木越康のいう「真宗的ブレーキの代表格」を作動させたものである。

念仏の行としての活動

この評論家の発言は真宗門徒にとってはショッキングなものである。一体、どう応えたらよいのであろうか。

震災といえば、東日本大震災が起こったのは平成二十三年（二〇一一）三月十一日、大谷派が親鸞の七百五十回御遠忌を勤めようとしていた矢先のことであった。予定されていた第一期御遠忌法要は中止となり、「被災者支援の集い」と変わった。その際、何人かの布教師が法話を担当した。それまでは御遠忌法話として準備してきたのであろうが、急遽被災者支援の法話に変更を余儀なくされた。たいそう戸惑ったことであろう。しかし、そういう戸惑いの中で何人かが法話をし、そのうちの四人の法話の抄録が『同朋新聞』（二〇一一年五・六月号）に掲載された。その一人の加来雄之は、ひろ（加来は「ある宗教学者」と匿名にしていたが）の言を導入部に据えて話した。要点のみ示そう。

――他者の問題を自分の問題とする中で、被災者に出会っていく。念仏は私たちに無限の他者からの叫びに耳を澄ませることを要請する。私たちにできる支援には限りがあるが、その関わりが念仏によってより広い世界へと向かっていく方向をもつならば、その歩みは私たちが阿弥陀仏の精神を生きているという意味をもつ。こうした意味において、支援の根底には「ただ念仏もうす」ということがなければならない――。

われわれにできることには限界がある。凡夫ゆえにできることはささやかであり、ちっぽけである。しかし、それが念仏によってより広い世界へと向かっていく。そういう方向性をもつならば、それは阿弥陀仏の精神を生きているという意味をもつ。そうした意味において、「ただ念仏もうす」ということがある。したがって、こうした中で行われる支援は単なる社会的実践に留まらず、「念仏の行」でもあろうという趣旨である。

浄土の慈悲のおすそ分け

一方、木越は真宗的ブレーキを主張する者は「宿業」の道理を知らないのだと、同じく『歎異抄』第十三条をもって批判する（『ボランティアは親鸞の教えに反するのか』五九頁）。

確かに人間には純粋な利他など存在しない。しかし、だからといって人間は「他のために」という行為をしてはならないのか。そんなことはあるまい。中島は「業」なる語を用いたが、こうした場合にはむしろ木越もいうように「宿業」の方がよろしかろう。しかしこの語は極めてデリケートであるがゆえに、中島はあえてこの語の使用を避けたようにも思える。

「宿業」と聞くと現代人の多くは運命論的あるいは差別的なニュアンスを感じよう。それはこの語が真宗教団の教学と教化において差別と支配のイデオロギーとして機能することが少なくなかったという歴史に鑑みて首肯できる。しかもこの語は親鸞の著作には現れず、『歎異抄』にしか見えない。しかし『歎異抄』の場合ももちろんのこと、本来の宿業観はそうしたものではないと見るがゆえに木越はこれを用いるのであろう。

それはともかく、宿業とは木越によれば、「過去のあらゆる行為が今の自分に蓄積されてあることを意味する。何らかの場面に接した時人間は、その宿業をもとに、思いを超えて、不意の行動に出てしまうことがある」（同右、五九頁）と説明される。この説明は、中島が私というのは縁起的現象としての存在であり、私を超えた業の力によって成り立っているのであり、業こそが無限の過去からやってくる力であり、私はそれによって規定されているとし、また「思わず」とか「ふいに」としかいいようのないもの、後ろから押す力、意思に還元されない何か、何かオートマティックな力と述べたのと同趣旨であろう。

人間の行為はすべからく宿業に規定されてのものだという捉え方は、『歎異抄』においてはまた「さるべき業縁のもよおせば、いかなるふるまいもすべし」（『真宗聖典』六三四頁）としても示されている。

このように人間の行為は挙げて宿業や業縁によるものだとすれば、利他もまた然りである。とすれば、やりたいと思う人はするであろうし、思わない人はしない。ならば、やるからといって誇る必要もないし、やらないからといって引け目を感じる必要もない。やる人をことさら褒める必要もないし、やらない人を咎める必要もない。やる人を制する必要のないことは、いわずもがなである。

ただし、やる場合には心の片隅にでも置くべきことがある。「はたして自分は善いことをしているのだろうか」とか、「善かれと思ってしたのに、といった後悔が起きるかもしれない」とか、「この善業には毒が混じっているかもしれない」といった自問と自覚である。それを一言で示せば、「小慈小悲もなき身にて　有情利益はおもうまじ」（同右、五〇九頁）との悲歎である。それがあるところに行われる利他は、浄土の慈悲の「おすそ分け」とでもいえようか。

最後に『歎異抄』第四条の解説例として金子大栄のそれを見ておこう。

「慈悲は人間の理想である。さればそれを現実にすることこそ聖なる道であろう。しかしそれは容易に行われない。その能力のない我らにあっては、まずもって浄土に往生し、仏の自在力をえてのちにと期するほかないのである。それは慈悲の心を捨てるものではない。浄土を願う者は、すでに自他の業縁を悲しむ心があるのである。したがって念仏もうす身には、深く如来の大慈大悲心が感ぜられているのである。それ故にその大慈大悲の実現を、「仏になりて」と期するのである」（『歎異抄』四一一四二頁）。これは第四条の趣旨を正確に把握したものであろう。金子は曽我量深と並び称された真宗学者である。しかし小谷は金子を近代教学に連なる人々とは区別している（『真宗の往生論』三六一頁）。この解説は金子をかく見なす根拠の一つになろう。いずれにせよ、真宗門徒の社会的実践は還相と関連させる必要などない。

参考文献

《著　書》

赤松俊秀『親鸞』（吉川弘文館、一九六一年）
浅井成海監修『蓮如の手紙――お文・ご文章　現代語訳――』（国書刊行会、一九九七年）
阿満利麿『社会をつくる仏教――エンゲイジド・ブッディズム――』（人文書院、二〇〇三年）
阿満利麿『『教行信証』入門』（筑摩書房、二〇一九年）
安藤俊雄・薗田香融『最澄』日本思想大系四（岩波書店、一九七四年）
石田瑞麿訳『歎異抄・執持鈔』（平凡社、一九六四年）
伊藤亜紗編『「利他」とは何か』（集英社、二〇二一年）
今井雅晴『親鸞とその家族』（自照社出版、一九九八年）
今井雅晴『親鸞の家族と門弟』（法藏館、二〇〇二年）
今井雅晴『親鸞と恵信尼』（自照社出版、二〇〇四年）
今井雅晴『恵信尼消息に学ぶ』（真宗大谷派宗務所出版部、二〇〇七年）
今井雅晴『恵信尼――親鸞とともに歩んだ六十年――』（法藏館、二〇一三年）
今井雅晴『親鸞と東国』（吉川弘文館、二〇一三年）

今井雅晴『五十六歳の親鸞・続々――一切経校合――』（真宗文化センター、二〇一四年）
今井雅晴『親鸞聖人の越後流罪を見直す』（自照社出版、二〇一五年）
今井雅晴『六十七歳の親鸞――後鳥羽上皇批判――』（自照社出版、二〇一九年）
海野孝憲『「唯識」から浄土教の菩薩像を問う――虚妄分別（煩悩）から意言分別（智慧）へ――』（法藏館、二〇二一年）
梅原真隆訳註『教行信証』第三（角川書店、一九六三年）
梅原真隆訳註『歎異抄――附　現代語訳――』（角川書店、一九六六年）
慧琳『浄土論註顕深義記伊蒿鈔』（真宗典籍刊行会編『真宗大系』第七巻、真宗典籍刊行会、一九一七年）
大澤絢子『親鸞「六つの顔」はなぜ生まれたのか』（筑摩書房、二〇一九年）
大原性実『真宗教学の現代的解明――親鸞に聞く救済の論理――』（永田文昌堂、一九六五年）
小川一乗『親鸞の成仏道――「証」の二重性と「真実証」――』（法藏館、二〇一八年）
小川一乗編集代表『清沢満之全集』第六巻（岩波書店、二〇〇三年）
小川一乗編集代表『清沢満之全集』第七巻（岩波書店、二〇〇三年）
小谷信千代『真宗の往生論――親鸞は「現世往生」を説いたか――』（法藏館、二〇一五年）
小谷信千代『誤解された親鸞の往生論』（法藏館、二〇一六年）
小谷信千代『親鸞の還相回向論』（法藏館、二〇一七年）
小谷信千代『曇鸞浄土論註の研究――親鸞「凡夫が仏となる」思想の原点――』（法藏館、二〇二〇年）
小谷信千代『法然・親鸞にいたる浄土教思想――利他行としての往生――』（法藏館、二〇二二年）

鍵主良敬『近代真宗教学往生論の真髄』（方丈堂出版、二〇一八年）
梶山雄一『空の思想――仏教における言葉と沈黙――』（人文書院、一九八三年）
梶山雄一著、吹田隆道編『浄土の思想』梶山雄一著作集、第六巻（春秋社、二〇一三年）
金子大栄『歎異抄』（岩波書店、一九五八年）
河田光夫『親鸞の思想と被差別民』河田光夫著作集、第一巻（明石書店、一九九五年）
河田光夫『親鸞の思想形成』河田光夫著作集、第三巻（明石書店、一九九五年）
菊村紀彦・仁科龍『親鸞の妻・恵信尼　新装増補版』（雄山閣出版、一九九〇年）
木越康『ボランティアは親鸞の教えに反するのか――他力理解の相克――』（法藏館、二〇一六年）
浄土真宗聖典編纂委員会編『浄土真宗聖典　七祖篇――註釈版――』（本願寺出版社、一九九六年）
真宗大谷派解放運動推進本部編『部落問題学習資料集　改訂版』（真宗大谷派宗務所、二〇一三年）
真宗大谷派教師養成のための教科書編纂委員会編『浄土の真宗――真宗概要――』（真宗大谷派宗務所出版部、一九八九年）
真宗新辞典編纂会編『真宗新辞典』（法藏館、一九八三年）
真宗聖典編纂委員会編『真宗聖典』（東本願寺出版部、一九七八年）
真宗聖典編纂委員会編『浄土真宗聖典（原典版）』（本願寺出版部、一九八五年）
真宗聖典編纂委員会編『浄土真宗聖典（原典版）解説・校異』（本願寺出版部、一九八五年）
真宗聖教全書編纂所編『真宗聖教全書』第一巻「三経七祖部」（大八木興文堂、一九七八年）
真宗高田派本山専修寺監修『高田本山の法義と歴史』（同朋舎出版、一九九二年）

新村出編『広辞苑』第七版（岩波書店、二〇一八年）
親鸞聖人全集刊行会編『定本　親鸞聖人全集』第三巻「和文・書簡篇」（法藏館、一九八四年）
末木文美士『親鸞――主上臣下、法に背く――』（ミネルヴァ書房、二〇一六年）
曽我量深『曽我量深選集』第六巻（弥生書房、一九七三年）
曽我量深『曽我量深選集』第十巻（弥生書房、一九八九年）
曽我量深『歎異抄聴記』（真宗大谷派宗務所出版部、一九九九年）
曽我量深・金子大栄『往生と成仏』（法藏館、一九八四年）
竹中智秀『阿弥陀仏の国か、天皇の国か――『教行信証』信巻・証巻――』（樹心社、二〇〇七年）
寺川俊昭『歎異抄の思想的解明』（法藏館、一九七八年）
寺川俊昭『親鸞の信のダイナミックス――往還二種回向の仏道――』（草光舎、一九九三年）
寺川俊昭『真実報土の往生』（真宗大谷派三条教区第十四組、二〇〇一年）
内藤知康『親鸞の往生思想』（法藏館、二〇一八年）
中村元『宗教と社会倫理』（岩波書店、一九五九年）
中村元監修『新・仏教辞典』（誠信書房、一九六二年）
中村元［ほか］編『岩波仏教辞典』第二版（岩波書店、二〇〇二年）
名畑崇『歴史のなかの親鸞――真実のおしえを問う――』シリーズ親鸞、第一巻（筑摩書房、二〇一〇年）
延塚知道『『大無量寿経』講讃――宗祖の視点で下巻を読む――』（東本願寺出版、二〇二一年）
野間宏『親鸞』（岩波書店、一九七三年）

長谷正當『親鸞の往生と回向の思想――道としての往生と表現としての回向――』（方丈堂出版、二〇一八年）
幡谷明『浄土三経往生文類』広本について』（真宗興正派宗務所教務部、二〇一〇年）
早島鏡正『悪人正機の教え――歎異抄〈唯円〉――』日本の仏教、第八巻（筑摩書房、一九六七年）
坂東性純［ほか］『鈴木大拙・曽我量深・金子大栄』浄土仏教の思想、第十五巻（講談社、一九九三年）
坂東性純［ほか］『親鸞面授の人びと――如信・性信を中心として――』（自照社出版、一九九九年）
菱木政晴『解放の宗教へ』（緑風出版、一九九八年）
菱木政晴『極楽の人数――高木顕明『余が社会主義』を読む――』（白澤社、二〇一二年）
広瀬杲『歎異抄講話』1（法藏館、一九九四年）
福島和人『親鸞思想――戦時下の諸相――』（法藏館、一九九五年）
藤田宏達『原始浄土思想の研究』（岩波書店、一九七〇年）
藤田宏達『善導』人類の知的遺産、第一八巻（講談社、一九八五年）
藤田宏達『大無量寿経講究』（真宗大谷派宗務所出版部、一九九〇年）
藤田宏達『阿弥陀経講究』（真宗大谷派宗務所出版部、二〇〇一年）
藤田宏達『浄土三部経の研究』（岩波書店、二〇〇七年）
藤田宏達訳『新訂 梵文和訳 無量寿経・阿弥陀経』（法藏館、二〇一五年）
藤田宏達・桜部建『浄土仏教の思想』第一巻「無量寿経・阿弥陀経」（講談社、一九九四年）
藤吉慈海『浄土教の諸問題』（山喜房仏書林、一九七四年）

古田武彦『親鸞』人と思想八（清水書院、一九七〇年）
古田武彦『親鸞思想――その史料批判――』（明石書房、一九九六年）
三木悟『「現世往生」という迷い』（中外日報社、二〇一九年）
三木照国『三帖和讃講義』（永田文昌堂、一九七九年）
水島見一編『曽我教学――法蔵菩薩と宿業――』（方丈堂出版、二〇一六年）
宮城顗『宗祖聖人　親鸞――生涯とその教え――』(上)（真宗大谷派宗務所出版部、一九八八年）
宮城顗『宗祖聖人　親鸞――生涯とその教え――』(下)（真宗大谷派宗務所出版部、一九八八年）
諸橋轍次『大漢和辞典　修訂版』巻三（大修館書店、一九八九年）
八木晃介『親鸞　往還廻向論の社会学』（批評社、二〇一五年）
山田忠雄［ほか］編『新明解国語辞典』第七版（三省堂、二〇一七年）
山辺習学・赤沼智善『教行信証講義　信証の巻』（法藏館、一九五二年）
龍谷大学真宗学会編『親鸞聖人著作用語索引　縮刷版　教行信證の部 和漢撰述の部』（永田文昌堂、一九六六年）

《論　文》

阿満利麿「本願念仏の要、三箇条」（『連続無窮』第一六号、二〇一四年）
今井雅晴「親鸞聖人の越後流罪――孤独の学びから、念仏布教へ――」（『山口真宗教学』第二五号、二〇一四年）
今井雅晴「浄土真宗史研究の方向性」（『親鸞の水脈』特別号、二〇一七年）

上横手雅敬「「建永の法難」について」（上横手雅敬編『鎌倉時代の権力と制度』思文閣出版、二〇〇八年）
王來王家眞也「梵響　同朋会運動と曽我量深先生」（『教化研究』第一六七号、二〇二一年）
小川一乗「涅槃論――仏教の救済原理――」（『季刊仏教』第四二号、一九九八年）
加来雄之「如来の智慧のなかに生きる意味――還相回向と仏身仏土――」（ケネス・タナカ編著『智慧の潮――親鸞の智慧・主体性・社会性――』武蔵野大学出版会、二〇一七年）
柏原祐泉「近代真宗の神祇問題」（柏原祐泉［ほか］監修『親鸞大系　歴史篇』第一一巻、法藏館、一九八九年。初出、石田充之博士古稀記念論文集刊行会編『石田充之博士古稀記念論文　浄土教の研究』永田文昌堂、一九八二年）
加藤智見「今、真宗は何を教化すべきか」（『真宗教学研究』第二六号、二〇〇五年）
門脇健「物語の功徳――私と浄土の出会うところ――」（『真宗教学研究』第四一号、二〇二〇年）
金子大栄「彼岸の世界」（信楽峻麿［ほか］監修『親鸞大系　思想篇』第一巻、法藏館、一九八八年。初出、『彼岸の世界』岩波書店、一九二五年）
草間法照「インド仏教における平等と差別――殺生に関わる職業をめぐって――」（『印度哲学仏教学』第六号、一九九一年）
楠信生「巻頭言　曽我量深先生の学恩」（『教化研究』第一六七号、二〇二一年）
河野法雲「宗祖聖人の神祇観」（『教化研究』第一一九・一二〇号、一九九九年。初出、『真宗』四〇九号、一九三五年）
信楽峻麿「親鸞における現世往生の思想」（信楽峻麿［ほか］監修『親鸞大系　思想篇』第一〇巻、法藏館、

一九八九年。初出、『龍谷大学論集』第四三〇号、一九八七年）
信楽峻麿「真宗における聖典削除問題」（柏原祐泉［ほか］監修『親鸞大系　歴史篇』第一一巻、法藏館、一九八九年。初出、中濃教篤編『戦時下の仏教』一〇、国書刊行会、一九七七年）
柴田泰「中国浄土教における唯心浄土思想の研究」一（『札幌大谷短期大学紀要』第二二号、一九九〇年）
柴田泰「中国浄土教における唯心浄土思想の研究」二（『札幌大谷短期大学紀要』第二六号、一九九四年）
柴田泰「現代人にとっての浄土」（『真宗教学研究』第二四号、二〇〇三年）
曽我量深「真宗の生活――往生と成仏――」（信楽峻麿［ほか］監修『親鸞大系　思想篇』第九巻、法藏館、一九八九年。初出、『教化研究』第五四号、一九六七年）
平雅行「若き日の親鸞」（『真宗教学研究』第二六号、二〇〇五年）
高橋恒美「戦争反対を貫いた僧　笠松の「法雲」さん」（笠松町文化協会会報『石だたみ』第六一号、二〇二一年）
竹島宗人「『相伝義書』の教義的特色について」（『印度学仏教学研究』第三一巻第二号、一九八三年）
竹中信常「観無量寿経の世界」（石田充之博士古稀記念論文集刊行会編『石田充之博士古稀記念論文　浄土教の研究』永田文昌堂、一九八二年）
田村芳朗「来世浄土と阿弥陀仏――浄土念仏の二要素――」（『印度学仏教学研究』第三〇巻第一号、一九八一年）
寺川俊昭「親鸞にとって浄土とは」（『季刊仏教』第一一号、一九九〇年）
寺川俊昭「親鸞と蓮如――往生理解をめぐって――」（『印度学仏教学研究』第四六巻第一号、一九九七年）

友松円諦「優婆塞所遮の職業について」（『大正大学学報』第一五号、一九六〇年）
中村元「極楽浄土にいつ生れるのか?――『岩波仏教辞典』に対する西本願寺派からの訂正申し入れをめぐっての論争――」（『東方』第6号、一九九〇年）
名和達宣「曽我量深における戦争という経験」（『教化研究』第一六七号、二〇二一年）
濱田隆「浄土教絵画にみる日本の美――早来迎図をめぐって――」（目崎徳衛編『大系　仏教と日本人（五）無常と美』春秋社、一九八六年）
速水馨「梵響　無仏世の仏弟子、曽我量深」（『教化研究』第一六七号、二〇二一年）
福島栄寿「日中戦争期、真宗大谷派「教学」の問題」（『教化研究』第一三九・一四〇号、二〇〇七年）
福原亮厳「上田博士の往生義は成立するか」（信楽峻麿［ほか］監修『親鸞大系　思想篇』第一〇巻、法藏館、一九八九年。初出、「中外日報」一九九七―一九九九・二〇〇五・二〇〇〇七・二〇〇〇八号、中外日報社、一九六九年）
藤田宏達「浄土教における人間観――浄土経典を中心として――」（前田専学編『東洋における人間観――インド思想と仏教を中心として――』東京大学出版会、一九八七年）
藤田宏達「涅槃」（長尾雅人［ほか］編『岩波講座　東洋思想』第九巻「インド仏教2」岩波書店、一九八八年）
藤原智「曽我量深の「還相回向」理解をめぐって」（『教化研究』第一六七号、二〇二一年）
藤原智「曽我量深の著作概観」（『教化研究』第一六七号、二〇二一年）
ひろさちや「親鸞聖人を語る　二、人間の無力さの自覚」（『大法輪』平成九年五月号、一九九七年）

普賢晃寿「中世真宗の神祇思想――『諸神本懐集』を中心として――」（柏原祐泉［ほか］監修『親鸞大系　歴史篇』第六巻、法藏館、一九八九年。初出、『龍谷大学仏教文化研究所紀要』第一七集、一九七八年）
普賢大円「最近の往生思想をめぐりて」（信楽峻麿［ほか］監修『親鸞大系　思想篇』第一〇巻、法藏館、一九八九年。初出、『最近の往生思想をめぐりて』永田文昌堂、一九七二年）
星野元豊「親鸞における「往生」と「成仏」について」（信楽峻麿［ほか］監修『親鸞大系　思想篇』第九巻、法藏館、一九八九年。初出、橋本博士退官記念仏教研究論集刊行会編『仏教研究論集』清文堂出版、一九七五年）
三明智彰「昭和初年　曽我量深・金子大栄　大谷大学追放事件の研究」（『大谷大学真宗総合研究所研究紀要』第八号、一九九一年）
向井亮「世親造『浄土論』の背景――「別時意」説との関連から――」（『日本仏教学会年報』第四二号、一九七七年）
山内小夜子「仏法に活き、仏法のために活躍す――竹中彰元師の事績――」（『教化研究』第一二九号、二〇〇四年）
「資料392　第十八回宗議会において真宗聖典の言葉粛正について質疑応答」（『教化研究』第一三九・一四〇号、二〇〇七年）
「補資料2　真宗教学懇談会記録」（『教化研究』第一四五・一四六号、二〇〇九年）
「リレーコラム　曽我量深〈思想地図〉」（『教化研究』第一六七号、二〇二一年）

草間法照（くさま　ほうしょう）

1948年、新潟県小千谷市生まれ。1971年、大谷大学文学部卒業。1976年、北海道大学大学院博士課程修了。

現在、真宗大谷派勝覚寺住職。真宗大谷派擬講。

著書は、『ビハーラ法話――いのち華やぐ日々』（法藏館）、『同朋会運動の願い――共にと言える生き方を求めて』（東本願寺出版部）、『ブッダのことば』Ⅰ・Ⅲ（講談社、共訳）など。

親鸞往生論争と教学の現況

二〇二三年六月一五日　初版第一刷発行

著　者　草間法照
発行者　西村明高
発行所　株式会社　法藏館
京都市下京区正面通烏丸東入
郵便番号　六〇〇-八一五三
電話　〇七五-三四三-〇〇三〇（編集）
〇七五-三四三-五六五六（営業）

装幀　野田和浩
印刷・製本　亜細亜印刷株式会社

ISBN978-4-8318-8796-2 C0015